Die KUNST des Zeichnens

MASTERCLASS

AKTZEICHNEN

Titel der Originalausgabe:
Life Drawing for Artists
Understanding Figure Drawing through Poses, Postures, and Lighting

First published in 2020 by Rockport Publishers, an imprint of The Quarto Group,
100 Cumming Center, Suite 265-D, Beverly, MA 01915, USA

PRODUKTMANAGEMENT: Hannelore Irmer-Romeo
ÜBERSETZUNG: Wiebke Krabbe
LEKTORAT: Betz Lektorat + Redaktion, Tübingen
UMSCHLAGGESTALTUNG: Eva Hook
HERSTELLUNG: Konstanze Laue
DRUCK UND BINDUNG: 1010 Printing International Ltd, China

1. Auflage 2022

ISBN 978-3-7358-8018-5 · Best.-Nr. 28018

MIX
Papier aus verantwortungsvollen Quellen
FSC® C016973

Penguin Random House Verlagsgruppe
FSC® N001967

Dieses Buch widme ich allen, die den menschlichen Körper so faszinierend finden wie ich und ihn gut zeichnen wollen. Begeben wir uns auf eine Reise, um der gemeinsamen Faszination und diesem Wunsch nachzugehen.

Inhalt

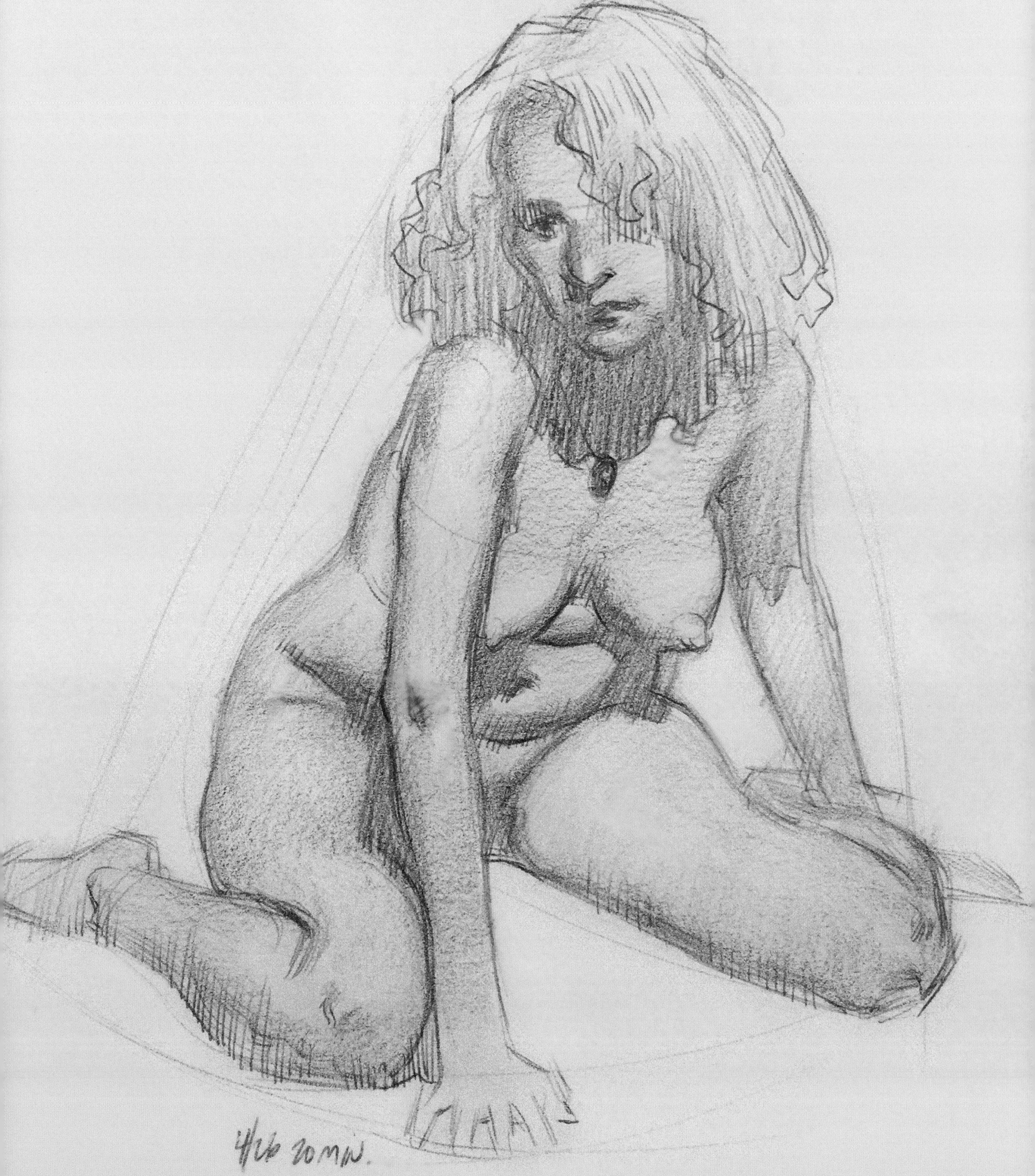
4/26 20MIN.

Vorwort

Dieses Buch ist einer der schwierigsten Aufgaben in der Kunst gewidmet: einen lebenden Menschen mit dem Stift zu beschreiben und auf dem Papier auf überzeugende, künstlerisch ansprechende Weise festzuhalten. Das Aktzeichnen ist ein Thema, in das sich im Lauf der Geschichte viele der größten Künstler verliebt haben. Auch ich bin von dem Genre fasziniert und praktiziere es bis zum heutigen Tag regelmäßig.

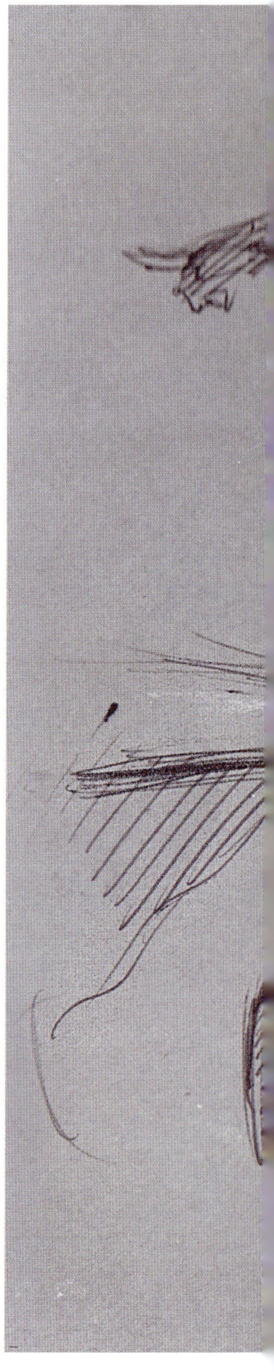

In diesem Buch möchte ich in aller Bescheidenheit versuchen, etwas von dem Wissen und der Erfahrung weiterzugeben, die ich mir über Jahre angeeignet habe. Ich schreibe »etwas«, weil das Thema so komplex ist, dass ein Buch niemals genügen würde, um alle Aspekte abzudecken. Darum konzentriere ich mich auf einen Teilbereich, nämlich das Zeichnen nach einem lebenden Modell.

Die Arbeit mit einem lebenden Modell gehört meiner Meinung nach zu den wichtigsten Aspekten der Kunst, denn sie bietet dem Künstler die Möglichkeit, den menschlichen Körper in seinem natürlichen und oft mehr oder weniger nackten Zustand zu studieren. So gewinnen wir Einblicke in die dritte Dimension des visuellen Raums und auch in die subtilen Nuancen eines lebenden, atmenden Menschen, die man auf Fotografien nie sehen kann.

Da ein Modell nur eine bestimmte Zeit lang posieren kann, entsteht ein gewisser Druck: Der Künstler muss in begrenzter Zeit etwas zu Papier bringen. Das macht die Zeichenpraxis viel produktiver und effektiver, wenn man richtig herangeht. In diesem Buch möchte ich Wege aufzeigen, sich dem Aktzeichnen nach einem lebenden Modell zu nähern, konsistente Ergebnisse zu erzielen und in Wissen und Können Fortschritte zu machen.

FÜR WEN IST DIESES BUCH?

Dieses Buch richtet sich an alle, die entweder schon einmal versucht haben, nach dem lebenden Modell zu zeichnen, oder die sich dieser Herausforderung stellen möchten. Es ist für Künstler gedacht, die bereit sind, Stunden vor einem lebenden Modell zu verbringen, und die in ihrer Arbeit ein hohes Maß an Realismus und Qualität anstreben.

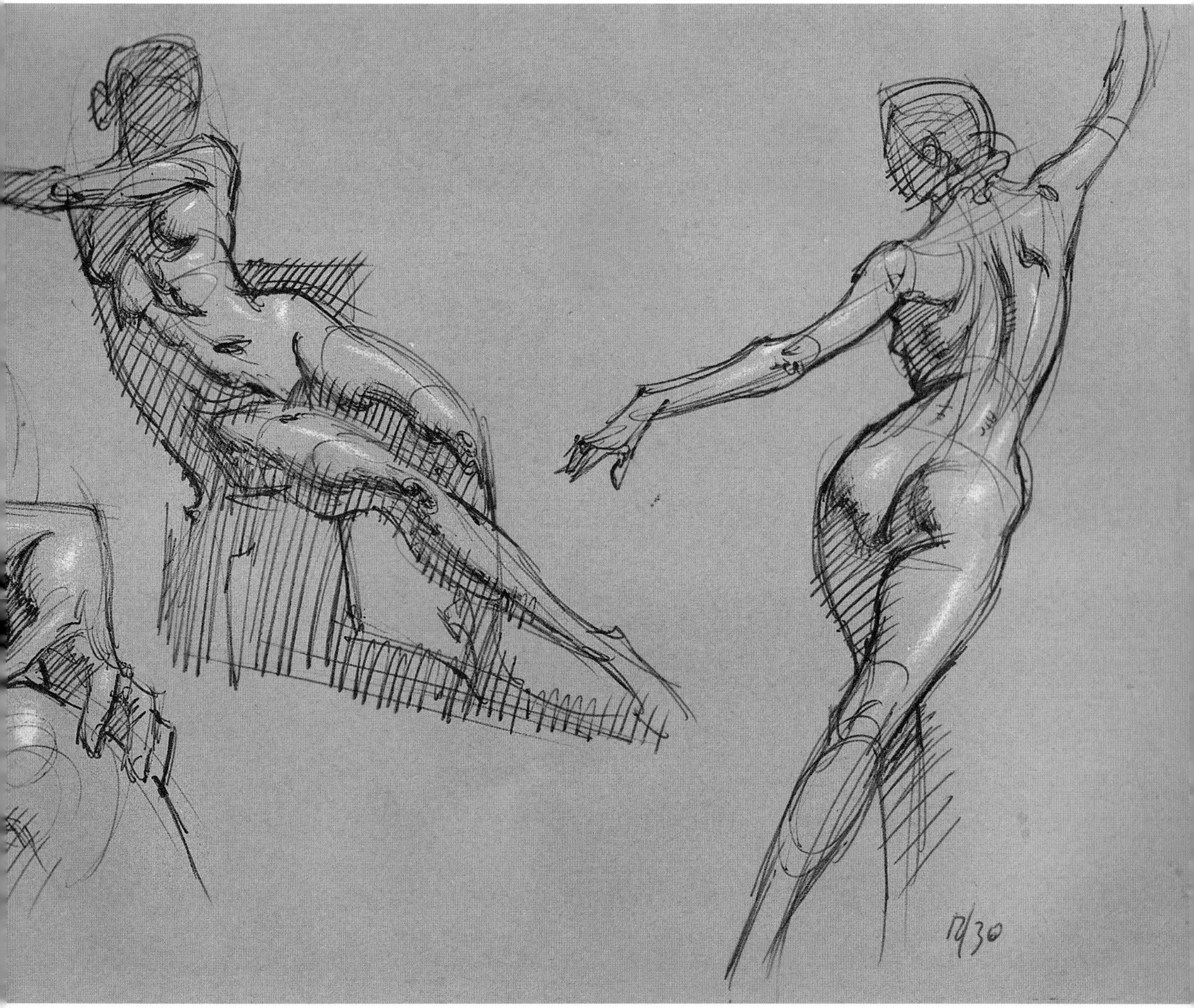

Diese Studien wurden nach einem lebenden Modell mit Bleistift und weißer Pastellkreide auf farbigem Papier in nur fünf Minuten gezeichnet.

KAPITEL 1

ÜBER DAS AKTZEICHNEN

Der Sinn des Aktzeichnens

Beim Aktzeichnen nach einem lebenden Modell geht es darum, eine lebende, atmende Person in Echtzeit auf das Papier zu bannen. Wenn in einem Kursraum oder Atelier nach einem lebenden Modell gezeichnet wird, spricht man normalerweise von einer Sitzung.

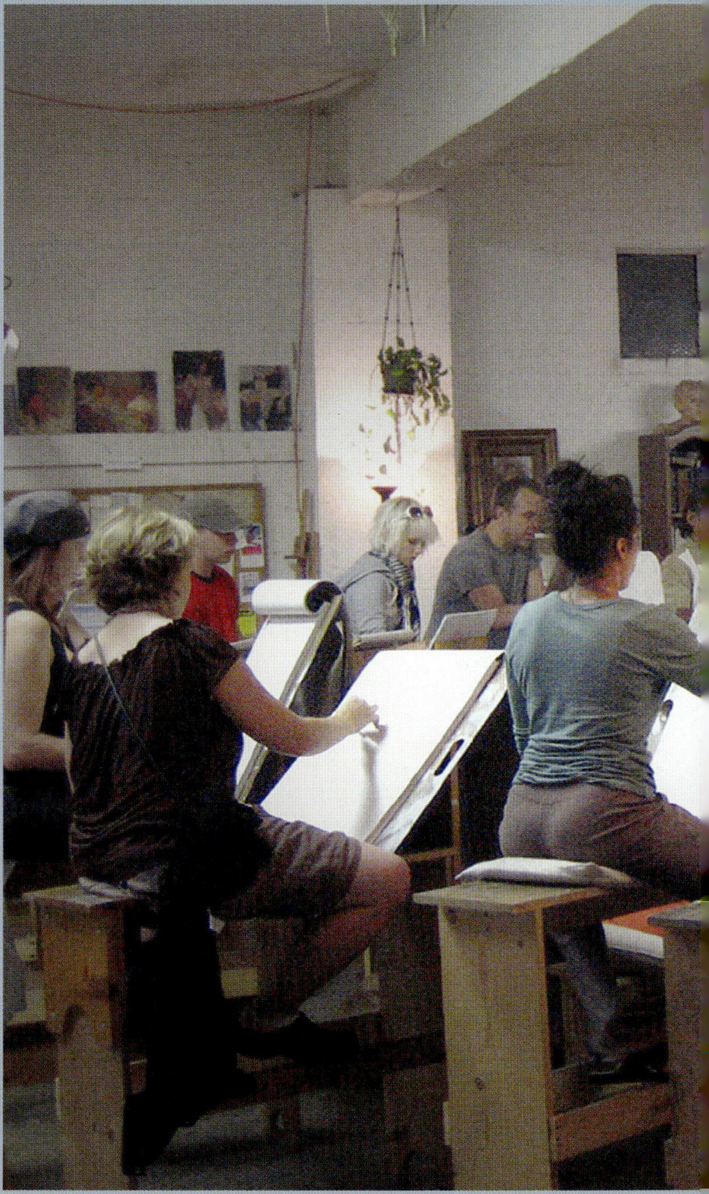

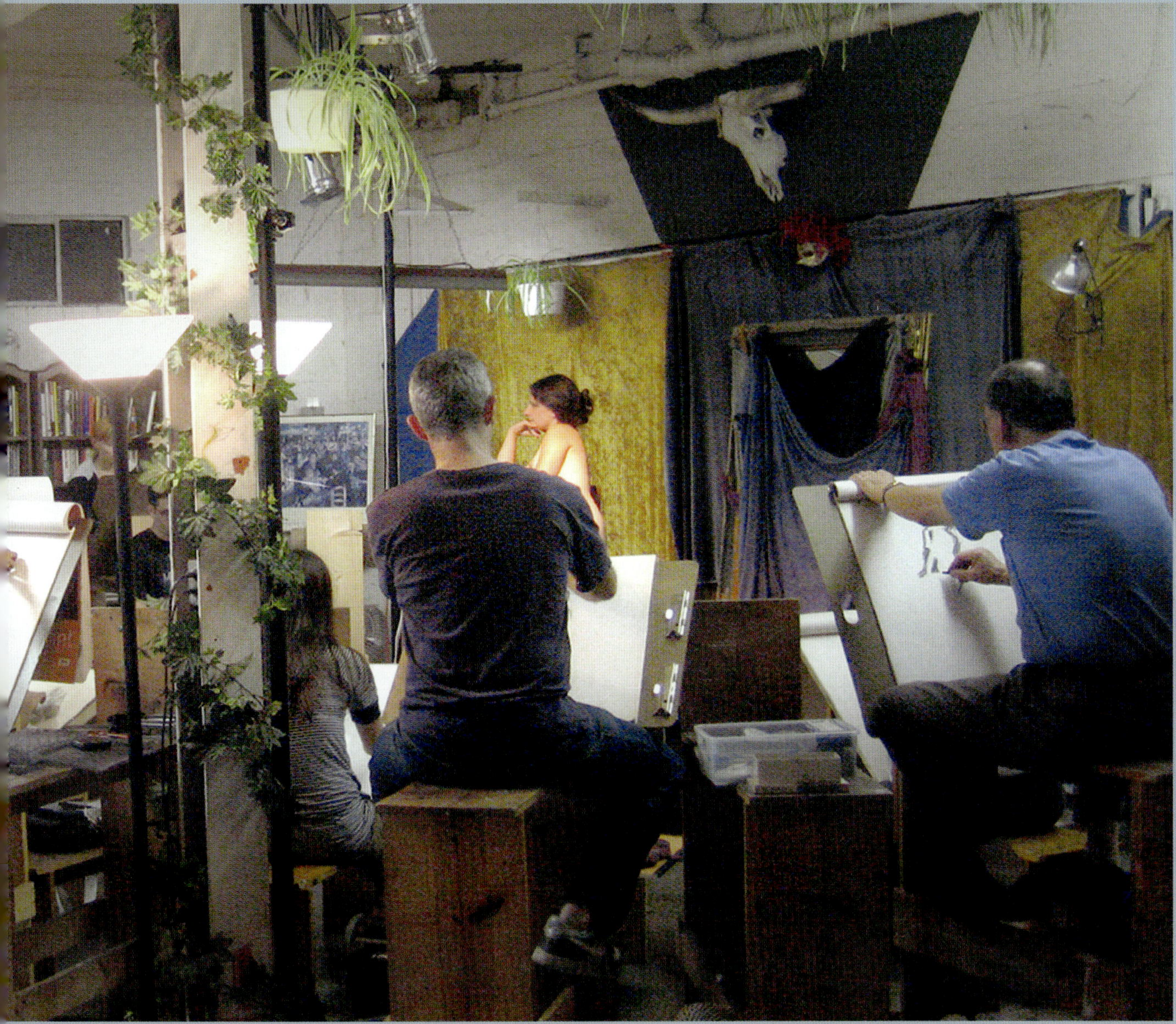

WARUM AKTZEICHNEN?

Der menschliche Körper ist ein Studienobjekt von besonderer Komplexität und Tiefe. Alle grundlegenden Aspekte des Zeichnens können durch das Studium und das Zeichnen des menschlichen Körpers gelernt werden – von der Strichführung über Licht und Schatten bis hin zur Komposition. Kurz gesagt, wenn Sie ein besserer Künstler werden wollen, kann das Aktzeichnen ein Weg sein, um dorthin zu gelangen. Das haben viele berühmte Personen der Kunstgeschichte bewiesen.

WARUM NACH LEBENDEM MODELL?

Der Hauptvorteil des Zeichnens nach dem lebenden Modell gegenüber dem Zeichnen nach einem Foto oder der Erinnerung besteht darin, dass man die Figur in ihrem natürlichen Zustand von allen Seiten studieren kann. Man kann das Modell physisch in allen drei Dimensionen sehen. Beim Lernen hat es auch Vorteile den Vorteil, dass die Posen zeitlich begrenzt sind.

Die zeitliche Begrenzung zwingt den Künstler, sich ganz auf das Modell und die anstehende Aufgabe zu konzentrieren. Wenn ich weiß, dass ich nur drei Stunden Zeit habe, dann werde ich mich in der Zeit, die mir mit dem Modell zur Verfügung steht, auf jede Pose konzentrieren. Wenn jede Pose zeitlich begrenzt ist (z. B. auf eine Minute), dann muss ich mich noch viel stärker konzentrieren, um aussagefähige Zeichnungen zu schaffen. Jeder einzelne Strich muss überlegt und konzentriert ausgeführt werden.

Der zweite Vorteil ist die Wiederholung. Um eine motorische Fertigkeit wie das Zeichnen mit einem Bleistift zu erlernen, muss man sie vielfach wiederholen. In einer dreistündigen Zeichensitzung, in der einzelne Posen nur eine, zwei oder fünf Minuten gehalten werden, kann das Modell mehr als hundert verschiedene Posen einnehmen. Jede Pose ist eine neue Gelegenheit, die eigene zeichnerische Fähigkeit zu trainieren.

Wegen der Vielzahl der möglichen Posen besteht weniger Druck oder Erwartung, einzelne Zeichnungen zu vollenden oder auszuarbeiten. Das macht den Kopf frei, um sich entweder auf eine bestimmte Fähigkeit zu konzentrieren oder zu experimentieren. Man ist eher bereit, etwas zu riskieren. Selbst wenn eine Zeichnung misslingt, wird es danach eine neue Pose geben – also eine neue Chance.

Den Zeitdruck schätze ich tatsächlich am meisten. Wenn man unbegrenzt Zeit für eine Zeichnung oder eine Pose (oder eine andere Aufgabe) hat, kann man sich leicht ablenken lassen. Wenn der Künstler aber weiß, dass die Zeit begrenzt ist und sich die Pose bald ändern wird, entsteht ein Gefühl der Dringlichkeit, die Aufgabe zu erfüllen. Dieses Gefühl der Dringlichkeit führt dazu, dass der Künstler sich mehr auf die Pose und auf jeden seiner Striche konzentriert. Dadurch wird die Übungsstunde insgesamt viel produktiver.

Das Ziel des Aktzeichnens ist es, den menschlichen Körper zu studieren und dabei so viel wie möglich über die Figur und den Zeichenprozess zu lernen. Die zeitliche Begrenzung sorgt dabei für Wiederholung und Übung, also für den Trainingseffekt. Das Ziel ist nicht, eine fertige Zeichnung, eine gute oder gar perfekte Zeichnung anzufertigen. Letztlich lernt man durch Misserfolge oft sogar mehr. Das gilt vor allem, wenn Sie neu im Zeichnen sind oder wenn Sie bereits Erfahrung haben und etwas Neues ausprobieren möchten. Wer Risiken eingeht, vergrößert seine Lernchancen erheblich.

Kurz gesagt, setzen Sie sich selbst nicht unter Erwartungsdruck, wenn Sie vor einem Modell stehen. Konzentrieren Sie sich stattdessen auf den Moment und auf die aktuelle Aufgabe. Konzentrieren Sie sich auf das Material, das Ihnen zur Verfügung steht, auf das Modell, auf die Merkmale der Pose und auf das, was Sie zur Verfügung haben. Haben Sie Ihr Ziel vor Augen, aber seien Sie präsent und vertiefen Sie sich in den Prozess.

Gegenüber: Akt nach lebendem Modell. Zwei Stunden. Pastell auf Zeitungsdruckpapier

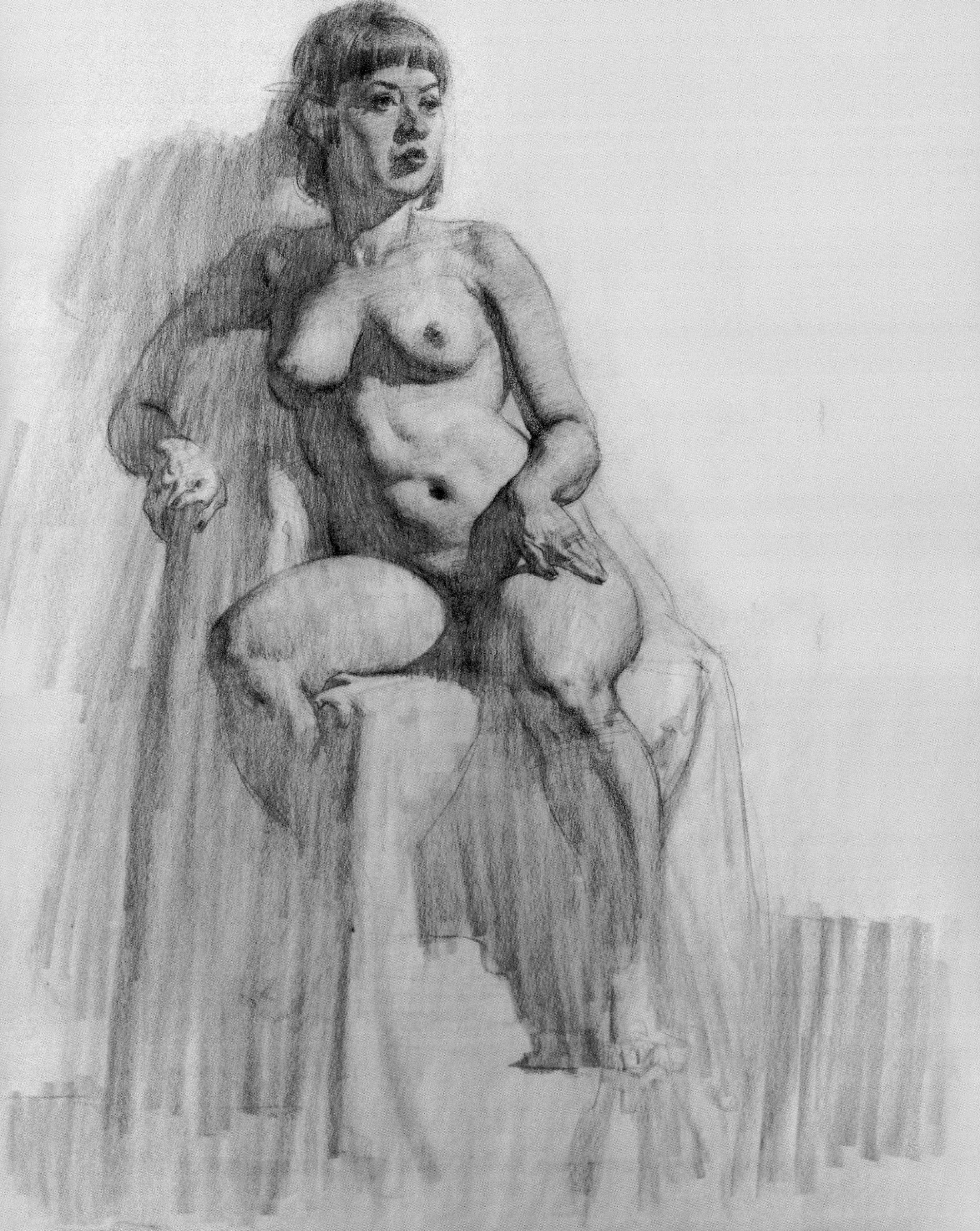

Der Ablauf einer Zeichensitzung

Typische Zeichensitzungen dauern zwei bis drei Stunden. Wenn ich Sitzungen für Kurse vorbereite, buche ich ein Modell für drei Stunden und teile die Zeit in verschiedene Posenlängen auf.

Begonnen wird meist mit kurzen Posen, quasi als Aufwärmphase. Die Zeichnenden bereiten sich ohne großen Erwartungsdruck geistig und körperlich vor, um sich später längeren und komplexeren Posen zuzuwenden. Die ersten beiden Stunden bestehen normalerweise aus kurzen Posen von maximal

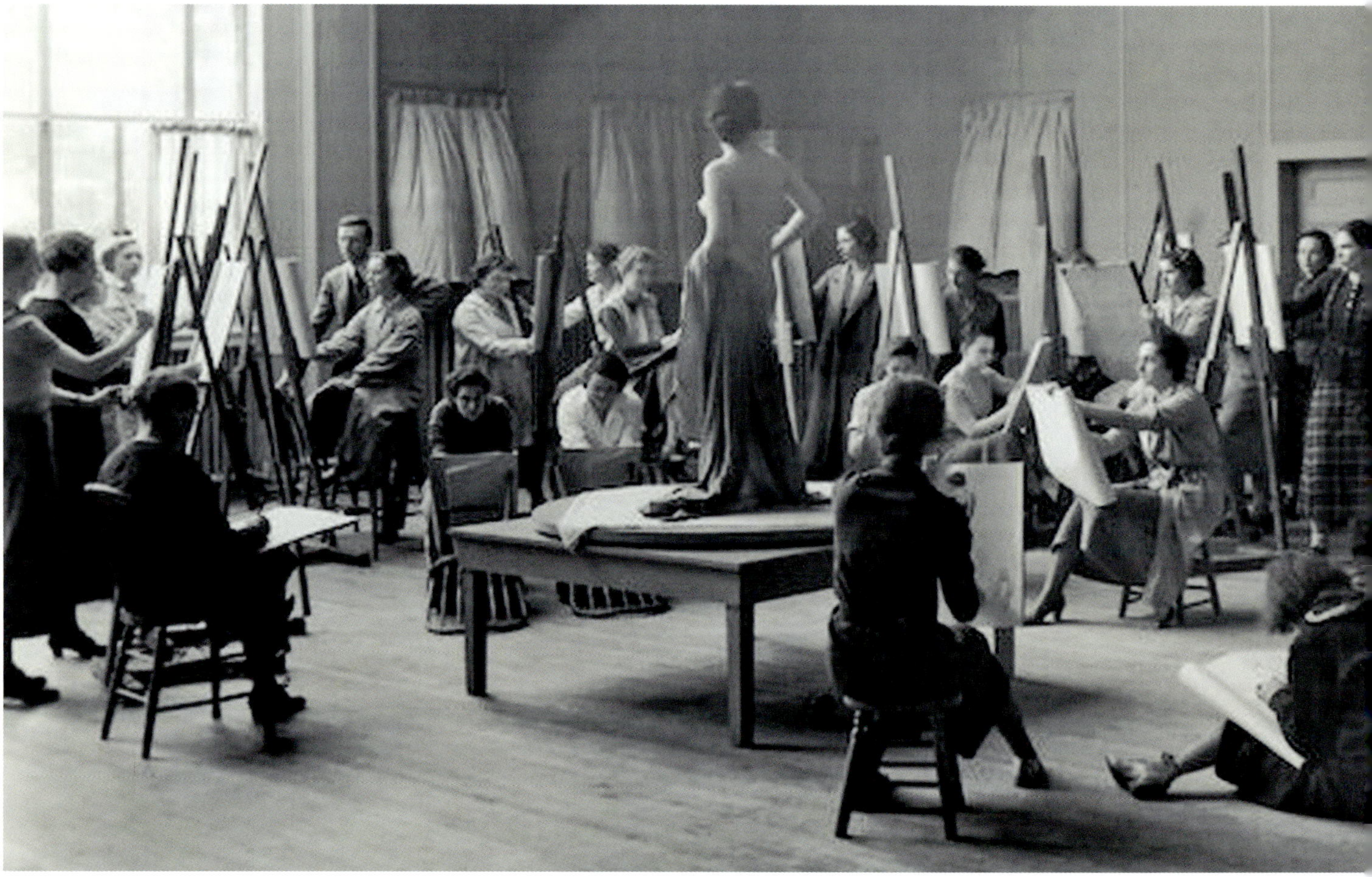

zehn Minuten Dauer. In der letzten Stunde können die Posen 20 oder 25 Minuten gehalten werden. So haben die Kursteilnehmer die Möglichkeit, zu üben und sich schwierigeren Aspekten wie Proportionen und Anatomie, aber auch Licht und Schatten zuzuwenden.

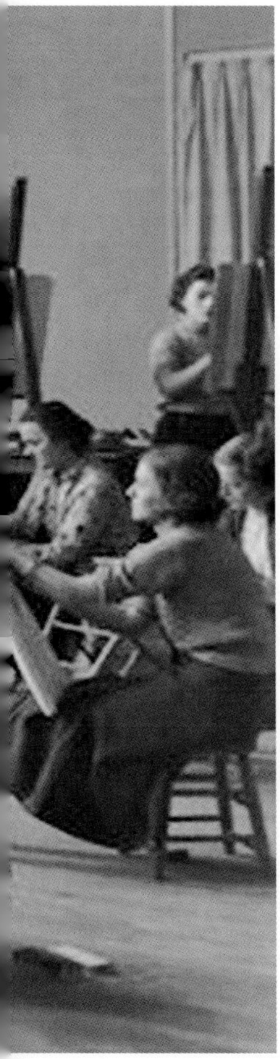

Zeichenkurs am Vassar College, ca. 1930.
Mit Genehmigung der Archives and Special Collections, Vassar College Library.

So könnte eine typische Zeichensitzung ablaufen:

Gesamtzeit mit dem Modell = 3 Stunden

Erste Stunde
1. Ein-Minuten-Posen 25x
   (Fünf Minuten Pause für das Modell)
2. Zwei-Minuten-Posen 12x
   (Fünf Minuten Pause für das Modell)

Zweite Stunde
3. Fünf-Minuten-Posen 5x
   (Fünf Minuten Pause für das Modell)
4. Fünf-Minuten-Posen 5x
   (Fünf Minuten Pause für das Modell)

Dritte Stunde
5. Zehn-Minuten-Posen 2x, Fünf-Minuten-Pose 1x
   (Fünf Minuten Pause für das Modell)
6. 20–25-Minuten-Pose (oder Rest der Kurszeit)

Dies ist selbstverständlich nur eine von verschiedenen Möglichkeiten, eine Sitzung mit einem Modell zu strukturieren.

Empfehlenswerte Materialien

Wer erfolgreich zeichnen will, muss die richtigen Materialien verwenden, um die Zeit gut zu nutzen und seine Fähigkeiten voll auszuschöpfen und zu verfeinern. Als ich zum ersten Mal mit diesen Materialien in Berührung kam, hatte ich das Gefühl, eine neue Welt der Möglichkeiten zu entdecken. Ich konnte neue Strichführungen und Techniken anwenden, die mir vorher fremd waren. Nach einigen Monaten konsequentem Üben mit diesen neuen Werkzeugen verbesserten sich meine Geschicklichkeit und mein Können deutlich. Da diese Materialien so effektiv und vielseitig sind, werden sie von mir und vielen anderen Fachleuten verwendet und empfohlen.

Grundsätzlich gibt es zwei Arten von Materialien, die für verschiedene Zwecke verwendet werden. Ein Studio-Set verwende ich in meinem Atelier, und dieses würde ich auch zu einer Zeichensitzung, einem Zeichenkurs oder Workshop mitnehmen.

Das zweite Set verwende ich zum Zeichnen im Freien oder immer dann, wenn tragbare, leichtere Materialien benötigt werden. Anfängern empfehle ich dringend, mit dem Studio-Set zu beginnen.

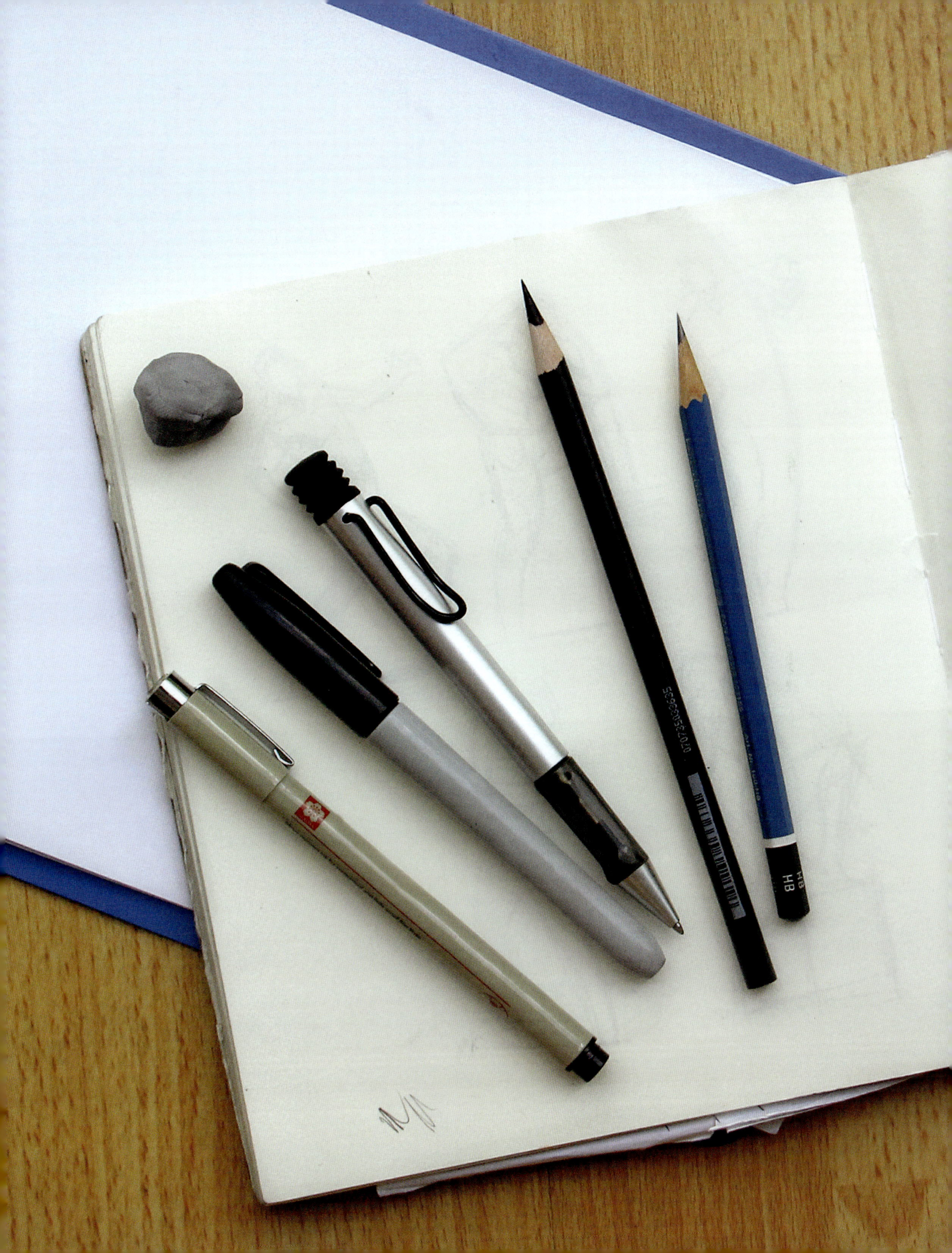

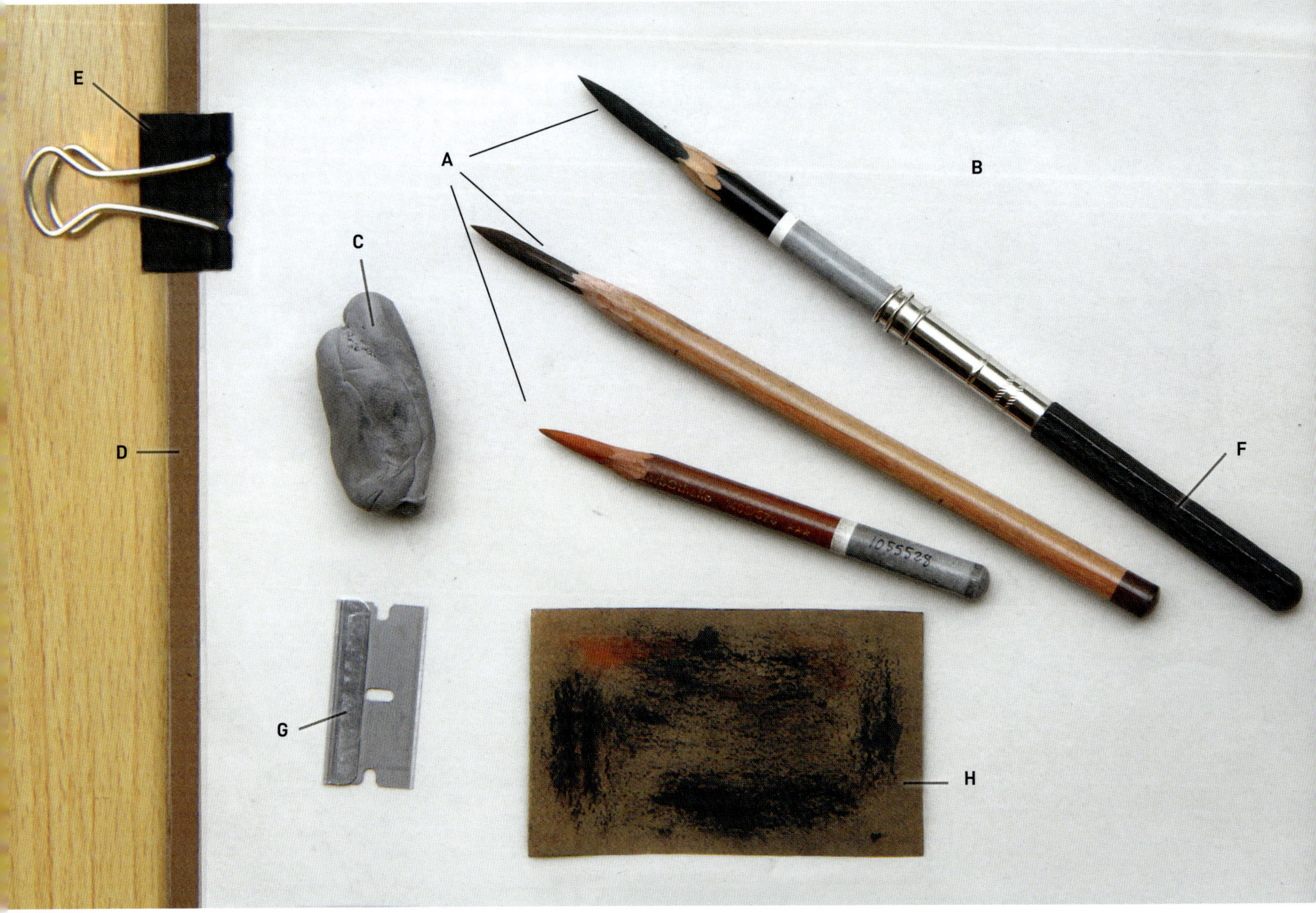

SET 1: ZEICHNEN IM ATELIER

Stifte (A)
Das wichtigste Zeichenwerkzeug ist der Bleistift. Der Abwechslung halber verwende ich jedoch noch drei andere Stiftarten:

1. Pastellstift
2. Conté-(Kreide)Stift
3. Kohlestift

Abgesehen vom Material der Mine spielt auch die Technik des Spitzens eine wichtige Rolle – dazu später mehr. Die folgenden Typen und Härtegrade verwende ich bevorzugt:

1. Wolff Carbon, 6B
2. STABILO CarbOthello, schwarz und Erdtöne (dunkelbraun oder dunkelrot, abgebildet)
3. Conté à Paris, B
4. Faber-Castell Pitt Pastel, schwarz

Wenn diese Stifte nicht erhältlich sind, versuchen Sie, eine vergleichbare Qualität zu finden, und probieren Sie die Stifte aus. Die meisten Pastell- und Kohlestifte erzeugen die zum Aktzeichnen nötigen Striche (siehe Strichführung, Seite 24), sind also geeignet. Notfalls können Sie auch die in Set 2 (siehe Seite 18) aufgelisteten handelsüblichen Zeichenmaterialien verwenden.

Papier (B)
Ich empfehle *glattes* Zeitungsdruckpapier. Achten Sie darauf, dass es wirklich *glatt* ist. Zeitungsdruckpapier gibt es in zwei Ausführungen, rau und glatt. Auf glattem Papier fallen die Ergebnisse schöner aus, und es eignet sich gut, um die Gestaltung von Tonwerten und Konturen zu üben. Das Zeichnen auf rauem Papier ist schwieriger – und manchmal frustrierend. Wenn Sie bereits auf Zeitungsdruckpapier zeichnen und Ihre Striche unsauber aussehen, könnte es daran liegen, dass es rau ist.

Als Papiergröße empfehle ich 46 x 61 cm oder A2. Auf den großen Bögen hat man reichlich Spielraum für lange Striche, die aus dem ganzen Arm oder dem ganzen Körper gezeichnet werden. Ein großer Bogen bietet Platz genug für mehrere kleine Studien von kurzen Posen oder größere Zeichnungen von längeren Posen.

Knetradiergummi (C)
Diese weichen, formbaren Radiergummis entfernen Striche gut, beschädigen das Papier aber nicht. Es hat seine Gründe, dass die meisten professionellen Zeichner solche Knetradiergummis verwenden (siehe Abbildung).

Zeichenbrett (D)
Ein Zeichenbrett aus Holz dient als starre, stabile Unterlage für das Zeichenpapier. Gängig sind MDF-Platten (siehe Abbildung), aber auch andere dünne, leichte Platten sind geeignet. Zeichenbretter in verschiedenen Formaten kann man im Fachhandel für Künstlerbedarf kaufen.

Klammern (E)
Große Aktenklammern (siehe Abbildung) sind praktisch, um das Papier an der Zeichenplatte festzuhalten. Die Klammern findet man in Geschäften für Schreibwaren oder Bürobedarf. Am besten verwenden Sie möglichst große Klammern (5 cm).

Weiteres Zubehör

Bleistiftverlängerung **(F)**
Praktisch, wenn Stifte nach vielem Anspitzen so kurz geworden sind, dass man sie nicht mehr gut festhalten kann.

Rasierklingen **(G)**
Zum Anspitzen meiner Stifte verwende ich altmodische Rasierklingen und Schleifpapier. Einseitige Klingen kosten nicht viel, und man verletzt sich an ihnen nicht so leicht wie an doppelseitigen. Alternativ kann ein Cuttermesser verwendet werden. Der Vorgang des Anspitzens wird weiter hinten in diesem Kapitel erklärt.

Schleifpapier **(H)**
Zum Glätten und Nachschärfen meiner Stiftspitzen verwende ich Schleifpapier mit mittlerer Körnung (80–120). Ebenso geeignet sind Schleifblöcke, die man im Fachhandel für Künstlerbedarf kaufen kann.

SET 2: ZEICHNEN IM FREIEN

Für alle, die mit dem Aktzeichnen beginnen, empfehle ich eine Atelier-Ausrüstung, vor allem Stifte mit langer Mine (siehe Seite 20). Allerdings sind diese Materialien nicht überall erhältlich. Außerdem nehmen sie relativ viel Platz ein, was von Nachteil ist, wenn man sie auf Reisen oder Ausflüge mitnehmen möchte.

Darum besitze ich für unterwegs ein zweites Set von Materialien, die fast überall im Handel zu finden sind.

Bleistifte (A)
Neben konventionellen Bleistiften arbeite ich auch mit Farbstiften.

1. Bleistifte kann man überall kaufen. Ich verwende meist die Härtegrade 2B und HB (siehe Abbildung). Aus praktischen Gründen habe ich oft auch einen Druckbleistift bei mir.

2. Auch Farbstifte bekommt man überall, aber die Qualitätsunterschiede sind groß. Mein Favorit ist der Prismacolor in Schwarz (siehe Abbildung).

Kugelschreiber (B)
Mit Kugelschreibern zeichne ich sehr gern, weil sie so vielseitig sind. Tatsächlich ist ein Großteil meiner Arbeiten mit ihnen entstanden. Im Gegensatz zu Gelstiften und Filzstiften reagieren Kugelschreiber auf Druck, man kann mit ihnen also sehr zarte Striche zeichnen. Insofern haben sie gewisse Ähnlichkeit mit Kohle- oder Pastellstiften. Unter den zahlreichen verfügbaren Marken bevorzuge ich Bic oder Pilot in Schwarz in der Stärke 0,5 oder dünner.

Marker (C)
Marker verwende ich hauptsächlich für Tonwerte. Weil man mit ihnen größere Flächen schnell mit einem dunklen Ton ausfüllen kann, eignen sie sich gut für Tonwert- und Schattenstudien (Beispiele dazu in Kapitel 5). Ich empfehle Sharpie für Schwarz und Prismacolor oder Copic für Grautöne.

Filzstifte und Brush Pens (D)
Im Gegensatz zu einem Kugelschreiber hinterlassen Filzstifte und Brush Pens dunkle, gleichmäßige Striche. Ich verwende Filzstifte vor allem, um Strichtechniken zu üben. Brush Pens eignen sich hervorragend zum Skizzieren und zum Üben des Untergriffs, der später in diesem Kapitel behandelt wird. Diese Stifte verzeihen keine Fehler, denn die dicken, dunklen Striche lassen sich nicht ausradieren – aber gerade darum ist das Zeichnen mit ihnen eine gute Übung, um das sichere und sorgfältige Zeichnen zu trainieren. Meine bevorzugten Filzstifte sind Faber-Castell Pitt Artist und Sakura Pigma. Bei den Brush Pens mag ich Sakura (siehe Abbildung), Tombow und Pentel.

Nutzen, was vorhanden ist

Meine Empfehlungen basieren auf Erfahrung. Wer aber bestimmte Materialien nicht im heimischen Handel findet, muss sich keine Sorgen machen. Arbeiten Sie mit dem, was greifbar ist. Für den Anfang brauchen Sie nicht mehr als einen gewöhnlicher Bleistift mit einem Radiergummi am Ende und ein paar Bögen beliebiges Papier. Fehlendes Material sollte kein Grund sein, auf das Zeichnen zu verzichten. Nutzen Sie, was Sie haben, um möglichst viel zu üben und Erfahrungen zu sammeln. Hochwertige Materialien können Sie später immer noch dazu erwerben.

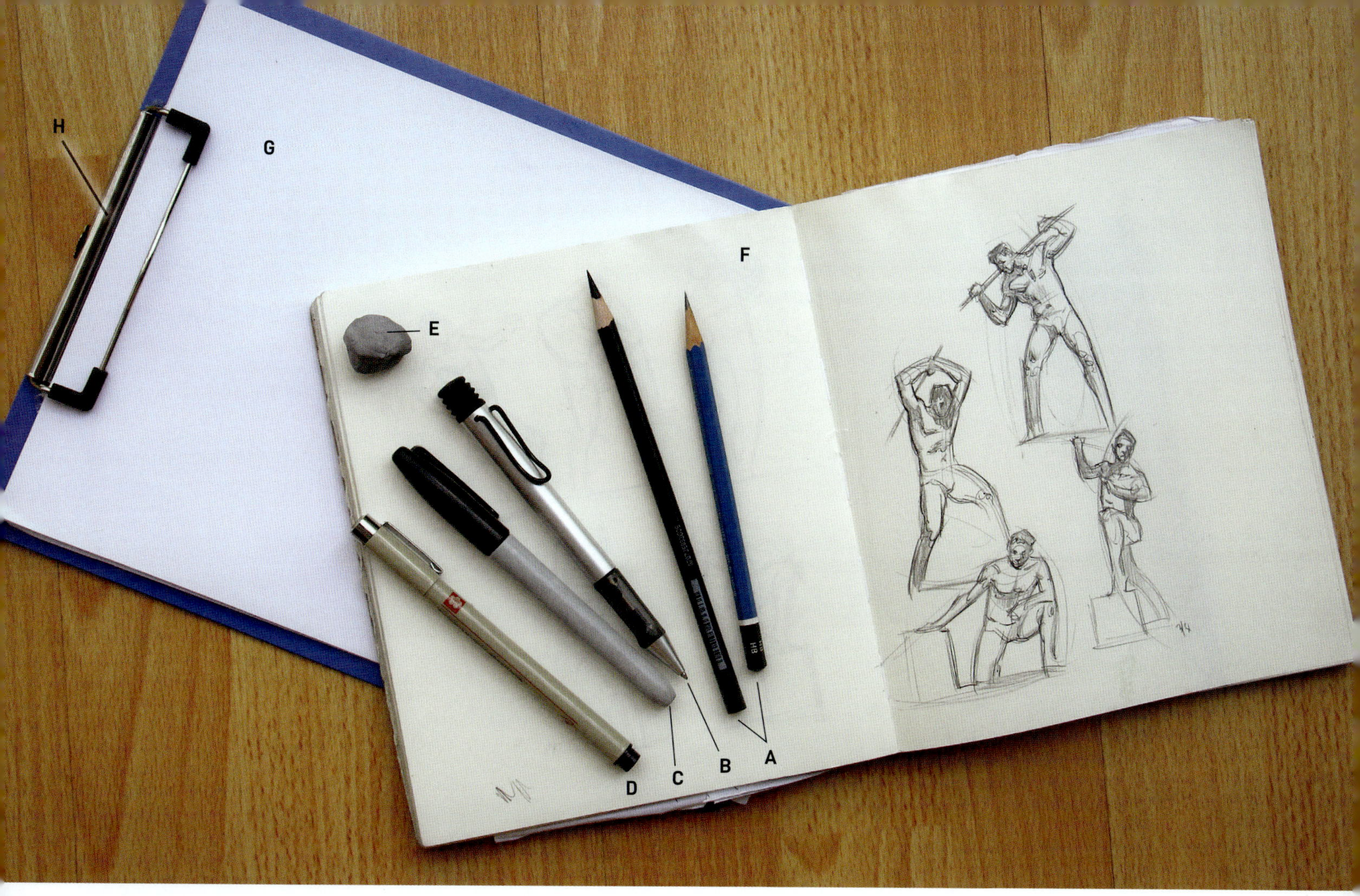

Radiergummi (E)
Ein Knetradiergummi (siehe Abbildung) entfernt Bleistiftstriche gut, Farbstifte werden nur aufgehellt. Um Farbstiftstriche auszuradieren, empfehle ich einen Staedtler Mars Radiergummi oder einen anderen harten Plastikradiergummi.

Skizzenbuch (F)
Skizzenbücher gibt es in vielen Größen und Ausführungen, auch die Papierqualität variiert. Um ein Skizzenbuch zu finden, das zu Ihnen passt, probieren Sie am besten viele aus. Zeichnen Sie täglich, dann werden sie schnell voll. Für Anfänger empfehle ich ein Skizzenbuch in handlicher, bequem transportabler Größe mit neutral-weißem, glattem Papier.
Ich habe immer ein Skizzenbuch bei mir, darum bevorzuge ich handliche Formate wie 13 x 18 cm oder 15 x 20 cm, die man leicht mitnehmen kann.
Bekannte Marken sind Strathmore and Moleskine, aber auch ein unliniertes Notizbuch aus dem Schreibwarenhandel genügt für Skizzen.

Kopierpapier (G)
Außer dem Skizzenbuch verwende ich auch normales Kopier- oder Druckerpapier im Format A4. Dieses Papier eignet sich vor allem für Einsteiger gut, weil es überall für wenig Geld zu bekommen ist.

Klemmbrett (H)
Als »Zeichenbrett« für unterwegs genügt ein normales Klemmbrett im A4-Format. Darauf kann man mehrere Bögen Papier festklemmen.

Richtig anspitzen

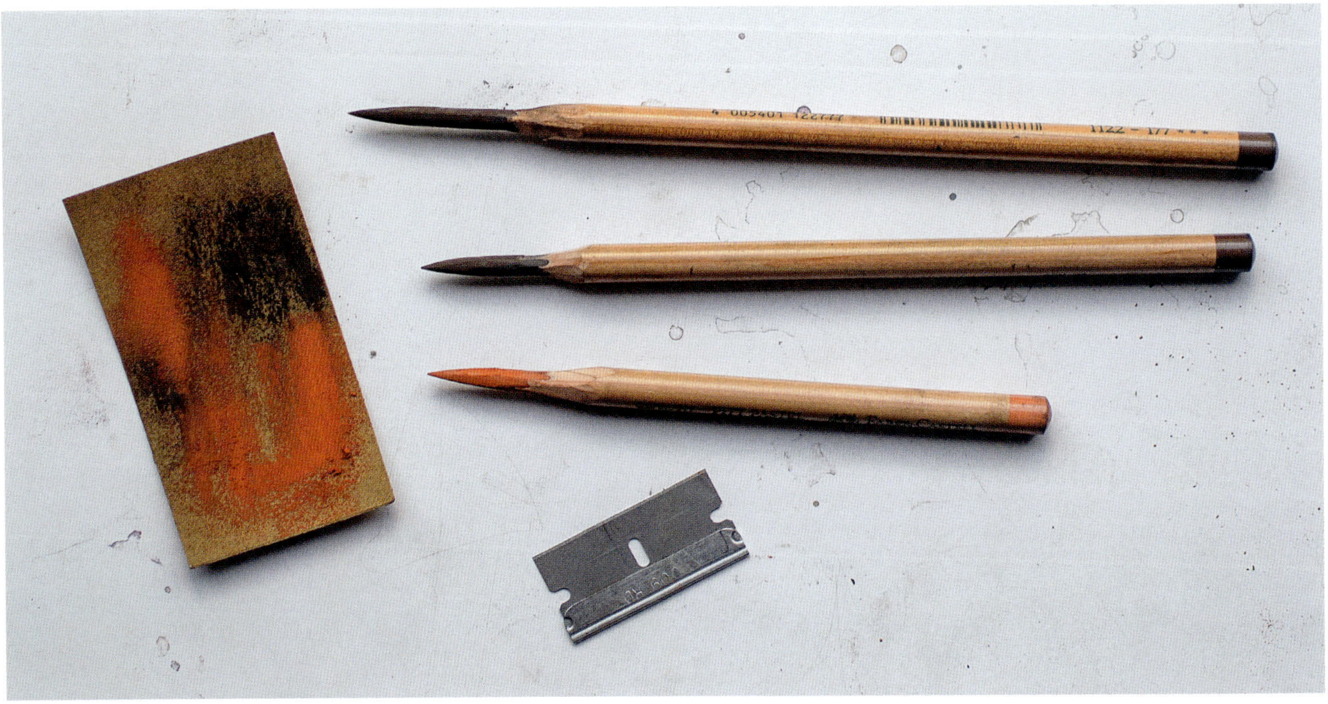

STIFTE MIT LANGER MINE

Zum Aktzeichnen empfehle ich Stifte mit langer Mine. Sie kann bis zu 5 cm lang sein, aber Einsteiger kommen mit einer Länge von 1–2,5 cm am besten zurecht.

Das Schöne an der langen Mine ist, dass sie eine große Bandbreite von Strichen ermöglicht, von feinen, scharfen Linien bis zu breiten Strichen mit weicheren Tönen. Diese Vielseitigkeit ist gerade beim Aktzeichnen nützlich, weil man für scharfe Striche und weiche Schattierungen nur ein Werkzeug braucht. Das hilft, Zeit zu sparen. Eine lange Mine ähnelt einem Pinsel und ist darum für Anfänger auch eine gute Vorbereitung auf das Malen. Diese Vielfalt an Strichen lässt sich mit verschiedenen Zeichenstiften wie Kohle- oder Pastellstiften erreichen. Für Details eignet sich ein Bleistift am besten, weil er sich gut kontrollieren lässt.

Spitze und »Ferse«

Bei langen Minen unterscheidet man zwischen zwei Formen – einerseits der langen, nadelförmigen Spitze **(A)**, und andererseits der einseitig abgeflachten »Ferse« **(B)**. Mit beiden lassen sich ähnliche Strichtypen gestalten. Ich rate dazu, mit beiden zu experimentieren, um herauszufinden, womit Sie am besten zurechtkommen.

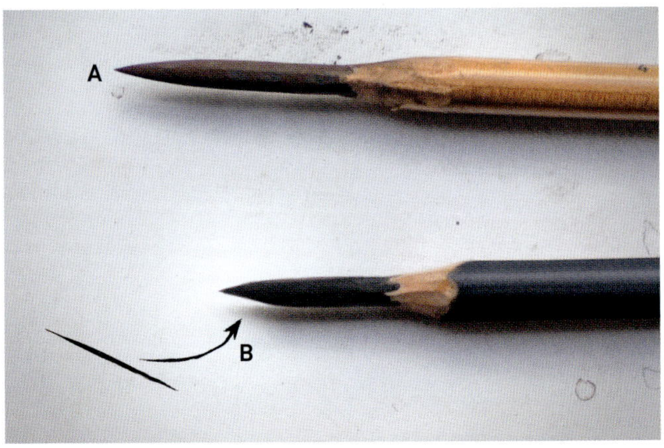

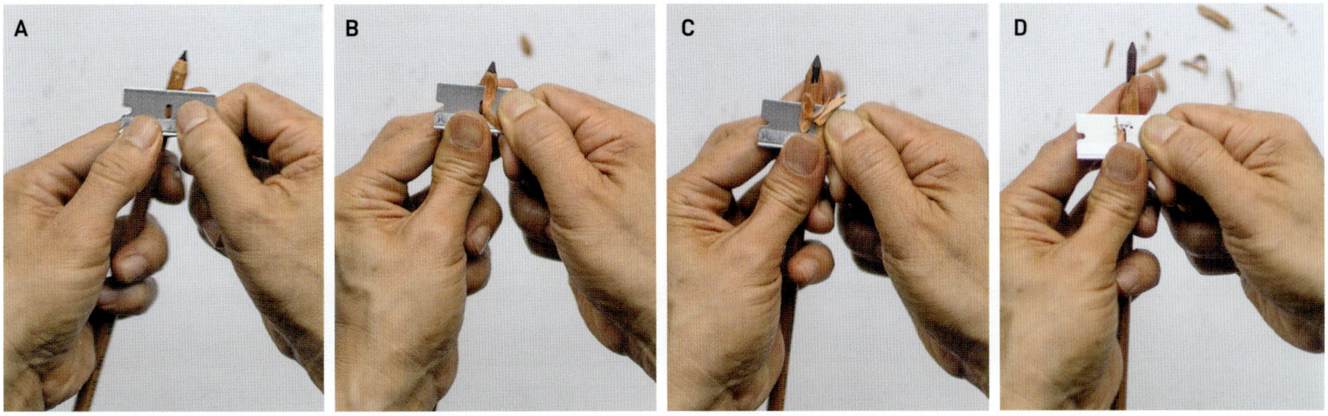

ANSPITZEN MIT DER RASIERKLINGE

Schritt 1: Die Mine freilegen

Zuerst wird der Holzmantel vorsichtig abgetragen. Dazu eine einseitig geschärfte Rasierklinge verwenden und an der stumpfen Oberkante festhalten **(A und B)**.

Das Holz schräg zur Mine hin abschaben, dabei den Stift drehen **(C)**. Auf diese Weise ein 1–2,5 cm langes Stück der Mine freilegen **(D)**.

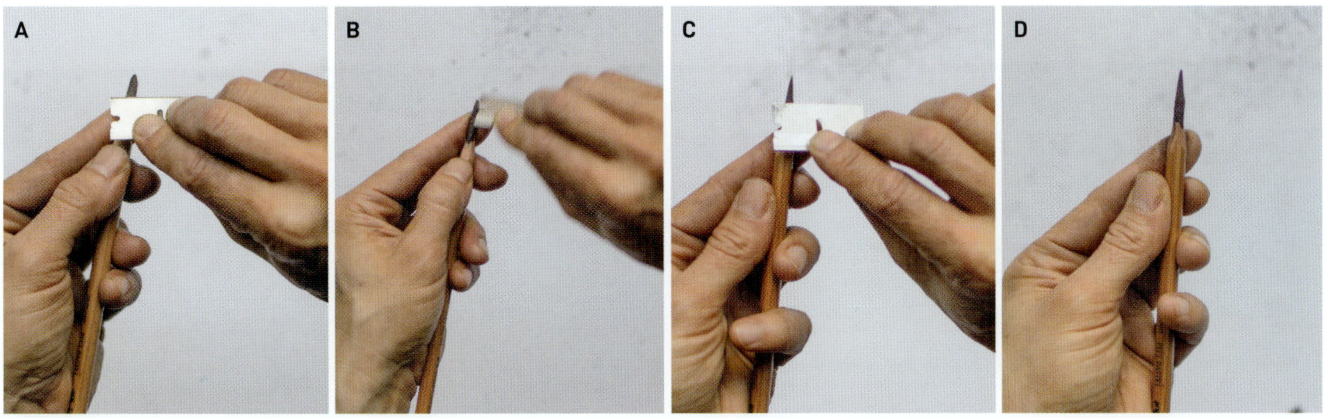

Schritt 2: Die Mine anspitzen

Das Anspitzen von Hand erfordert Übung. Gehen Sie langsam und vorsichtig vor. Die Rasierklinge an der stumpfen Oberkante mit zwei Fingern halten, der Daumen liegt unten **(A)**. Die Spitze der Mine mit kurzen Bewegungen abschaben, um eine Spitze zu formen **(B)**.

Weiter schaben und dabei den Stift mit den Fingern drehen, bis die Mine sehr spitz ist **(C)**. Am Ende soll die Mine aussehen wie eine lange Nadel **(D)**.

Elektrische Anspitzer

Für traditionelle Bleistifte und Farbstifte empfehle ich einen elektrischen Anspitzer, um lange Spitzen zu erhalten. Eine richtig lange Spitze kann so ein Gerät nicht bieten, aber die Minen werden schön spitz und relativ lang, sodass man mit ihnen feine Striche und weiche Tonwerte zeichnen kann. Es gibt elektrische Anspitzer von verschiedenen Herstellern. Ich verwende Modelle von Foray und Panasonic.

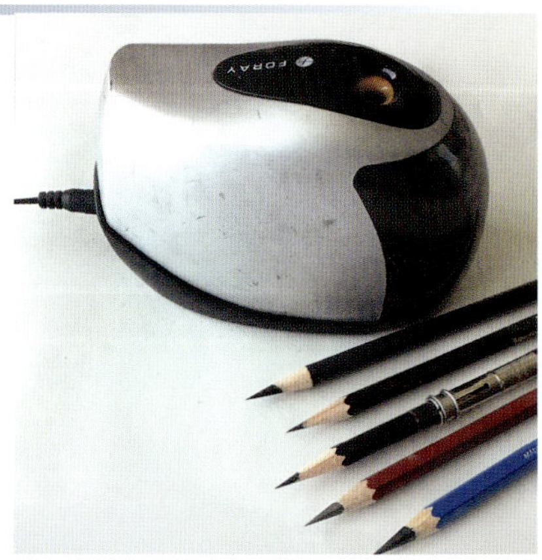

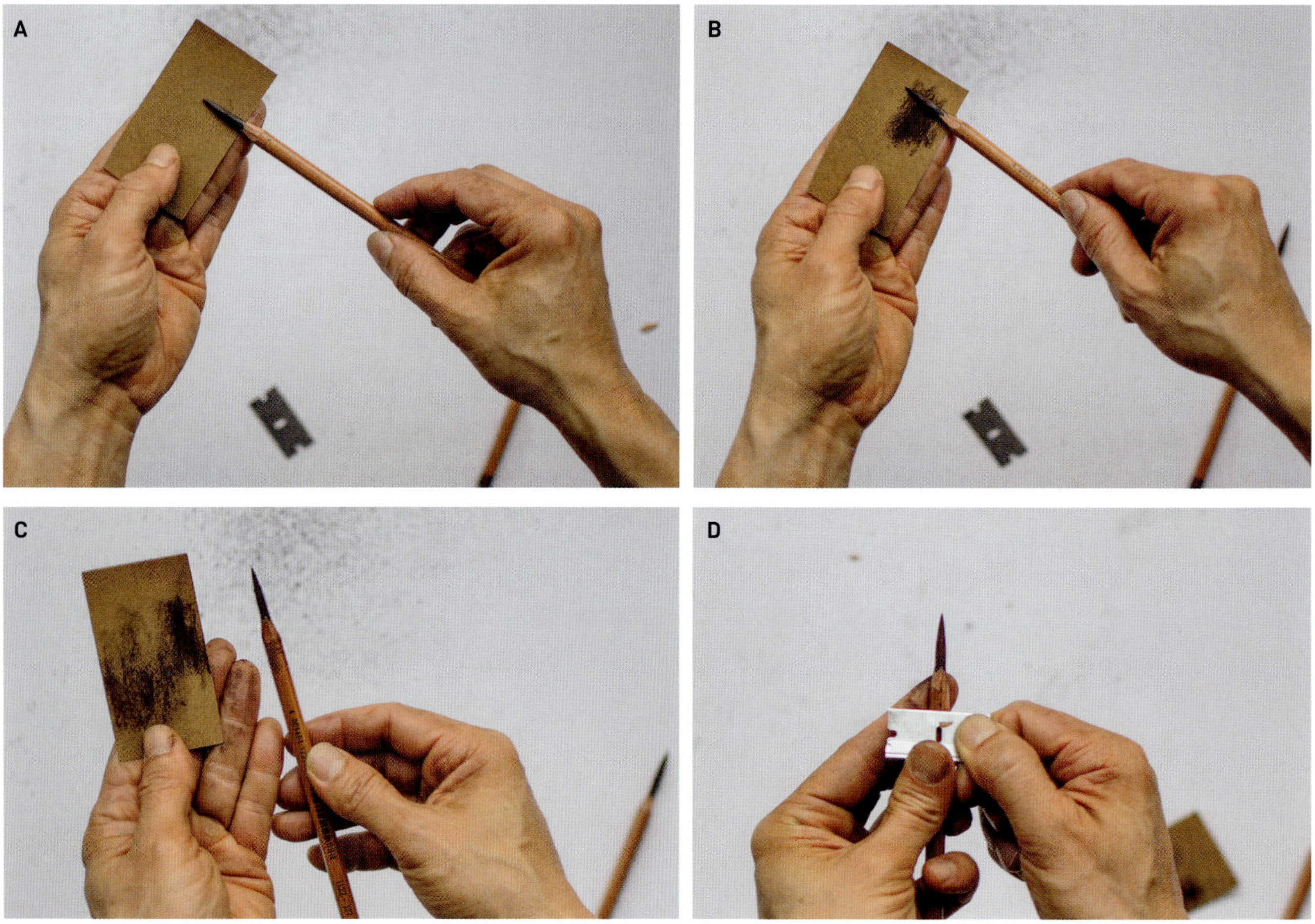

Schritt 3: Feinschliff

Um die Mine zu glätten und noch schärfer anzuspitzen, eignet sich Schleifpapier oder ein Schleifklotz. Das Ziel ist, kleine Unebenheiten oder Unregelmäßigkeiten der Mine zu beseitigen und eine möglichst feine Spitze zu erhalten.

Zuerst die Mine flach auf das Schleifpapier legen **(A)**. Den Stift hin und her bewegen und gleichzeitig mit den Fingern drehen **(B)**.

Wenn die Mine schön glatt und spitz ist **(C)**, schabe ich den Holzmantel noch einmal ab, um einen glatten Übergang zu erhalten **(D)**. So kann man den Stift flacher halten und die Mine seitlich auf das Papier legen. Zuletzt die Mine mit Küchenpapier abwischen, um Staubreste zu entfernen.

DIE STIFTHALTUNG

In der Regel hält man einen Bleistift mit dem Daumen unten und den Fingern oben. So halten die meisten Menschen einen Bleistift zum Schreiben. Zum Zeichnen – und zwar für Motive aller Art – ist es aber oft vorteilhafter, den Stift anders zu halten. Ich nenne diese Stifthaltung den Untergriff oder Malergriff.

Mit diesem Griff kann man die Mine sehr flach aufs Papier setzen, um breite Striche und weiche Tonwerte zu erhalten **(A)**. Für kräftigere Striche fasst man den Stift in geringerem Abstand zur Mine, um stärkeren Druck ausüben zu können **(B)**. Für feine Striche wird der Stift steiler gehalten und mit der Spitze aufgesetzt **(C)**. Zum Zeichnen feiner Details ist allerdings die Schreibhaltung besser geeignet, weil sie mehr Kontrolle über den Stift erlaubt.

Wer bisher nur die Schreibhaltung kennt, wird etwas Zeit brauchen, um sich an den Malergriff zu gewöhnen. Wenn Sie regelmäßig üben, werden Sie aber bald feststellen, dass Ihre Geschicklichkeit insgesamt zunimmt, weil Sie die Hand variantenreicher nutzen.

In einem späteren Kapitel finden Sie einige Übungen, die Ihnen helfen, sich an den Malergriff zu gewöhnen.

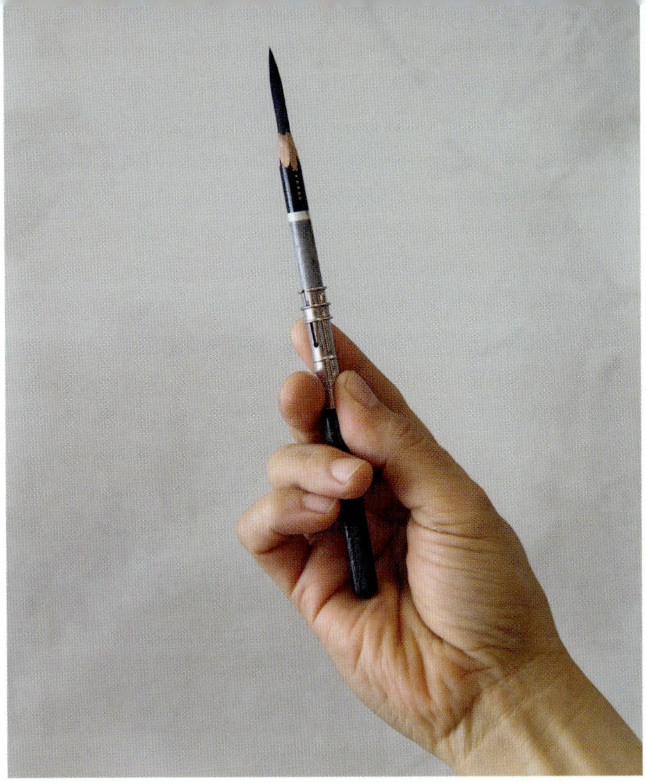

Anders als bei der Schreibhaltung umfassen die Finger den Stift hier von unten, der Daumen liegt oben. So halten auch die meisten Maler ihre langstieligen Pinsel.

Mit dem Malergriff können Sie die Möglichkeiten der langen Mine voll ausschöpfen und verschiedene Striche – von feinsten Linien bis zu weichen Tonwerten – gestalten.

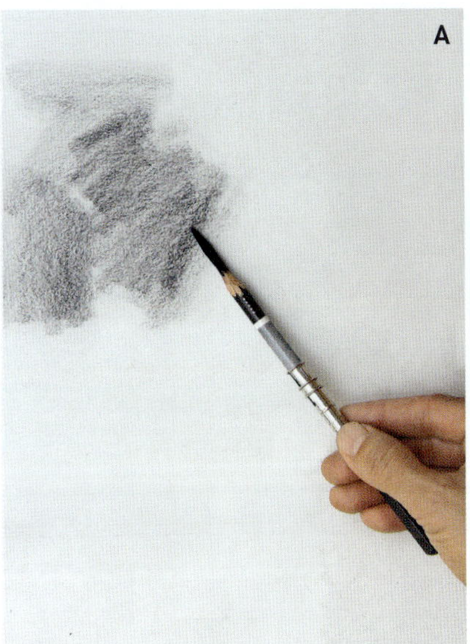

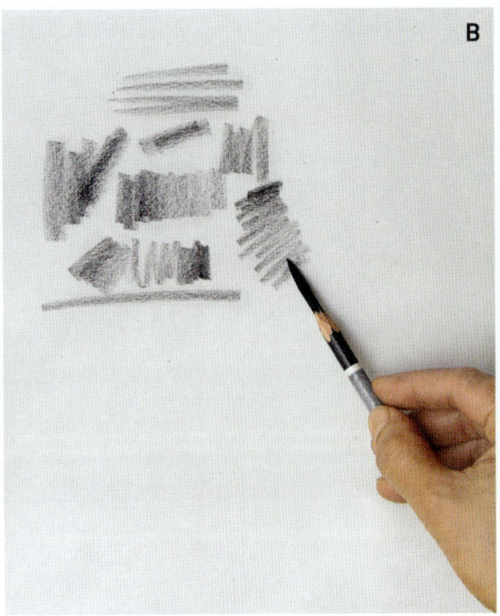

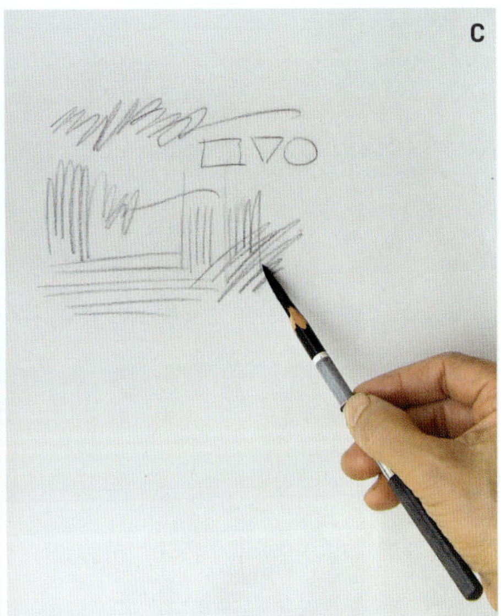

Strichführung

DIE DREI STRICHE

Der kleinste Baustein jeder Zeichnung – unabhängig vom Motiv – ist der Strich. Striche gibt es in den verschiedensten Formen, und keine davon ist »falsch«. Der Einfachheit halber unterscheide ich in diesem Buch zwischen drei Grundtypen, nämlich geraden, einfach und zweifach gekrümmten Strichen. Ich nenne sie I, C und S, weil ihre Formen diesen drei Buchstaben ähneln.

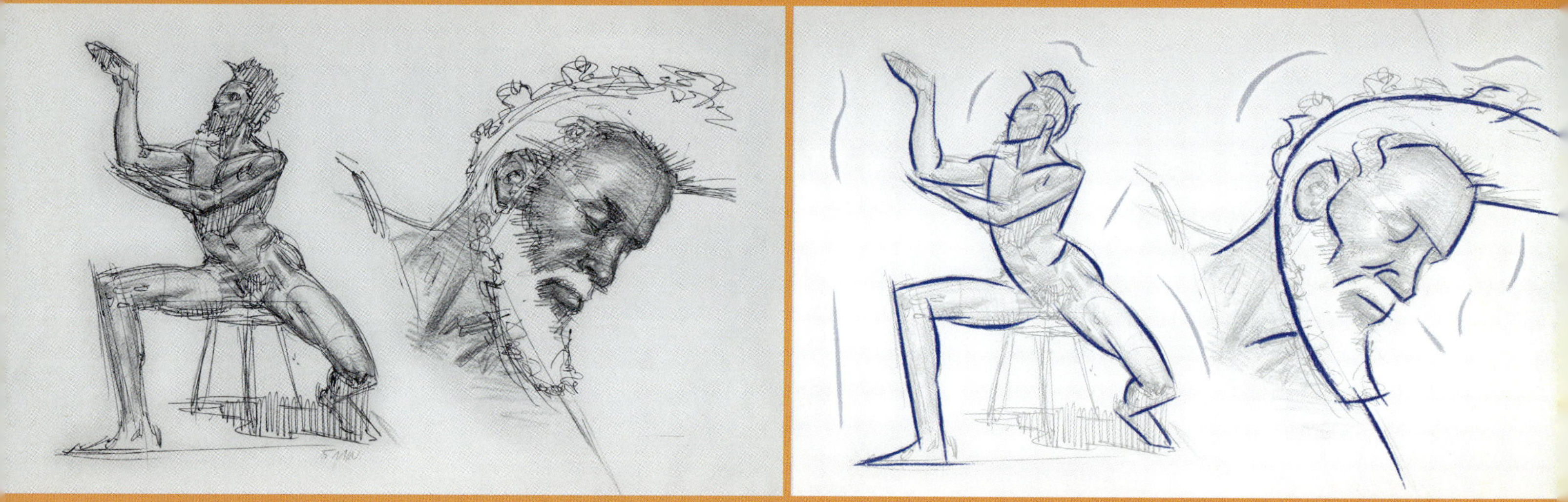

Körper und Kopf lassen sich vor allem in der Anfangsphase leicht mit geraden, C- und S-förmigen Strichen konstruieren.

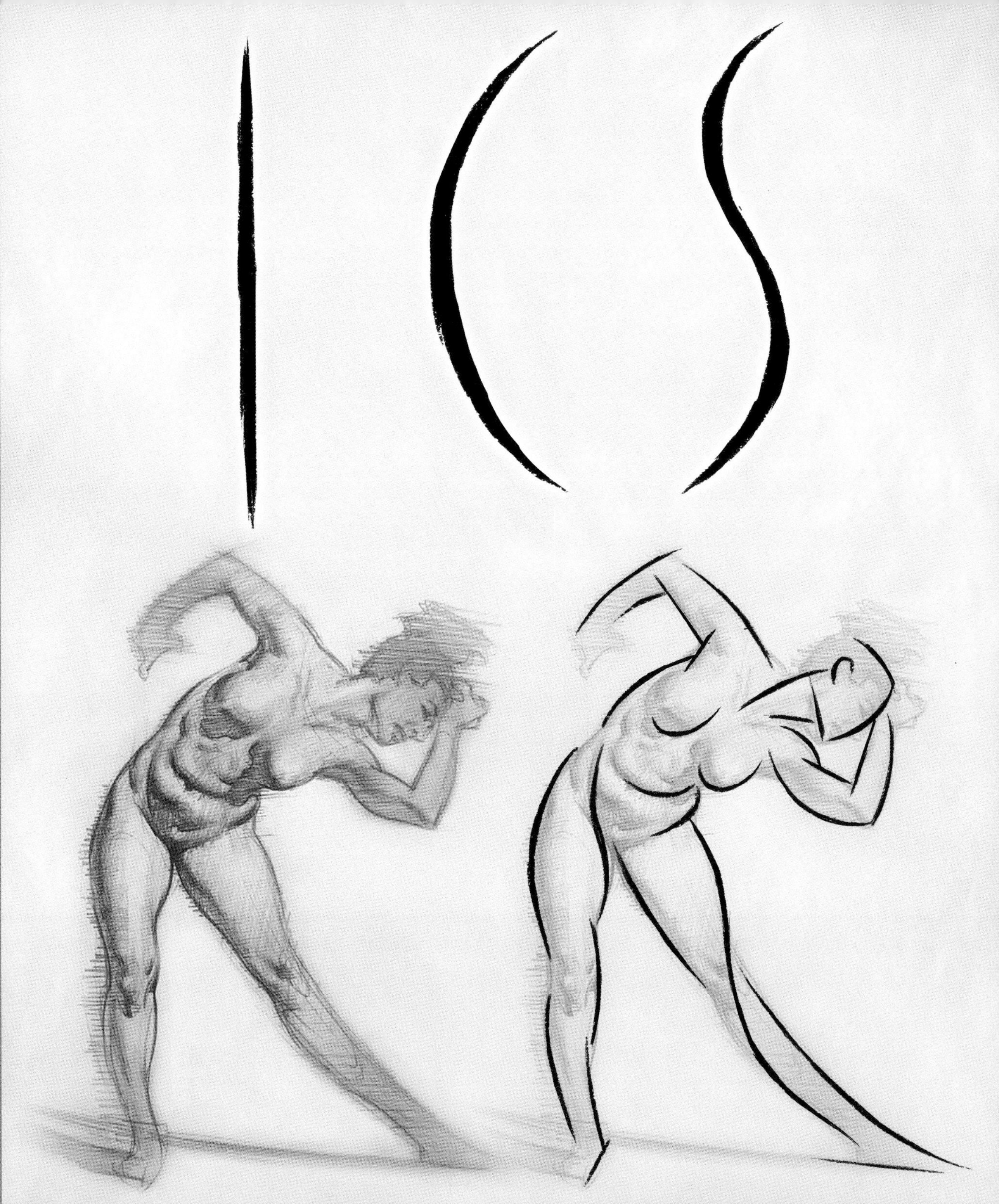

Gerade Striche kommen in der Natur – also auch im menschlichen Körper – nicht vor. Für uns Zeichner sind sie dennoch nützlich. C-Kurven gibt es überall. Etwa 80 Prozent einer Figurenzeichnung bestehen aus C-Kurven. S-Kurven entstehen, wenn sich zwei C-Kurven gegenüberstehen, sich also in entgegengesetzte Richtungen krümmen.

S-Kurven sieht man häufig in gedrehten Formen und Posen. Im weiteren Verlauf des Buches werden wir untersuchen, wie die drei Strichtypen genutzt werden können, um eine Zeichnung zu beginnen und aufzubauen. Auf den nächsten Seiten sehen Sie Beispiele dafür, wie die drei Strichformen in einer Zeichnung verwendet werden können.

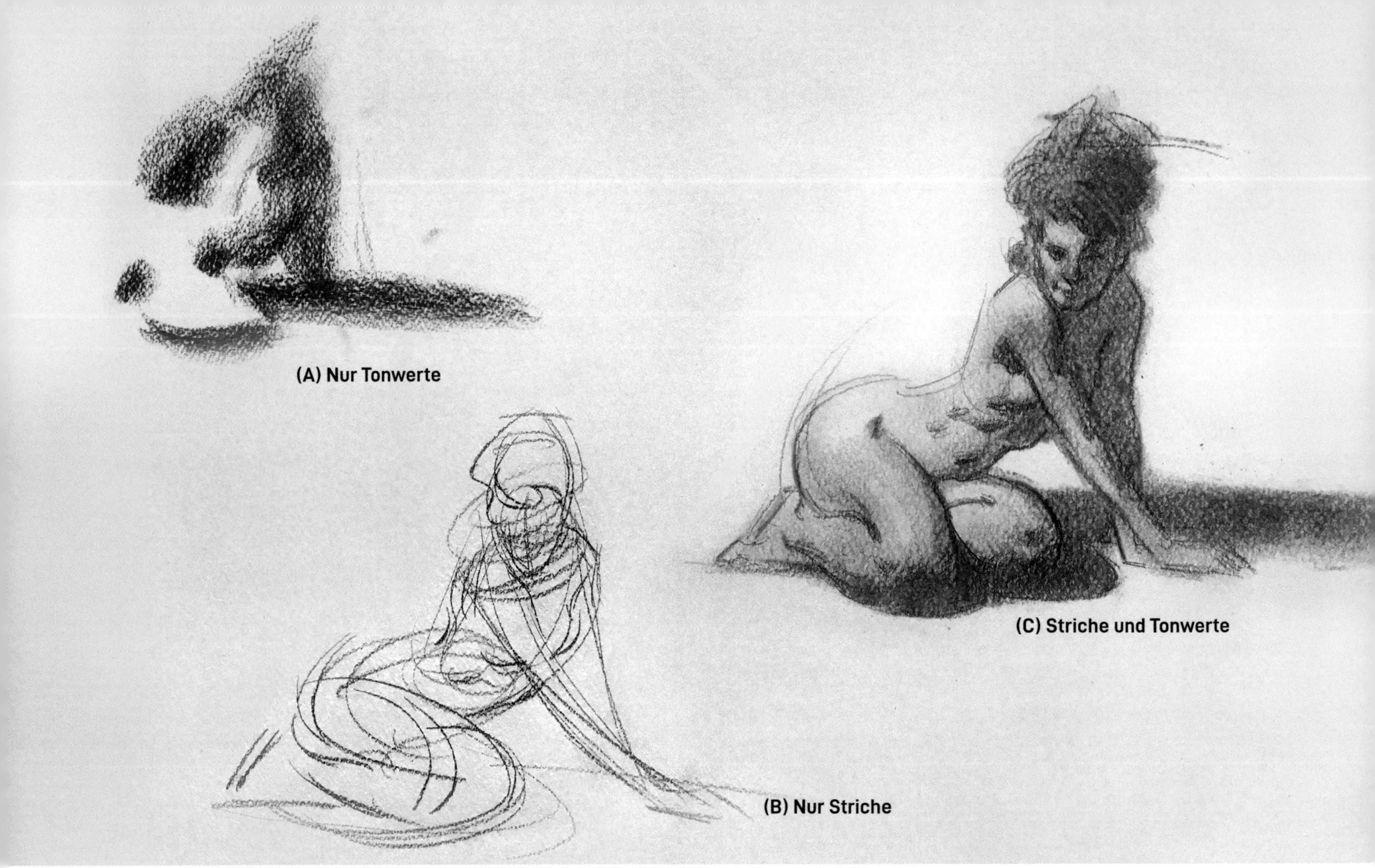

Man kann eine Zeichnung mit Tonwerten beginnen (A) oder auch mit Strichen (B). Erst beides zusammen ergibt eine überzeugende Zeichnung.

Strich vs. Tonwert

Beim Zeichnen mit Bleistift und anderen trockenen Medien erzeugt man normalerweise entweder scharfe, feine Striche oder weiche Tonwerte.

Es liegt nahe, eine Figur mit Strichen zu beginnen und später die Tonwerte einzufügen. Tonwerte haben eine breitere Form und ein weiches Aussehen. Sie werden meist eingesetzt, um Licht und Schatten darzustellen. Wer mehr Übung hat, kann eine Zeichnung auch mit Tonwerten beginnen. Ein geübter Zeichner beherrscht beide und wechselt zwischen ihnen hin und her, wenn er seine Zeichnung entwickelt.

Auch in diesem Fall gibt es keine festen Regeln. In diesem Buch konzentrieren wir uns im Anfangsstadium auf den Strich und wenden uns später den Tonwerten zu.

Gestisch zeichnen

Die allerersten Striche einer Aktzeichnung sind oft gestisch. Sie dienen dazu, das Wesentliche einer Figur schnell und in groben Zügen zu erfassen, und sie dienen als Grundlage für die gesamte weitere Arbeit. Darum ist es so wichtig, das gestische Zeichnen zu üben.

Weil das gestische Zeichnen gerade für das Zeichnen von Figuren so wichtig ist, will ich hier ausführlicher darauf eingehen.

WAS BEDEUTET GESTISCH?

Der Begriff »gestisch« ist nicht wirklich festgelegt und darum auch so schwer zu definieren. Im Grunde geht es um den Versuch des Künstlers, das Wesentliche eines Lebewesens einzufangen. Dazu gehört neben der Haltung auch die Emotion oder Stimmung, die eine Pose ausstrahlt. Um all das einzufangen, entwickelt jeder Künstler mit der Zeit seine ganz eigene Handschrift.

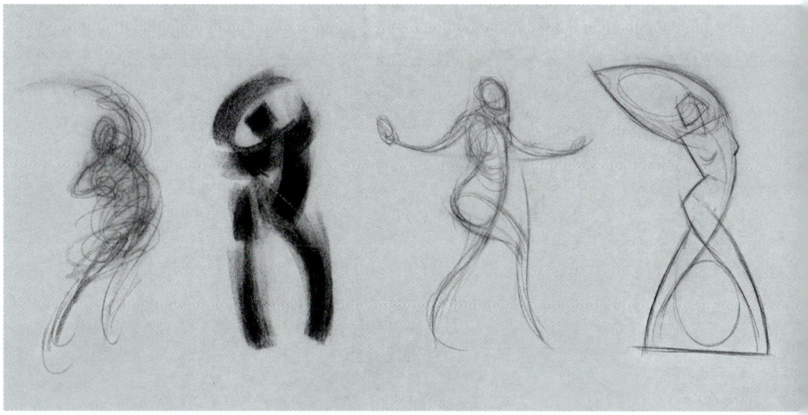

Oben: Gestische Zeichnungen können kontrolliert, rhythmisch, chaotisch oder von allem etwas sein.

Unten: Gestische Zeichnungen eines bekleideten Modells. Kurze Posen eignen sich für solche Übungen am besten.

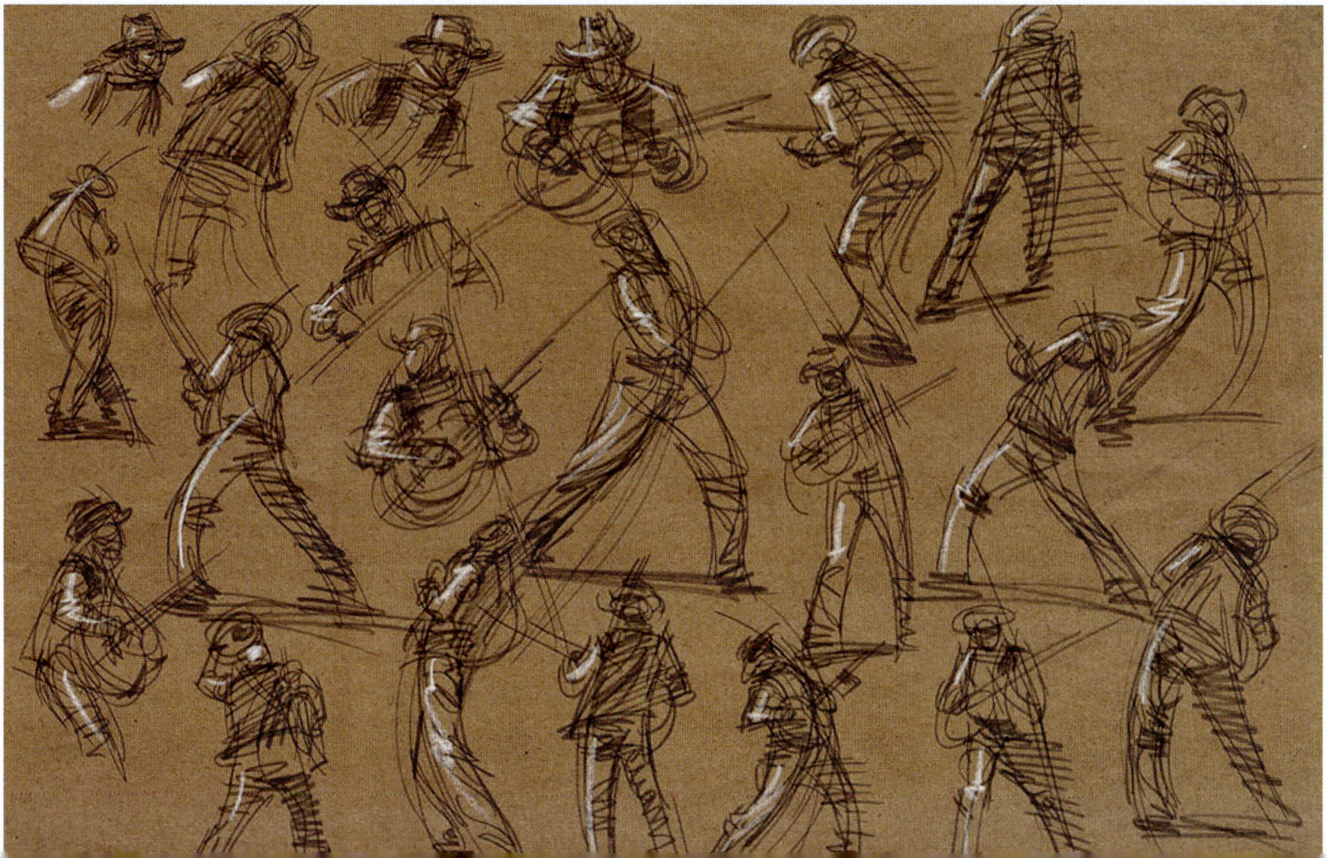

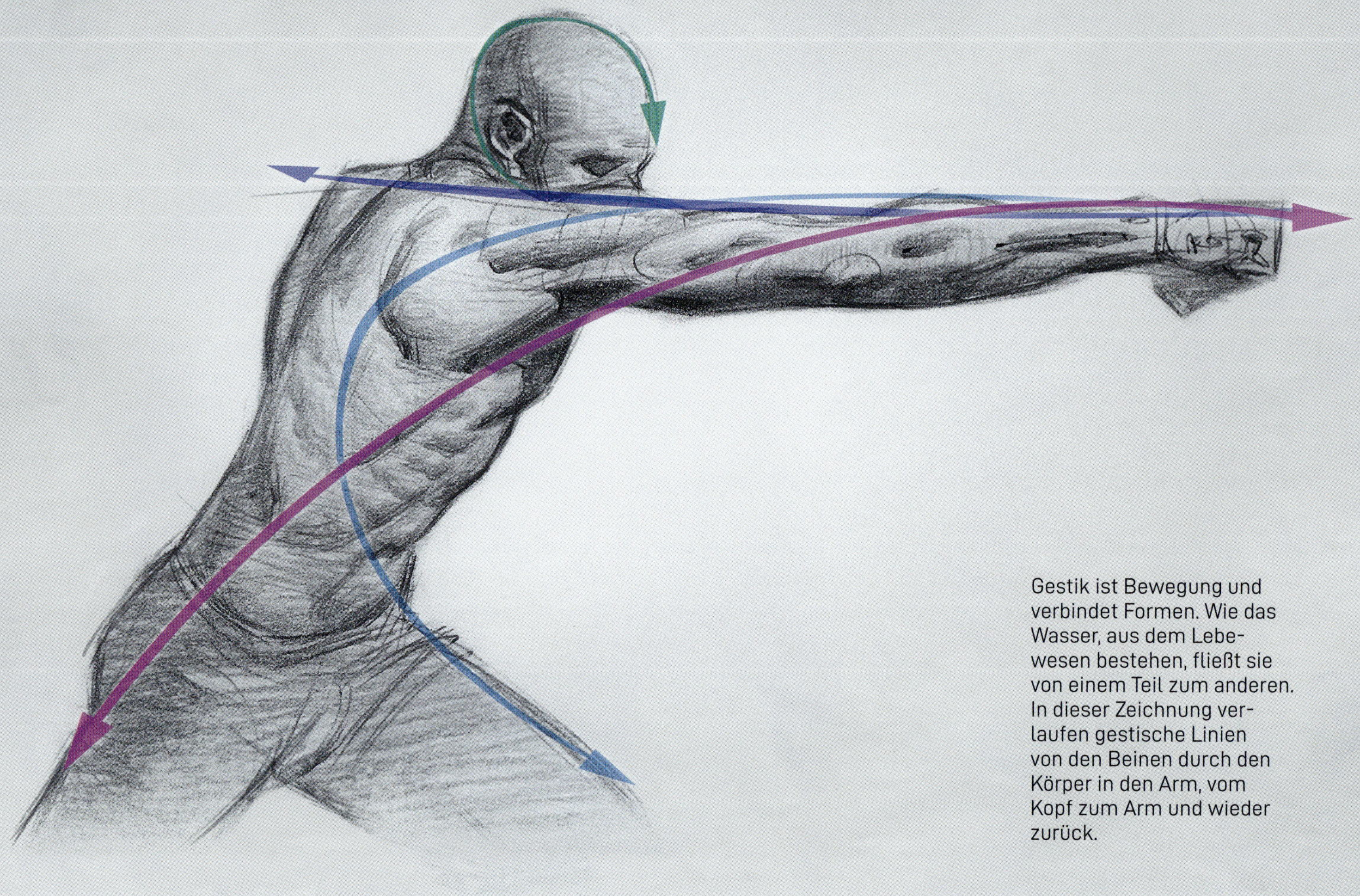

Gestik ist Bewegung und verbindet Formen. Wie das Wasser, aus dem Lebewesen bestehen, fließt sie von einem Teil zum anderen. In dieser Zeichnung verlaufen gestische Linien von den Beinen durch den Körper in den Arm, vom Kopf zum Arm und wieder zurück.

In diesem Buch möchte ich den Begriff Geste/Gestik so definieren:

> *Fließende Bewegung von zwei oder mehr Formen im Raum.*

Gesten sind fließend, weil Lebewesen größtenteils aus Wasser bestehen – im Fall des Menschen sind es etwa 70 Prozent. Wie Wasser kann eine Geste viele Formen annehmen und lässt sich schwer eindämmen.

Der Begriff »Raum« bezieht sich auf die Art und Weise, wie sich die Geste entlang und um die äußeren Ränder der Formen bewegt, aber auch in die Formen hinein, aus ihnen heraus und durch sie hindurch.

Steve Huston, einer meiner großartigen Lehrer, beschreibt die Geste als die Verbindung und Beziehung zwischen Teilen oder Formen einer Figur. So kann eine Geste den Kopf mit den Zehen, die Schulter mit dem Handgelenk und das Handgelenk mit den Fingern verbinden und in Beziehung setzen.

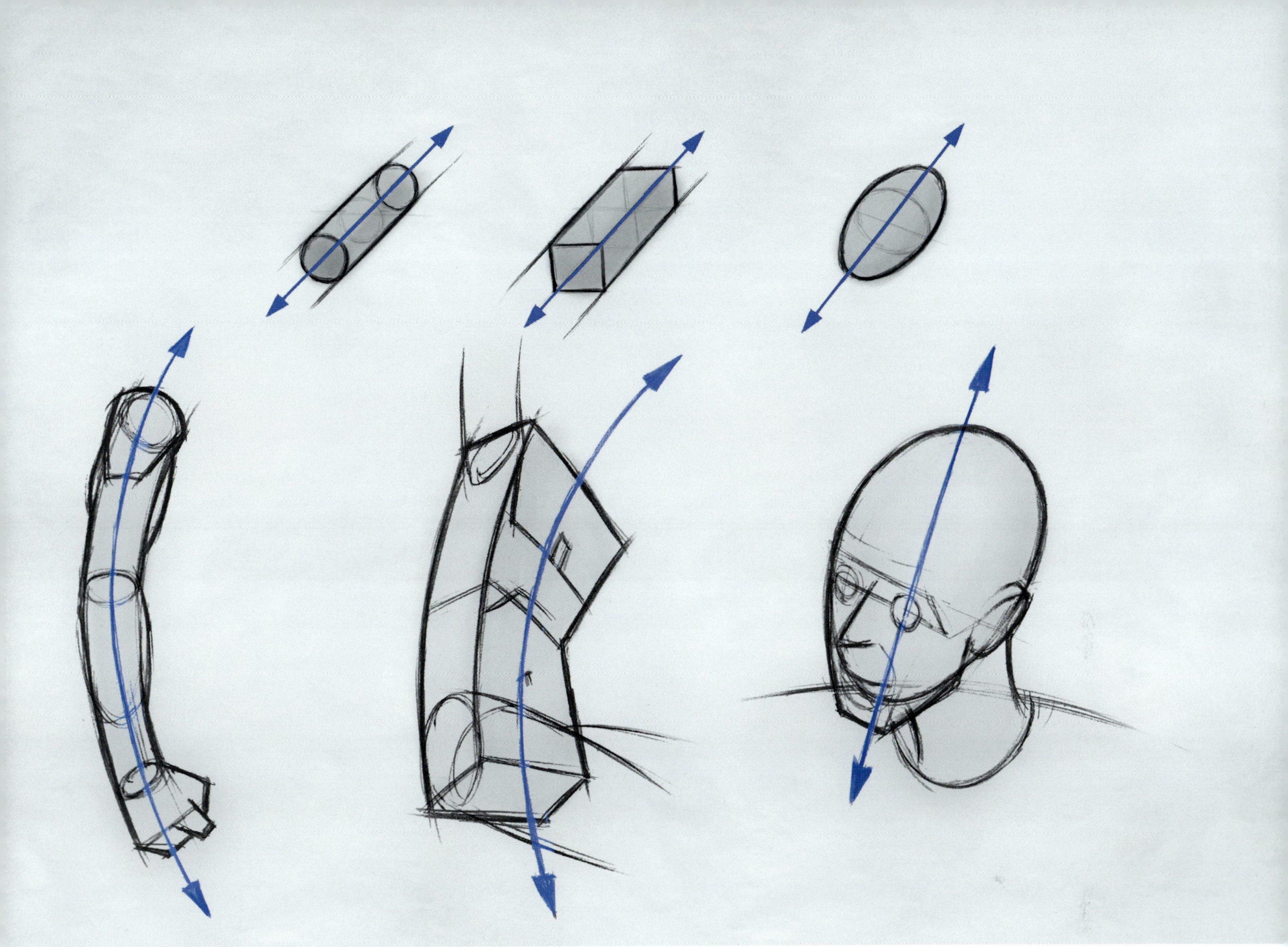

FORM UND FUNKTION DER GESTE

Die Geste hat viele Funktionen und kann in einer Zeichnung in vielen Formen auftreten. Nachfolgend stelle ich einige Möglichkeiten vor, wie wir Gesten sehen und in Aktzeichnungen verwenden können.

Längsachse oder Bewegungslinie

Die erste und wichtigste gestische Linie, die es festzulegen gilt, ist die »Längsachse«. Im mathematischen Sinne verläuft sie parallel zur längsten Seite eines Körpers oder einer Form oder entlang dieser. Beim Zeichnen eines menschlichen Körpers handelt es sich um die längste durchgehende Linie in der Figur oder Form, denn alle kleineren Formen haben ihre eigenen Achsen.

Der Begriff »Achse« kommt aus der Mathematik. Die Längsachse entspricht der längsten Seite einer Form. Beim Zeichnen ist es die längste ununterbrochene gestische Linie. Jedes einzelne Formelement – vom größten bis zum kleinsten – hat außerdem seine eigene Längsachse.

Beim Zeichnen von Figuren wird die Längsachse auch als Bewegungslinie bezeichnet, denn wenn sie gekonnt gezeichnet ist, vermittelt sie das Wesentliche über die Dynamik einer Pose. Die Bewegungslinie gibt Auskunft darüber, was eine Figur gerade tut. Gerade darum ist es so wichtig, Sicherheit im gestischen Zeichnen zu gewinnen.

Ich beginne fast immer mit der Bewegungslinie, weil die ein Gefühl für die Dynamik vermittelt und gleichzeitig dabei hilft, den Rest der Zeichnung zu entwickeln.

Beugung und Streckung

Um den Körper zu bewegen, arbeiten unsere Muskeln und Knochen in einem Zug-Hebel-System zusammen. Das heißt, wenn sich ein Muskel oder eine Muskelgruppe zusammenzieht, muss sich ein anderer strecken oder dehnen. Wird beispielsweise der Arm gebeugt, zieht sich der Bizeps zusammen und der Trizeps auf der Rückseite des Arms entspannt sich, damit er gestreckt werden kann.

Die beiden an solchen Bewegungen beteiligten Muskeln nennt man Antagonisten oder Gegenspieler. Einer ist der Beuger, der andere der Strecker.

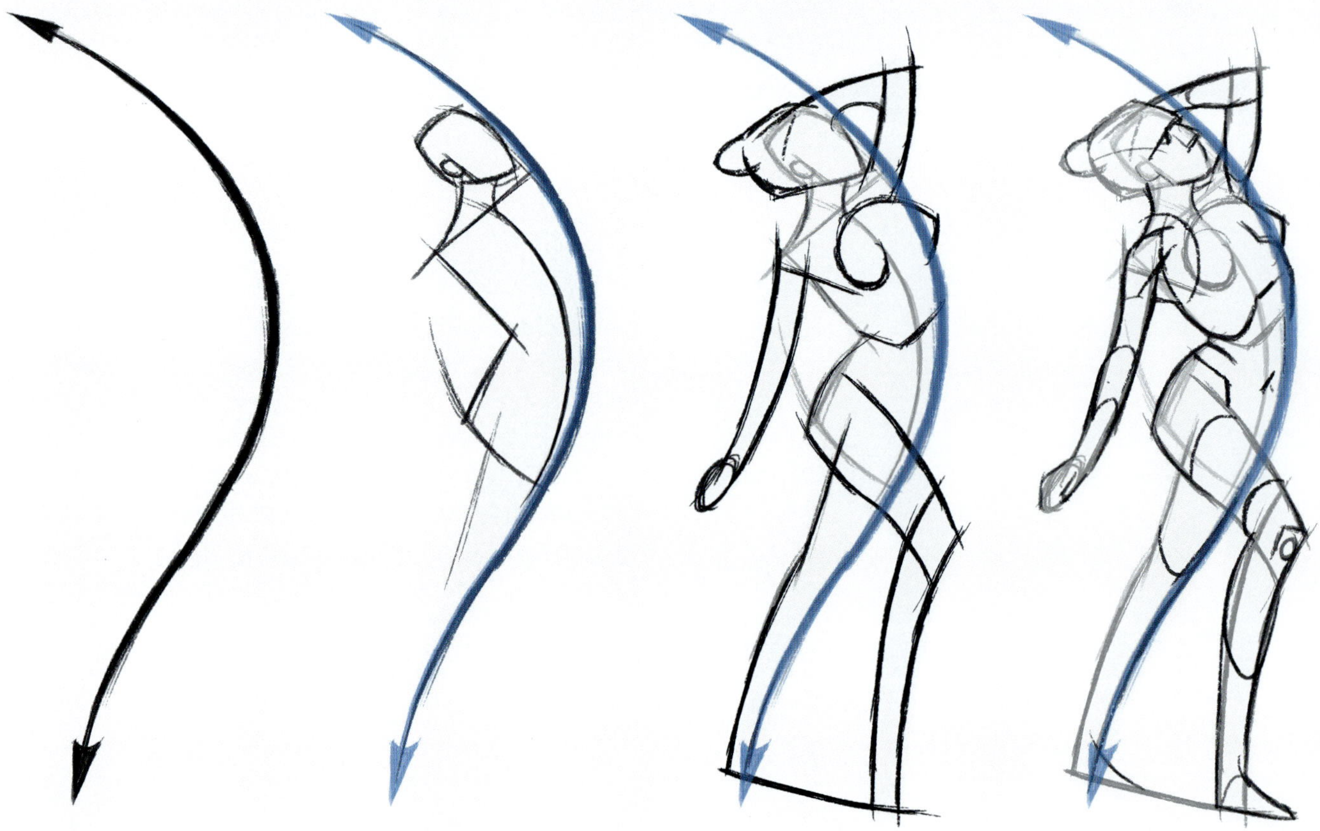

Die Bewegungslinie gibt Auskunft über Haltung oder Bewegung einer Figur. Gleichzeitig kann sie als Konstruktionslinie genutzt werden, um den restlichen Körper zu entwickeln.

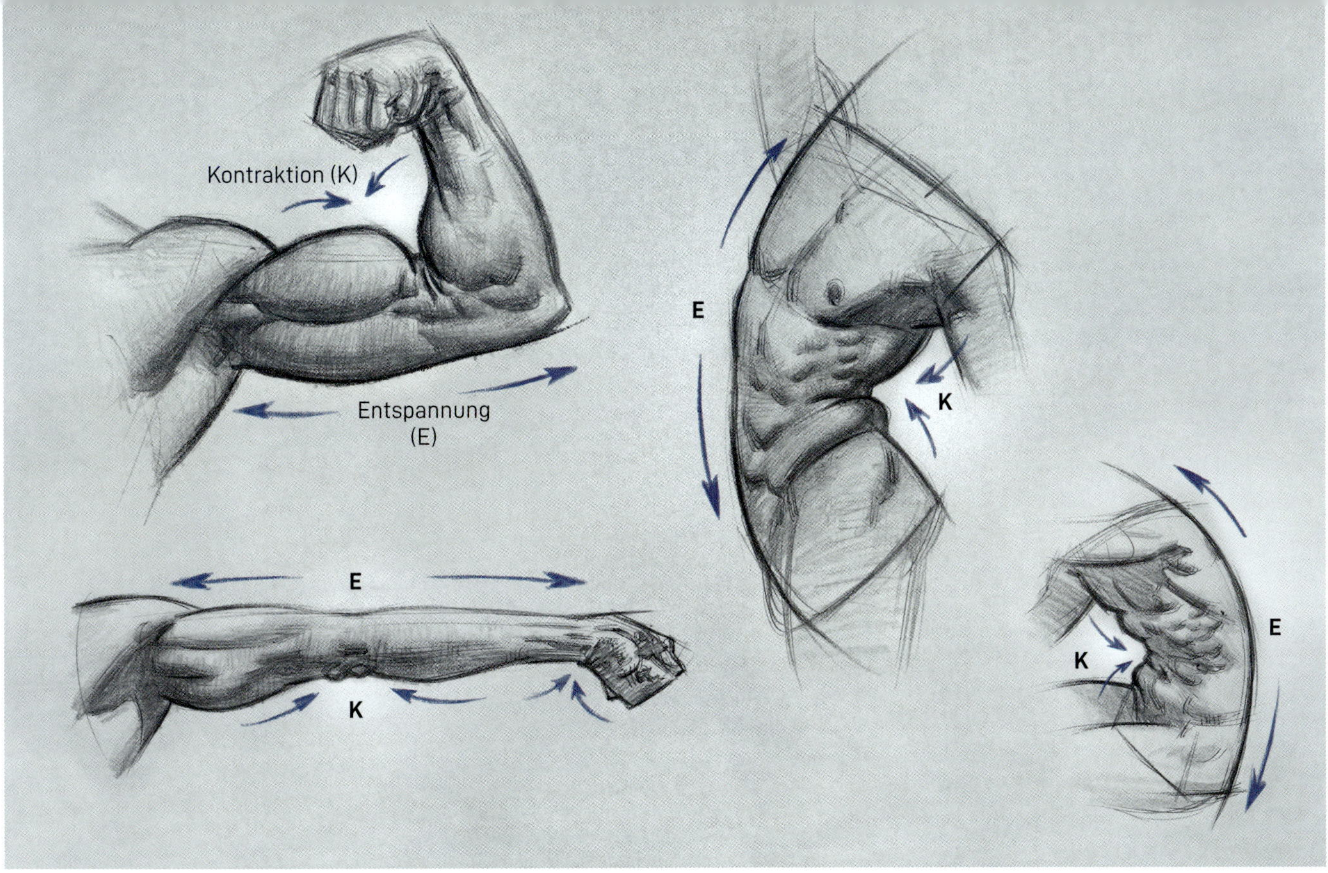

Bei Kontraktion (Zusammenziehen) eines Muskels oder einer Muskelgruppe muss sich sein Gegenspieler entspannen und dehnen. Nach diesem Prinzip funktioniert der gesamte Bewegungsapparat des Körpers.

Die Dehnung entspricht einer langen Kurve. Sie ist die Bewegungslinie der Form. Die entgegengesetzte Kontraktion kann die Form einer oder mehrerer kleinerer Krümmungen haben.

Beim Zeichnen halte ich die gedehnte Seite so einfach wie möglich. Ich verwende lange Kurven ohne Unebenheiten und möglichst ohne Details. Auf der gekrümmten Seite füge ich Details hinzu, um kleine Muskeln oder interessante Wölbungen darzustellen.

Wenn man es richtig macht, entstehen durch die Kombination aus langen, glatten Dehnungskurven und detailreicheren Krümmungen interessante Kontraste in einer Zeichnung. Kontraste wiederum sind ein einfaches, aber wirkungsvolles Mittel, um eine Zeichnung anspruchsvoller, raffinierter und schöner zu gestalten.

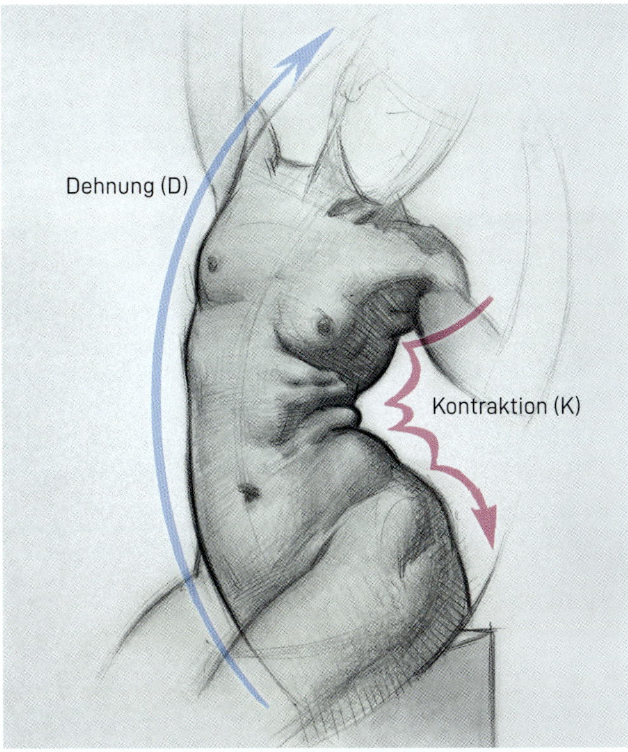

Dehnung und Kontraktion sind entgegengesetzte Kräfte. Ich halte die Dehnung so einfach wie möglich und deute gestreckte Muskeln durch lange Kurven an. Die Kontraktion deute ich durch kurze, aggressivere Striche an, um die zusammengezogenen Muskeln anzudeuten. Durch diesen Kontrast wirkt die Zeichnung differenzierter, dynamischer und lebensechter.

Dehnung und Kontraktion sieht man normalerweise an den Seiten einer Form. Gestische Striche können aber auch über eine Form verlaufen und dann etwas über deren Struktur oder inneren Aufbau verraten.

Struktur
Die Längsachse einer Figur oder eine Dehnung zeichnet man normalerweise an der äußeren Kontur der Figur. Verlaufen gestische Linien quer über die Form, geben sie Aufschluss über den inneren Aufbau. Eine von links nach rechts verlaufende gestische Linie kann beispielsweise den Brustkorb andeuten, also einen Teil des Skeletts.

Die Struktur vermittelt einen Eindruck des Volumens. Sie kann aus einem Rechteck einen Zylinder machen. Im Grunde lässt die Struktur jede zweidimensionale Form dreidimensional erscheinen.

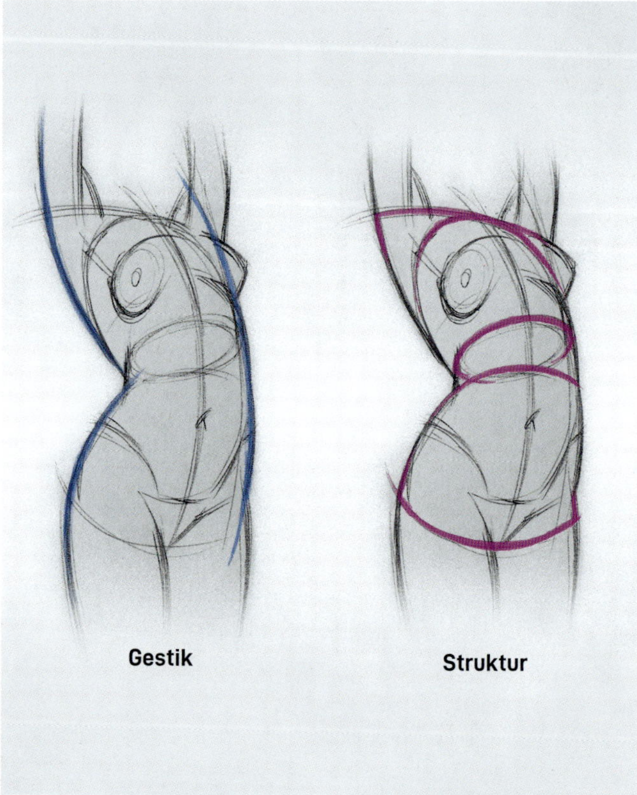

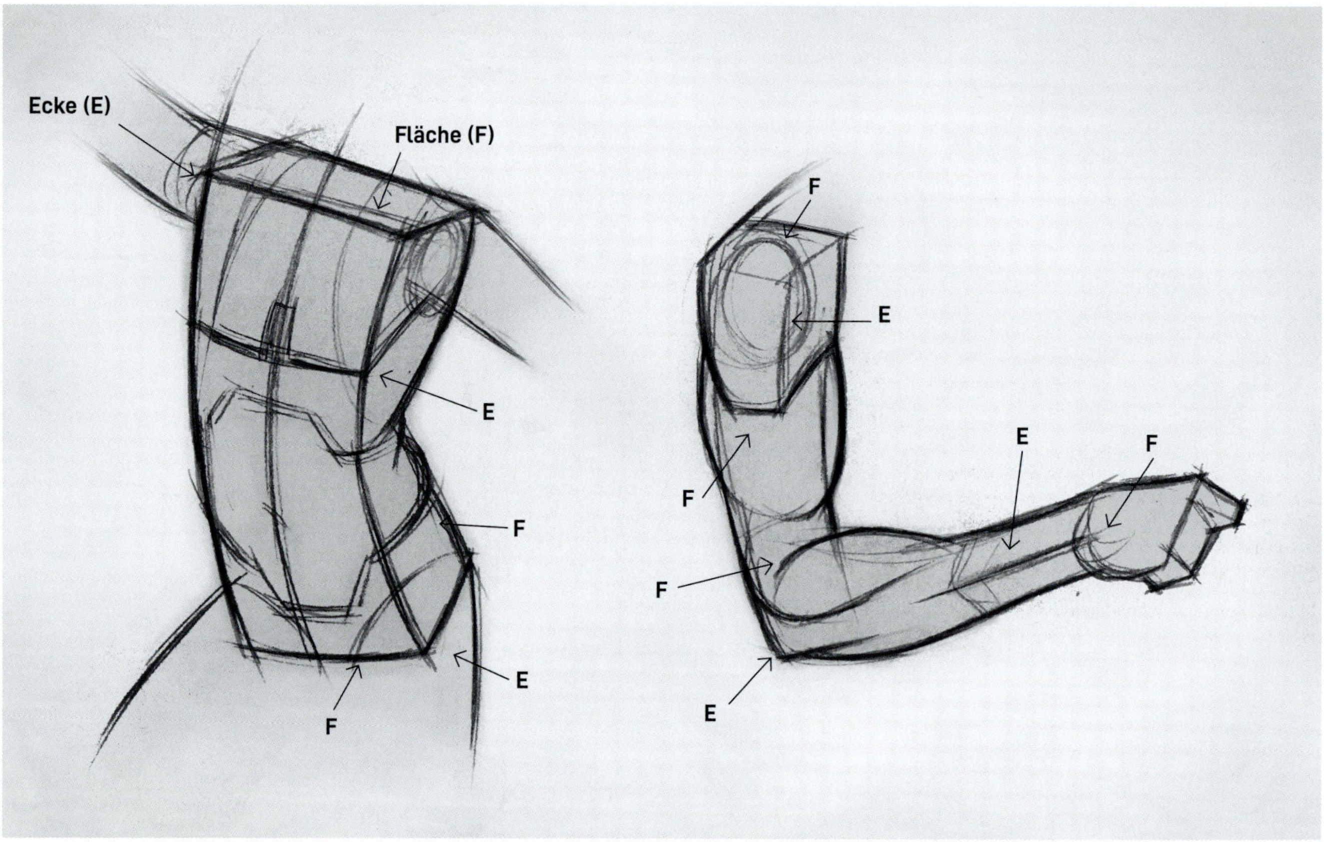

Oben: Gestische Linien verlaufen entlang der Form, Strukturlinien verlaufen quer über die Form.
Unten: Durch Flächen und Ecken wird die Struktur einer Form erkennbar. Sie wirken solider als die fließenden, gestischen Linien.

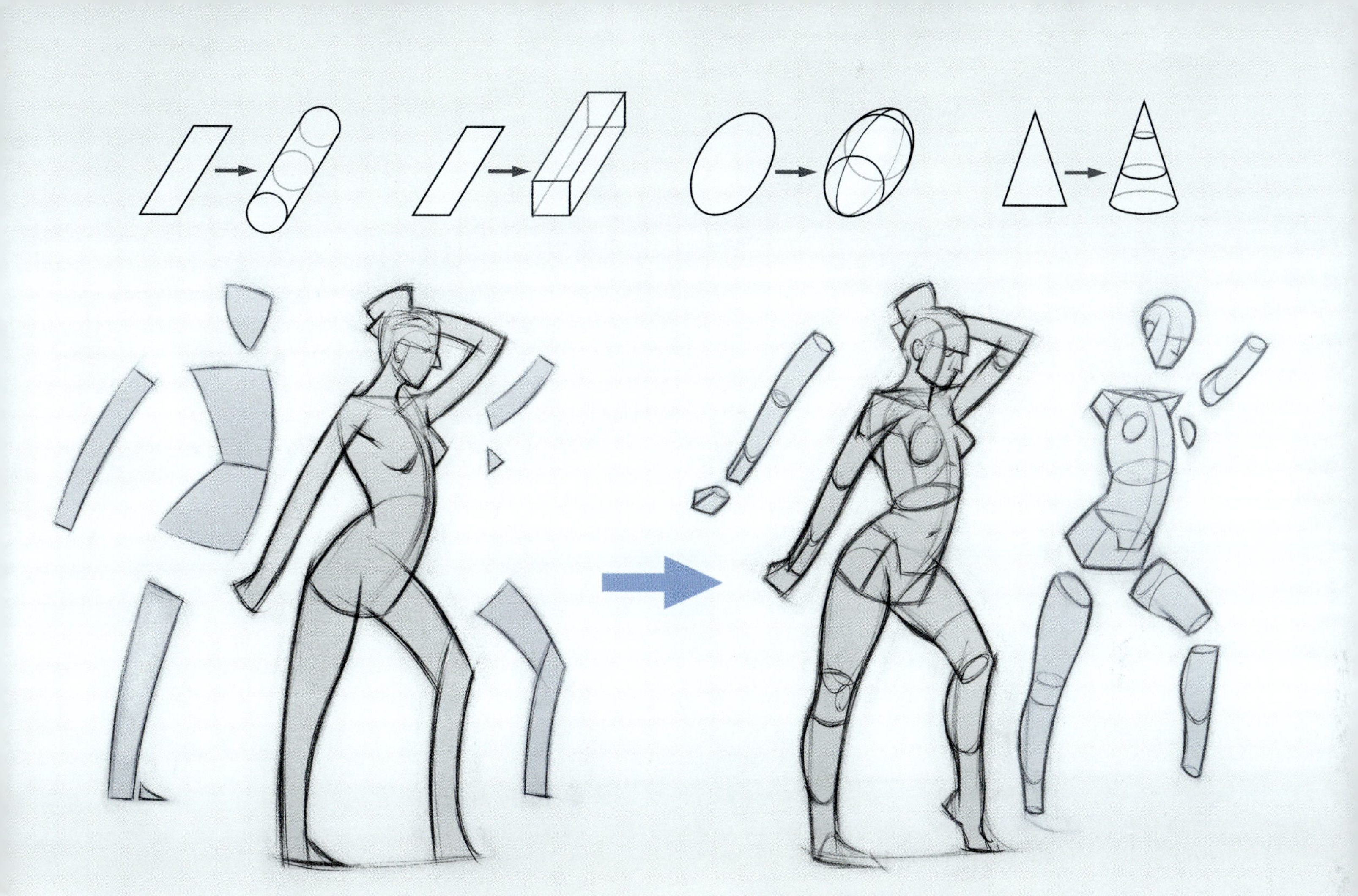

Durch die Struktur bekommt eine zweidimensionale Form ein dreidimensionales Volumen. Beim Aktzeichnen sind Strukturen wichtig, damit die Körper nicht wie platte Abziehbilder wirken.

Strukturen sind notwendig. Gestische Linien sind flüssig, Strukturen setzen ihnen etwas Solides entgegen. Sie dämmen quasi das fließende Element ein.

Strukturlinien können beispielsweise an Ecken und Kanten von Formen eingefügt werden, also in Bereichen, wo eine Form endet oder ihre Richtung ändert.

Ecken und Kanten befinden sich auch an der Vorderseite einer Form. Schon eine kleine anatomische Wölbung kann als Ecke erscheinen. Ecken können durch Striche, aber auch durch Licht und Schatten herausgearbeitet werden.

Wenn ich eine Zeichnung stärker strukturieren möchte, beende ich einfach eine Form und füge eine Ecke oder Kante hinzu.

Rhythmus

Der Rhythmus ist ein wichtiger Aspekt des gestischen Zeichnens. Er kann entlang der Form verlaufen oder sie queren, aber auch durch sie hindurch fließen. Rhythmen sind gestische Linien, die natürlich auftreten. Eine vom Ohr ausgehende Linie geht beispielsweise rhythmisch in die Schulter über. Eine Linie von der Schulter kann rhythmisch in Brust, Rippen und sogar Beine weiterfließen.

Weil Rhythmen oft der Anatomie folgen, sind sie ein gutes Hilfsmittel, um die Anatomie beim Zeichnen zu vereinfachen. Das gilt besonders für das Zeichnen nach dem lebenden Modell.

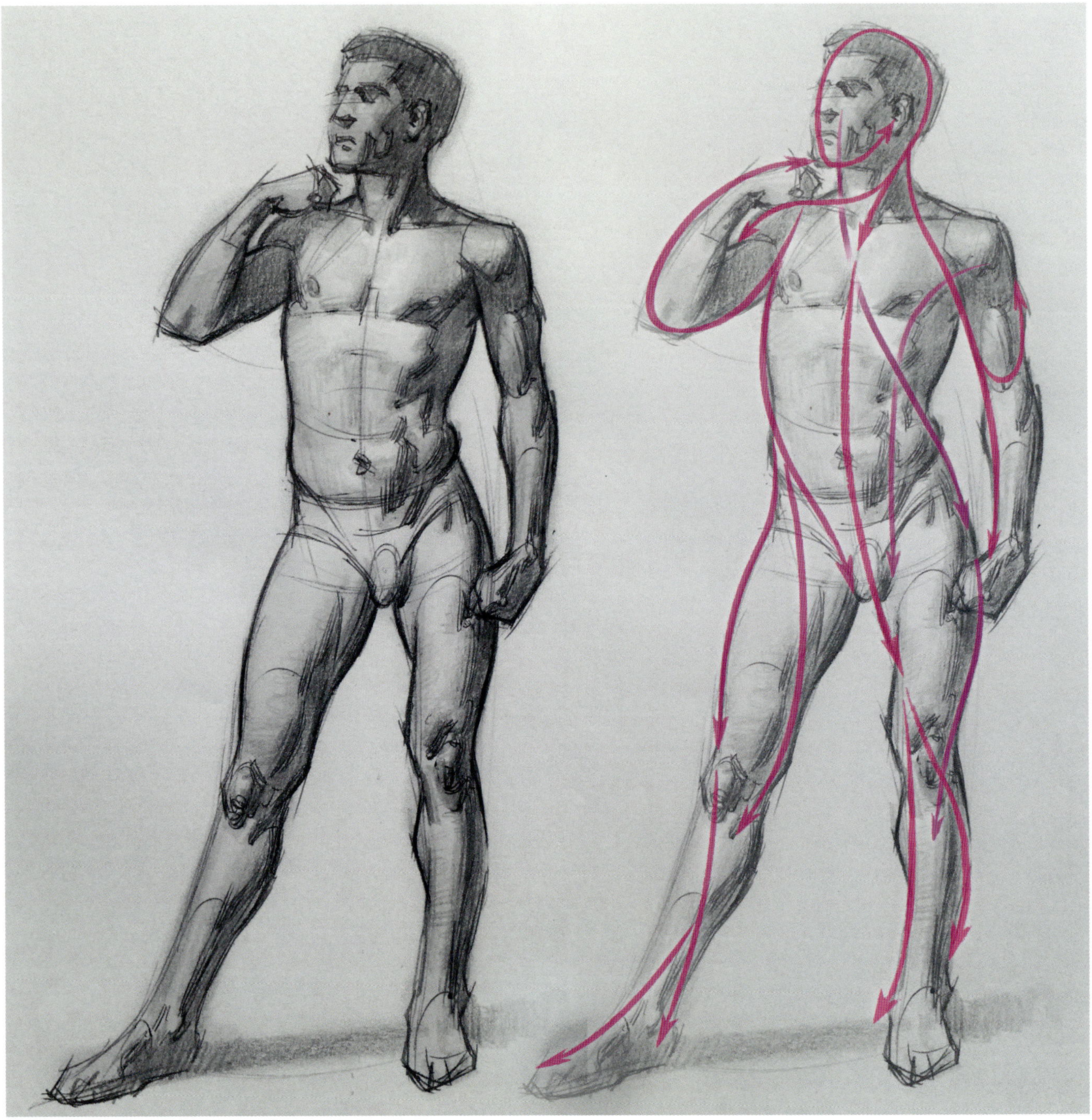

Rhythmen gibt es überall. Man kann sie im natürlichen Fluss der menschlichen Anatomie erkennen. Ein geübter Künstler kann auch Rhythmen erfinden, um eine Zeichnung zum Leben zu erwecken.

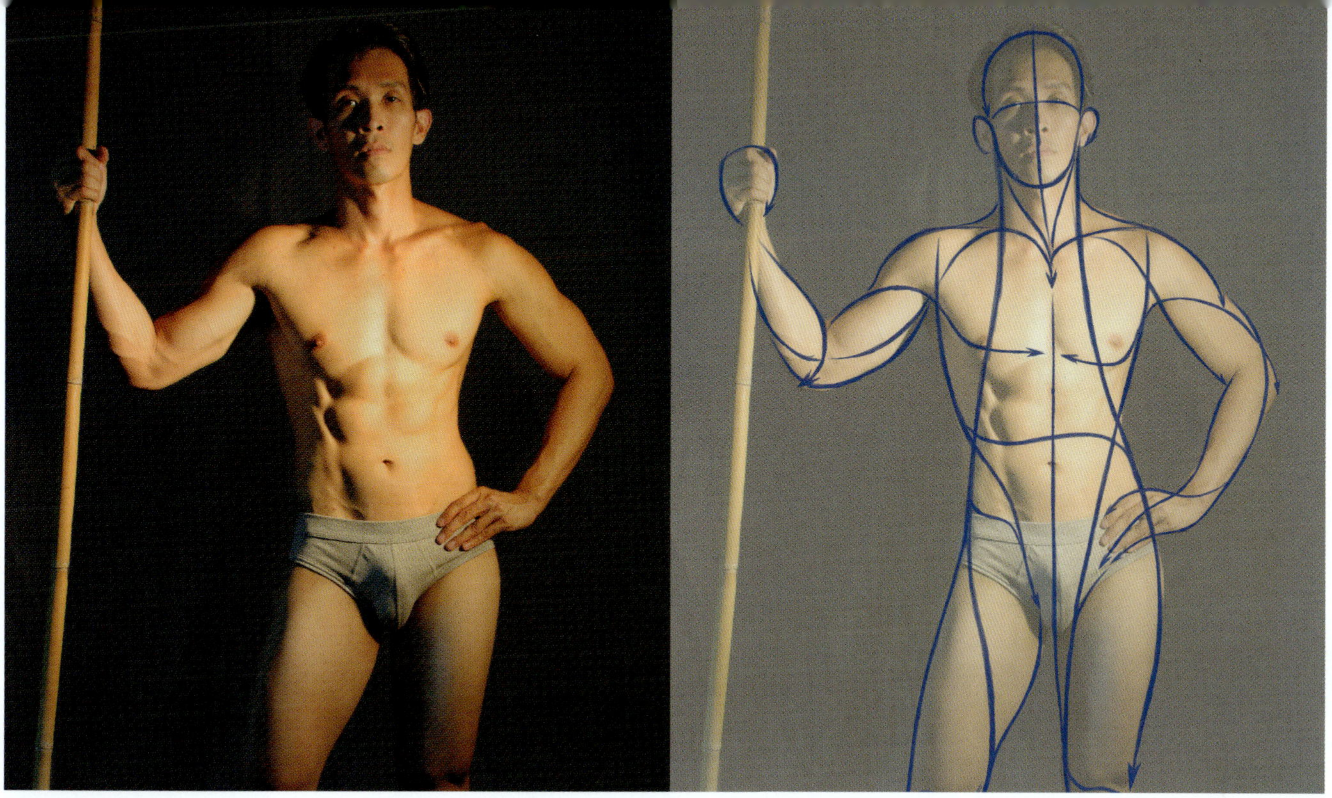

Da Muskeln und Gelenke auf natürliche Weise ineinander übergehen, lassen sie sich mit rhythmischen Linien gut beschreiben und vereinfachen.

Eine Hauptfunktion von Rhythmen besteht darin, die gestischen Linien zu verlängern oder zu erweitern. So könnte man beispielsweise die gedehnte Seite des Rumpfs fortführen, sodass eine Linie von der Hand bis zum Fuß entsteht. Solche Linien können auch in anderen Richtungen verlaufen.

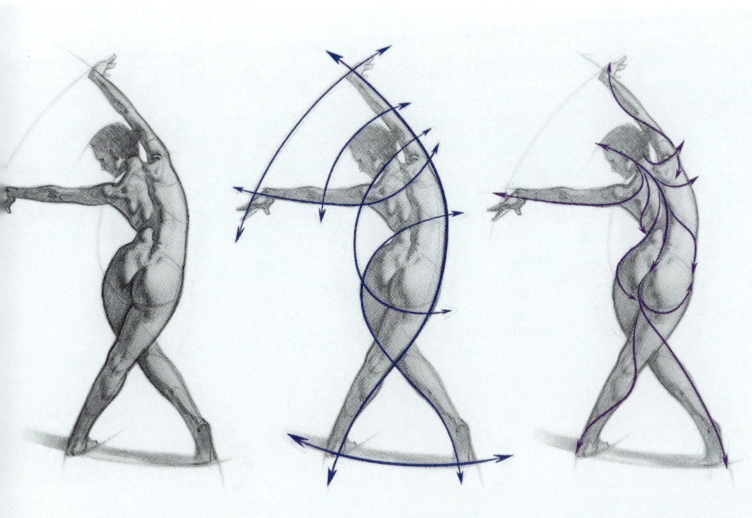

Rhythmische Linien fließen nach oben, unten, links, rechts und rundherum. Sie vermitteln Bewegung und fesseln den Blick des Betrachters. Wie viele weitere rhythmische Linien können Sie in diesem Beispiel erkennen?

Diese Linien fesseln den Blick des Betrachters und führen ihn durch die Zeichnung. Eine ähnliche Aufgabe erfüllt auch die Komposition, die jedoch oft anspruchsvoller ist. Durch rhythmische Linien wirken Figuren lebendiger und für den Betrachter interessanter.

Dies sind nur einige Beispiele dafür, was gestische Linien in einer Zeichnung leisten können. Sie alle zu beschreiben würde den Rahmen dieses Buchs sprengen.

Hier geht es nur darum, eine grobe Vorstellung dieser verschiedenen Konzepte zu vermitteln, um so eine solide Grundlage zu schaffen, auf der Sie später aufbauen können.

Auf den Prozess des Zeichnens wird in späteren Kapiteln ausführlicher eingegangen.

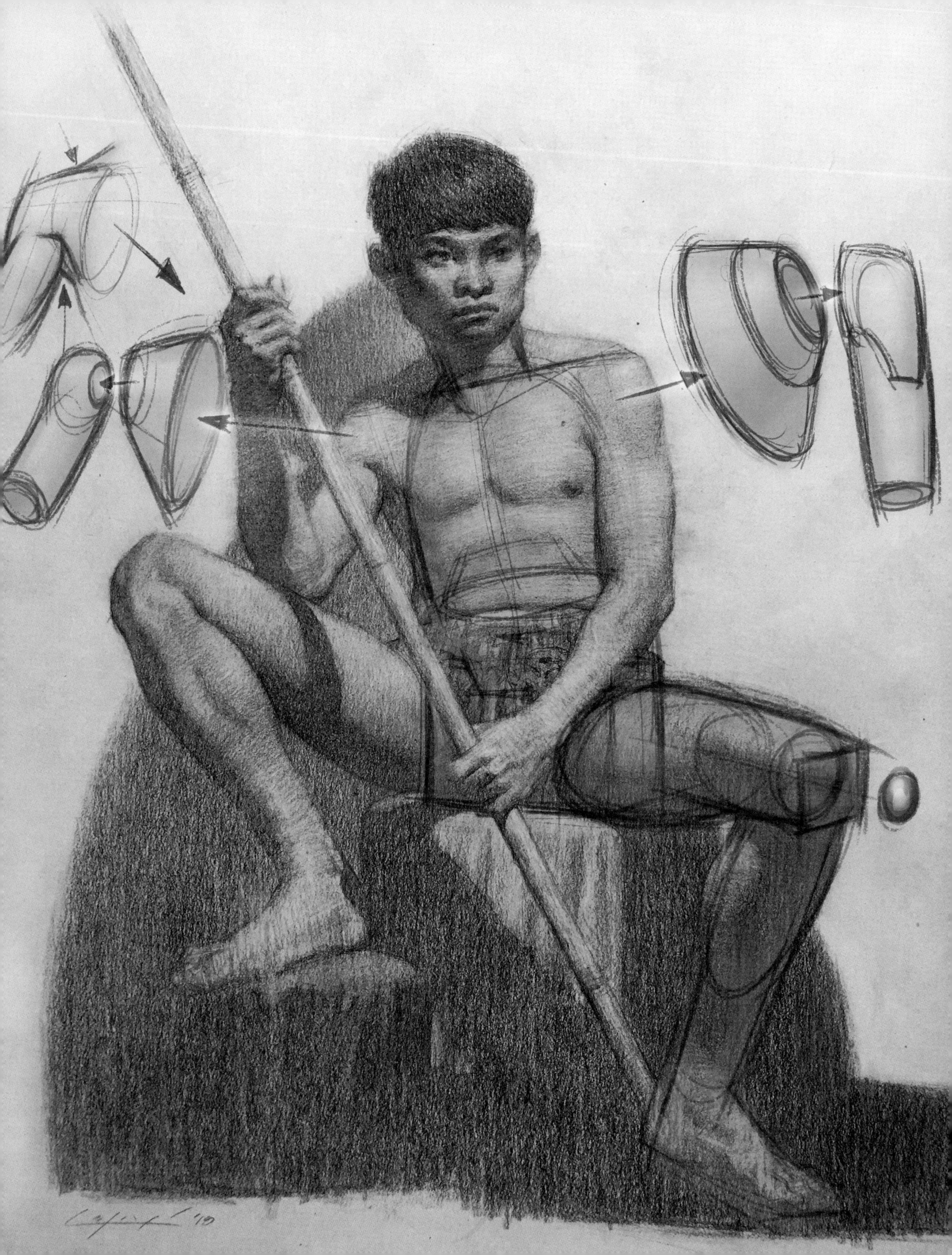

Konstruktion

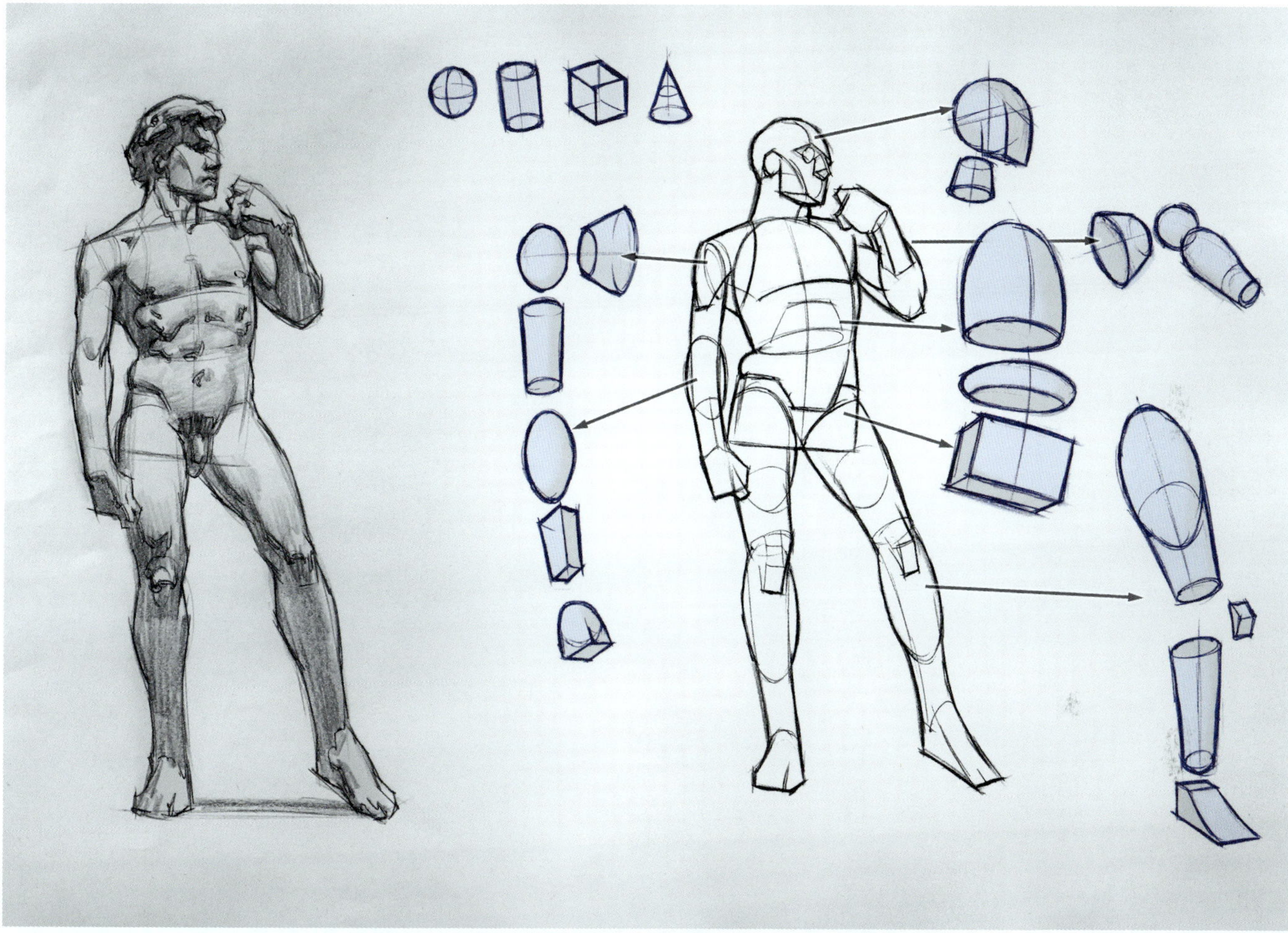

Zylinder, Quader, Kugeln und Kegel sind die einfachsten geometrischen Formen. Sie eignen sich hervorragend, um beim Zeichnen nach dem lebenden Modell die Anatomie zu vereinfachen.

WAS IST KONSTRUKTION?

Auch dies ist ein Begriff, der im Zusammenhang mit dem Zeichnen von Figuren oft auftaucht. Für dieses Buch möchte ich ihn so definieren:

> *Eine Methode, komplexe Motive aus einfachen geometrischen Grundformen aufzubauen.*

Bei diesen geometrischen Grundformen handelt es sich im mathematischen Sinn um Volumina oder Körper, beispielsweise Zylinder, Quader, Kugeln und Kegel.

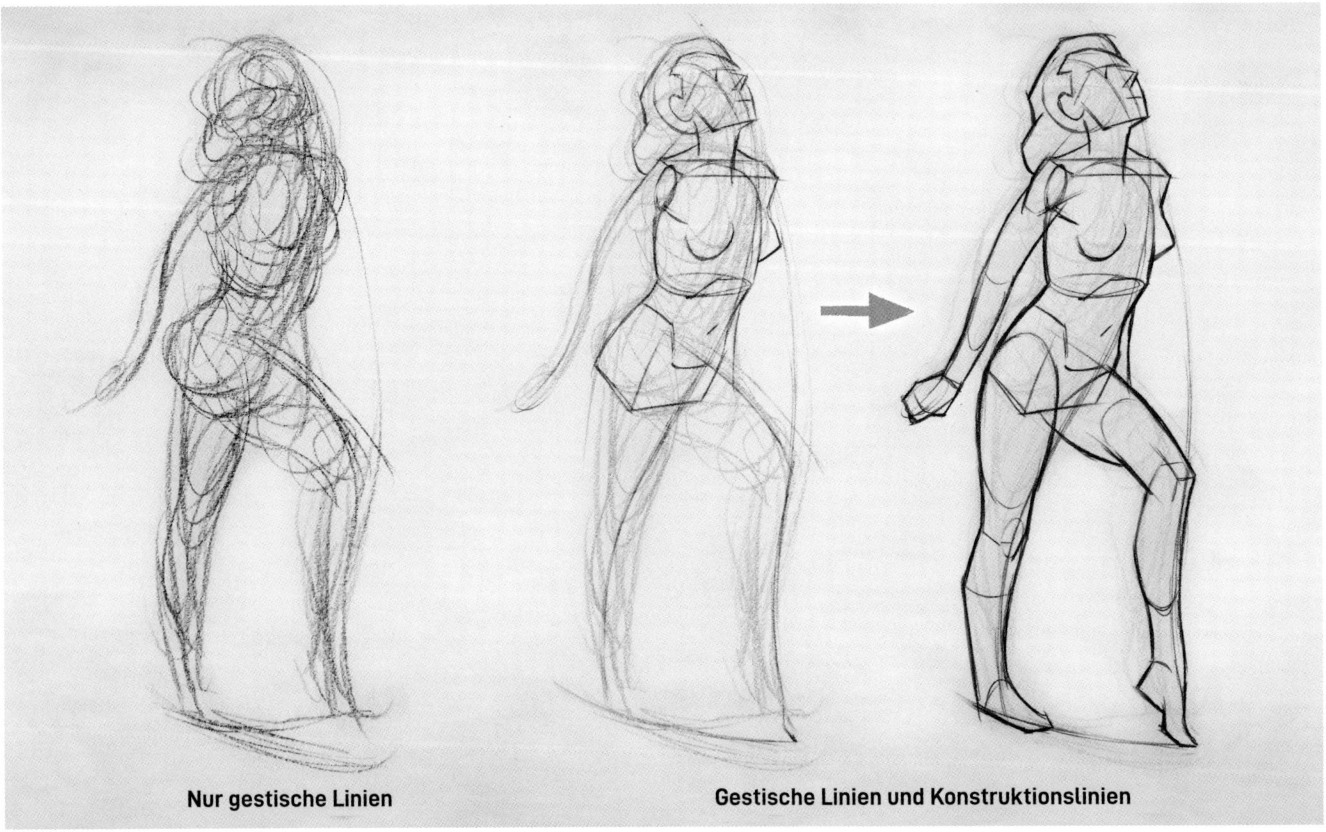

Gestische Linien verleihen Figuren Bewegung, können aber für sich allein zu fließend oder zu instabil wirken. Erst wenn die Konstruktion stimmt, wirkt eine Figur solide, dreidimensional und lebensecht.

WARUM KONSTRUKTIONSLINIEN?

Die Konstruktion dient vor allem dazu, den Eindruck von Dreidimensionalität zu erwecken. Weil Papier (und jeder andere Zeichengrund) flach ist, also zweidimensional, muss der Künstler zu speziellen Techniken greifen, um seine Formen plastisch wirken zu lassen. Zu diesen Techniken gehört die Konstruktion. Sie lässt sich künstlerisch nutzen, um eine räumliche Tiefenwirkung zu erzeugen. Auf die Begriffe der Zwei- und Dreidimensionalität wird später in diesem Kapitel ausführlicher eingegangen.

Außerdem gibt die Konstruktion Figuren Volumen und lässt sie solider wirken. Figuren, die nur aus gestischen Linien bestehen, können allzu sehr »schwimmen« und instabil erscheinen. Erst durch die Konstruktion werden die Volumina erkennbar und die Figur wirkt plastisch und solide.

Konstruktionslinien allein genügen aber nicht, sonst würde die Figur steif und starr wirken. Um das zu vermeiden, sollten Sie mit gestischen Strichen beginnen, dann die Konstruktion hinzufügen und schließlich beide Elemente ausgewogen ausarbeiten, um die Figur zum Leben zu erwecken.

KONSTRUKTION IST STRUKTUR

Ich habe bereits erklärt, dass Strukturen gestische Linien sind, die über eine Figur verlaufen (siehe Seite 32). Durch Linien, die über eine zweidimensionale Form verlaufen, bekommt diese eine dreidimensionale Wirkung. Ein Quadrat wird zum Würfel oder Zylinder, ein Kreis zur Kugel. Wenn wir also Strukturen in eine gestische Zeichnung einfügen, setzen wir Elemente der Konstruktion ein.

Letztlich ist also auch die Konstruktion gestisch. Bei richtiger Ausführung kann sie Bewegung vermitteln und eine Zeichnung plastisch und lebendig wirken lassen. Auf das Zusammenspiel zwischen Gestik, Struktur und Konstruktion wird später in diesem Buch ausführlicher eingegangen.

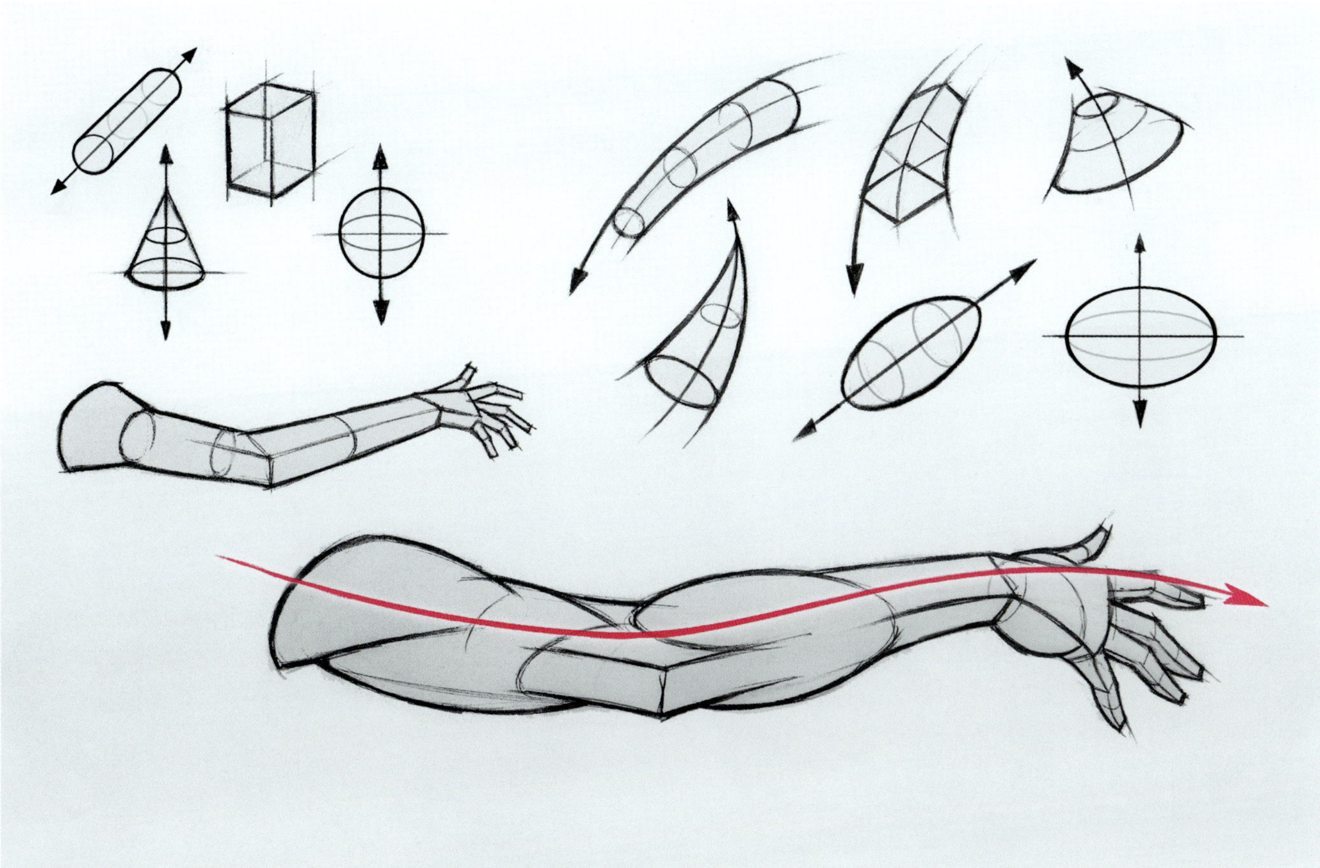

Konstruktion ist Struktur und in diesem Sinne auch gestisch. Die Konstruktion muss nicht steif wirken. Wenn sie korrekt gezeichnet wird, etwa mit langen Strichen und Bögen, kann sie fließend wirken, Bewegung vermitteln und der Zeichnung Tiefenwirkung und Struktur geben.

Zweidimensionale Formen

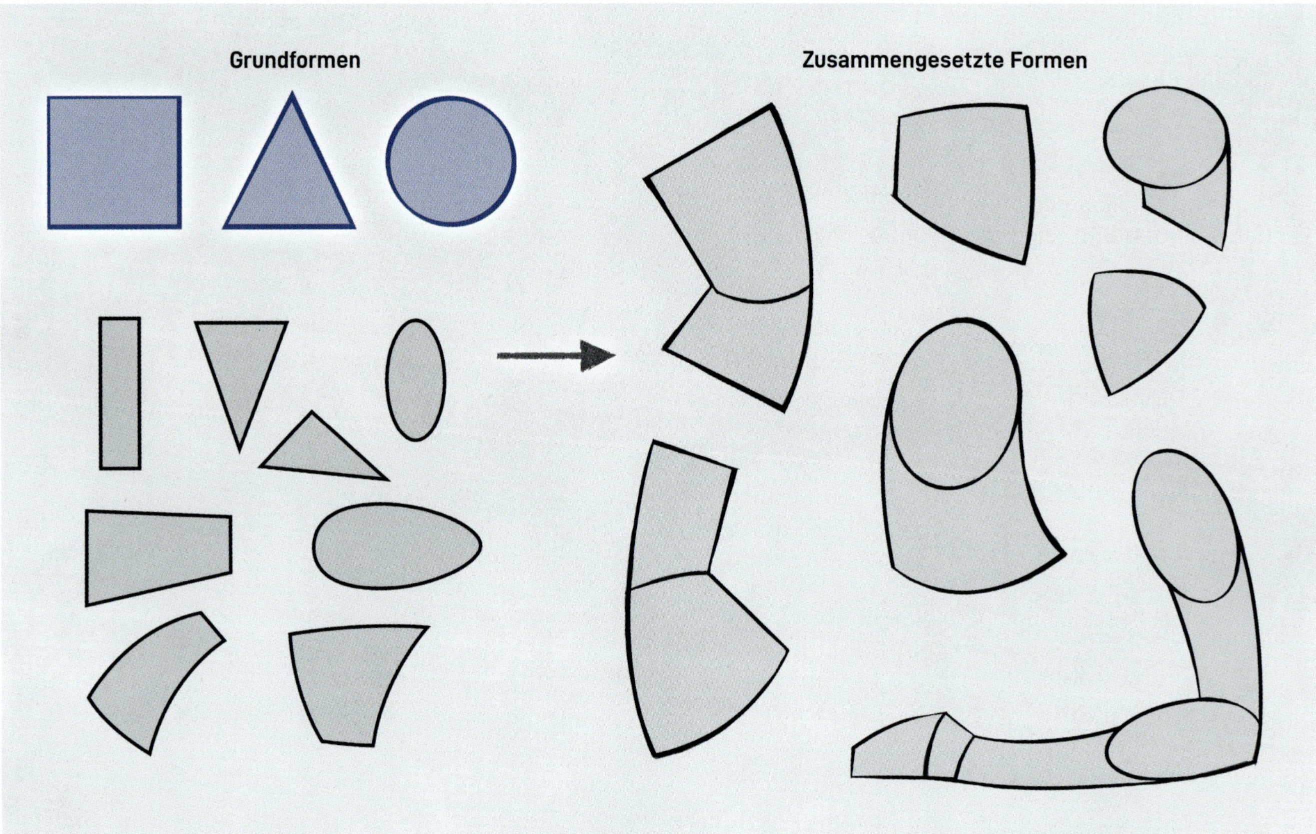

WAS IST EINE FORM?

Eine Form ist ein Objekt mit einer äußeren Begrenzung. Beim Zeichnen wird diese Grenze üblicherweise Kontur oder Umriss genannt. In einem Bild entsprechen die Formen dem visuellen Raum, den das jeweilige Objekt einnimmt. Diesen visuellen Raum kann man auch als Silhouette bezeichnen.

Beim Zeichnen entwickeln sich Formen logisch aus Linien, weil mehrere Linien eine Kontur ergeben. Zweidimensionale Formen haben eine Höhe und eine Breite. Sie sind ebenso flach wie das Papier, auf dem wir zeichnen. Die einfachsten Formen sind Quadrat, Rechteck, Dreieck, Kreis und Oval.

WARUM SIND FORMEN NÜTZLICH?

Formen können verwendet werden, um komplexere Objekte anzudeuten. Weil sie sich so schnell zeichnen lassen, eignen sie sich gut für die Anfangsphase einer Zeichnung, vor allem wenn die Zeit für die Pose kurz ist. Ein Oval kann einen Kopf darstellen, ein Rechteck einen Rumpf, einen Arm oder ein Bein, ein Dreieck kann für eine Hand oder einen Fuß stehen.

Auch in gestalterischer Hinsicht sind Formen nützlich. Mit einer gekonnt gezeichneten Form kann ein Künstler beispielsweise eine Pose und eventuell sogar die damit assoziierte Stimmung andeuten. Weil Formen so schnell zu zeichnen und zu bearbeiten sind, bieten sie sich in besonderer Weise für das Zeichnen nach dem lebenden Modell an.

FORMEN ERKENNEN

Formen sind überall in Figuren zu finden. Um sie zu sehen, achten Sie zuerst auf die äußeren Umrisse der Figur und dann auf die Umrisse einzelner Körperteile. Der äußere Umriss dieser Pose entspricht einem Dreieck **(A)**. Im Inneren finden sich weitere Formen **(B)**. Selbst kleinste Formen haben Außengrenzen und können deshalb als Formen definiert werden **(C)**.

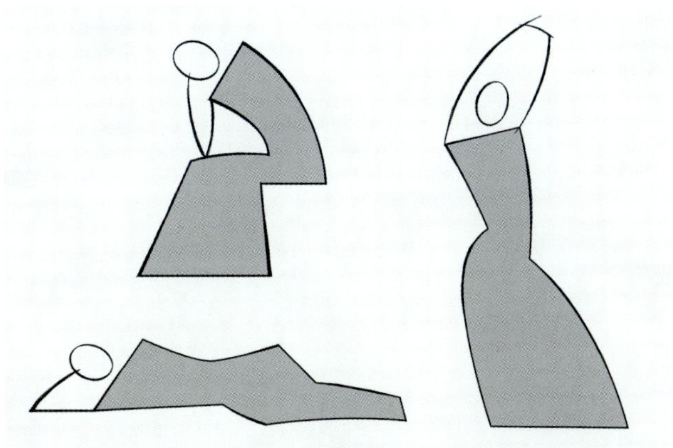

Eine gut gestaltete Form kann eine Pose darstellen. Selbst ohne Details vermitteln die Formen in dieser Abbildung bereits eine stehende, sitzende und liegende Haltung.

ZEICHNEN MIT FORMEN

Beim Zeichnen beginne ich immer mit den größtmöglichen Formen. Wenn ich diese erkannt und gezeichnet habe, kann ich sie Schritt für Schritt in kleinere Formen unterteilen. Dann können die zweidimensionalen Formen so ausgearbeitet werden, dass sie dreidimensional erscheinen. Mehr dazu auf der nächsten Seite.

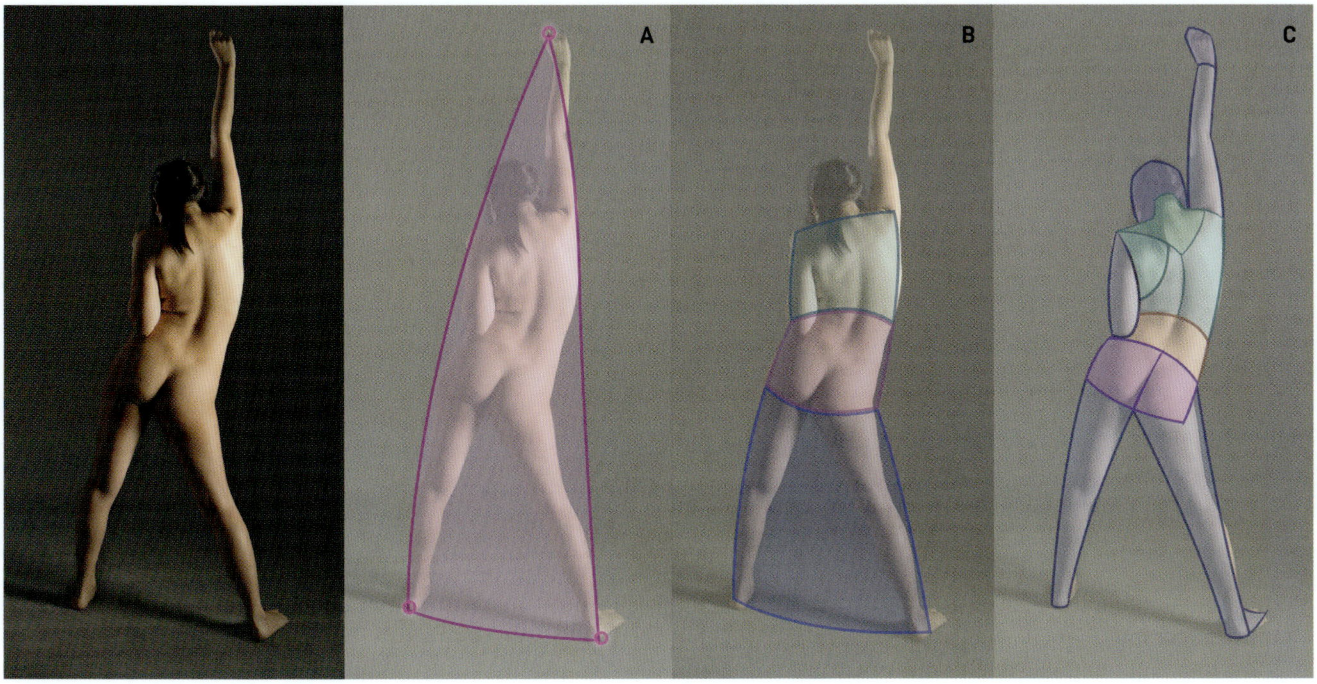

Dreidimensionale Formen

Aus den zweidimensionalen Formen können nun dreidimensionale Formen mit erkennbarem Volumen entwickelt werden. Zur Höhe und Breite kommt also die dritte Dimension hinzu, die Tiefe. Natürlich ist die Dreidimensionalität nur eine Illusion, denn die Zeichnung befindet sich ja auf einem planen Blatt Papier. Um den Eindruck räumlicher Tiefe zu erzeugen, muss der Künstler also zu speziellen Techniken greifen, um das Auge des Betrachters zu täuschen. Zu diesen gehören die dreidimensionalen geometrischen Grundformen.

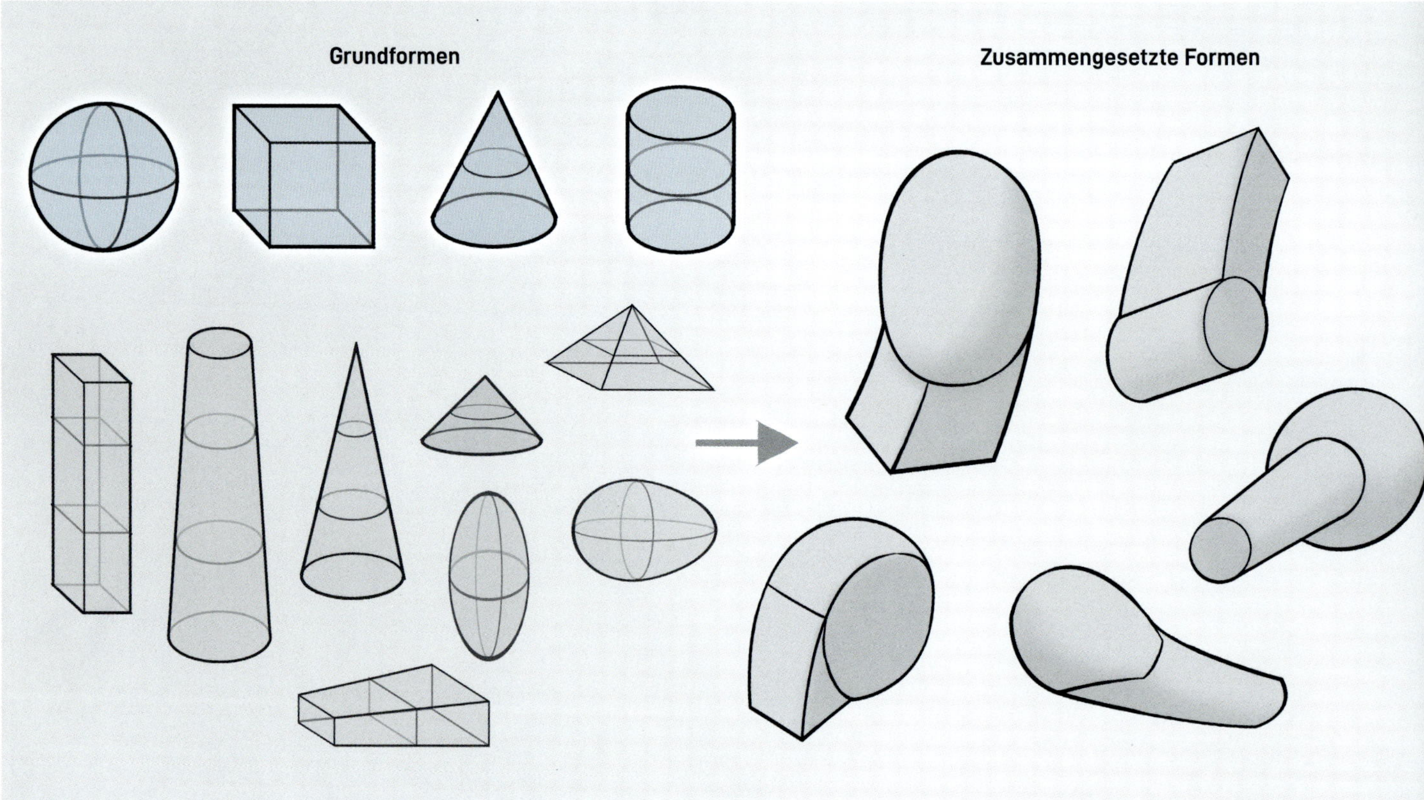

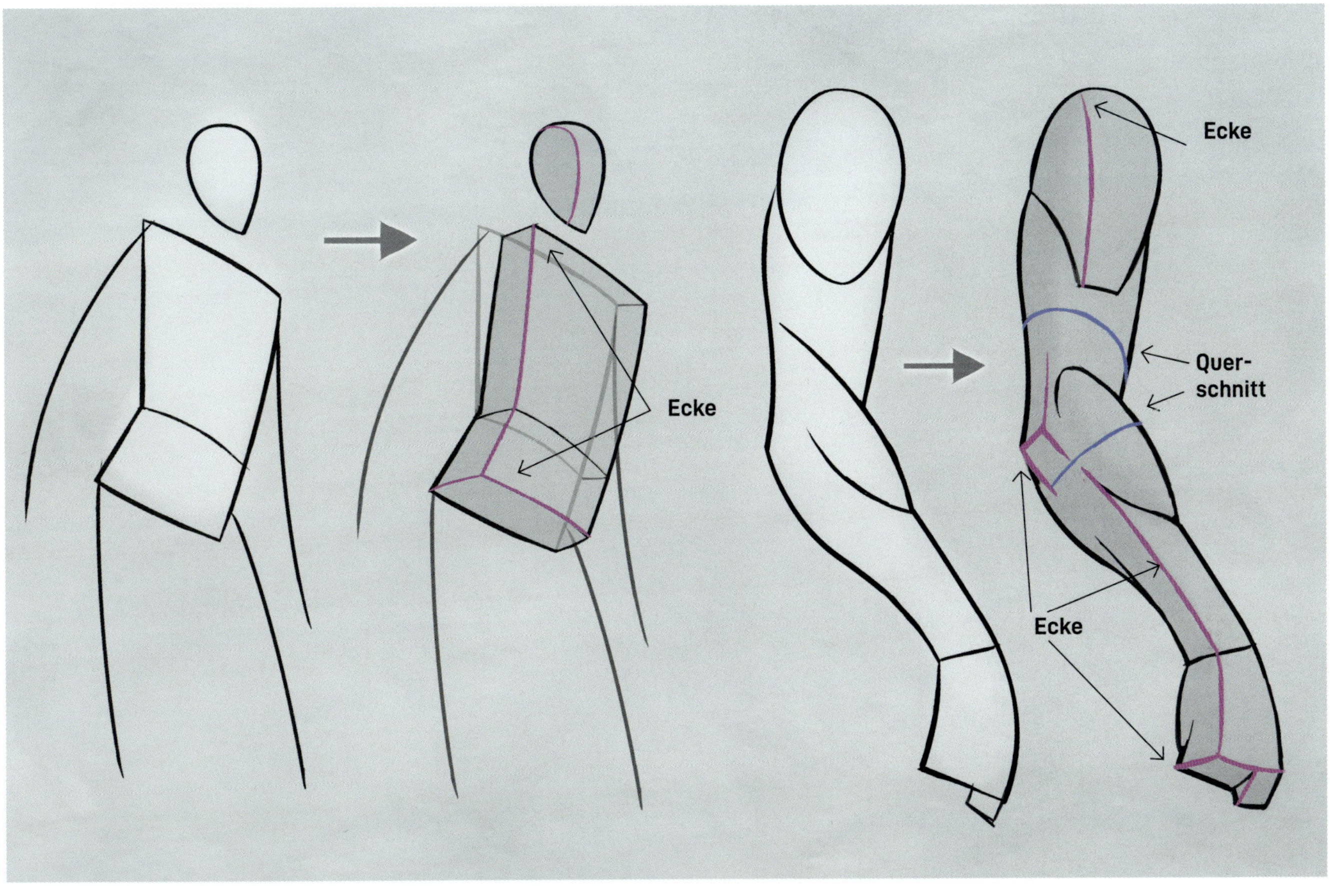

Durch Ecken kann eine 2D-Form so abgewandelt werden, dass man ihr Volumen erkennt. Sie wirkt also räumlich.

WAS SIND 3D-FORMEN?

Eine dreidimensionale Form oder ein Volumen ist letztlich eine zweidimensionale Form, die um Ecken und Flächen erweitert wurde. Die häufigsten dreidimensionalen Formen sind Würfel und Quader, Kegel, Zylinder und Kugel. Die zweidimensionalen Formen, auf denen sie basieren, sind Quadrat und Rechteck, Dreieck und Kreis. Dreidimensionale Formen kann man strecken oder stauchen, um sie weiter zu variieren. Außerdem kann man mehrere Grundformen zu einer komplexeren 3D-Form zusammensetzen.

3D-FORMEN NUTZEN

Die Hauptfunktion dreidimensionaler Formen besteht darin, eine Struktur zu schaffen. Wird eine Figur nur mit Strichen und zweidimensionalen Formen gezeichnet, kann sie flach oder allzu fließend wirken. Bekommen solche Formen ein Volumen, wirken sie sofort viel stabiler und solider. Um beispielsweise aus einem Quadrat einen Würfel zu machen, fügt man einfach eine Ecke hinzu. Dadurch bekommt das Objekt Struktur. Zeichnet man die Enden eines Rechtecks gekrümmt, entsteht der Eindruck eines Zylinders mit rundem Querschnitt, also ein dreidimensionales Objekt.

3D-FORMEN RICHTIG ZEICHNEN

Dreidimensionale Formen und Volumen sind nützlich für Struktur und Tiefe, aber sie können steif und »roboterhaft« wirken, wenn sie übermäßig geometrisch oder nicht sorgfältig gezeichnet werden. Eine Möglichkeit, 3D-Formen lebensechter zu gestalten, besteht darin, sie zu verjüngen. Das bedeutet, dass ihre Seiten zu einem Ende hin leicht zusammenlaufen, sodass die beiden Enden unterschiedlich groß sind. Eine andere Möglichkeit wäre, sie nicht mit geraden, sondern mit leicht geschwungenen Linien zu zeichnen. Dadurch wirken die Formen natürlicher, weil sie die natürlichen Krümmungen und Verjüngungen organischer Formen nachahmen.

Die Verjüngung hilft auch dabei, die Perspektive anzudeuten, weil der Eindruck entsteht, dass die Linien in der Ferne in einem Fluchtpunkt zusammenlaufen. Das ist besonders hilfreich, wenn man perspektivisch verkürzte Formen und ihre Bewegung im dreidimensionalen Raum zeichnerisch darstellen will. Das Thema der Verkürzung wird später noch ausführlicher zur Sprache kommen.

Ein weiterer nützlicher Kunstgriff beim Zeichnen dreidimensionaler Formen sind Querschnitte. Sie definieren das Ende einer Form und kommen im menschlichen Körper an den Gelenken vor, oder dort, wo ein Körperteil auf einen anderen trifft. Wenn ich Struktur und Volumen der Körperteile deutlicher zum Ausdruck bringen möchte, kann ich auch Querschnitte in der Mitte einer Form hinzufügen. Die Ausbuchtung der Beinmuskeln oder die Einschnürung eines kontrahierten Bizeps sind Beispiele für Bereiche, in denen sich das Volumen durch Querschnitte herausarbeiten lässt.

Die Abbildung gegenüber zeigt, dass verjüngte und/oder gekrümmte Formen natürlicher wirken als streng geometrische, symmetrische Formen **(A)**. Um beispielsweise ein Bein zu zeichnen **(B)**, beginne ich mit den sich verjüngenden Seiten **(1)** und füge Querschnitte hinzu: an den Enden von Formelementen, also Knien oder Knöcheln, aber auch dort, wo die Form breiter oder schmaler wird **(2)**. Diese Querschnitte helfen mir, die Anatomie und die Details korrekt darzustellen und lassen meine Figur voluminöser, also plastischer erscheinen **(3)**.

Dreidimensionale Formen setzen sich aus Linien zusammen, darum sind sie das erste zeichnerische Mittel, das ich einsetze, um eine räumliche Tiefenwirkung zu erzielen. Ein weiteres wichtiges Hilfsmittel ist Licht und Schatten. Darum wird es im nächsten Abschnitt gehen.

A

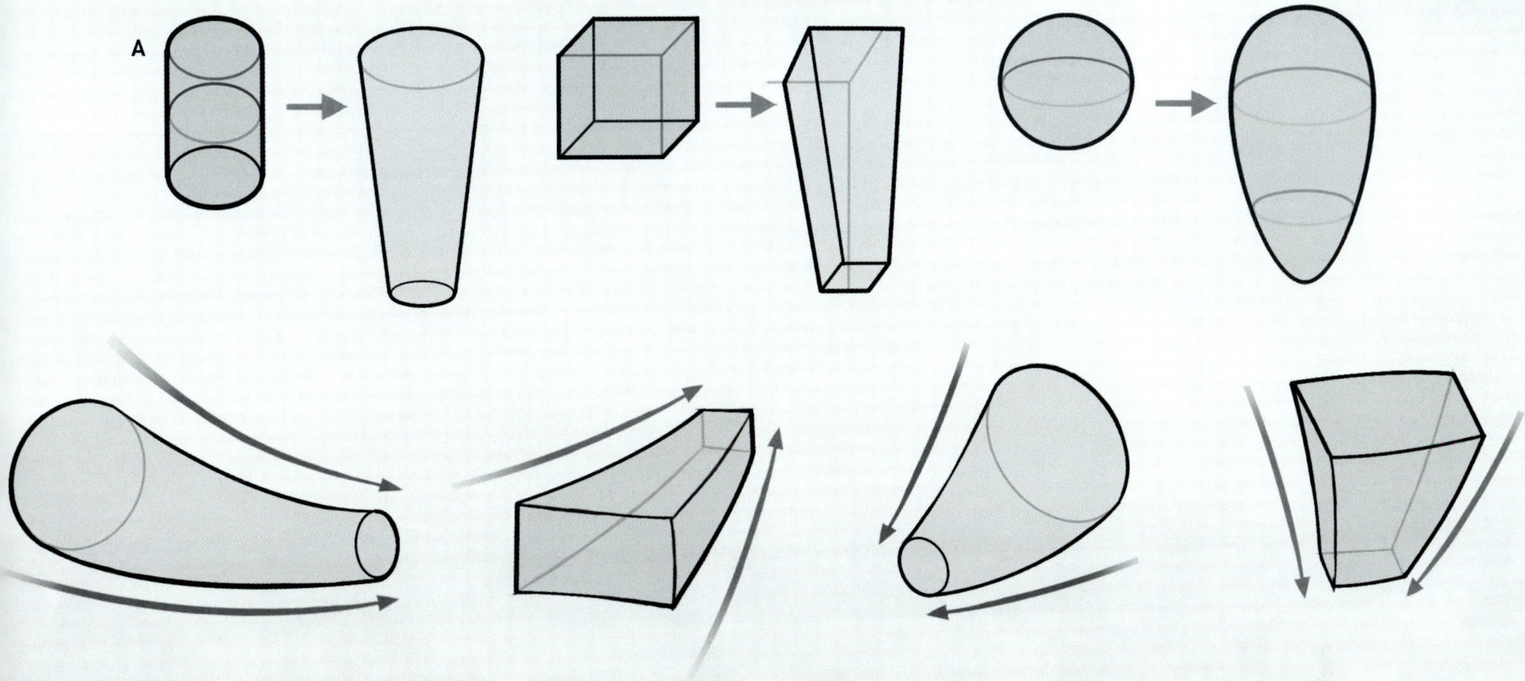

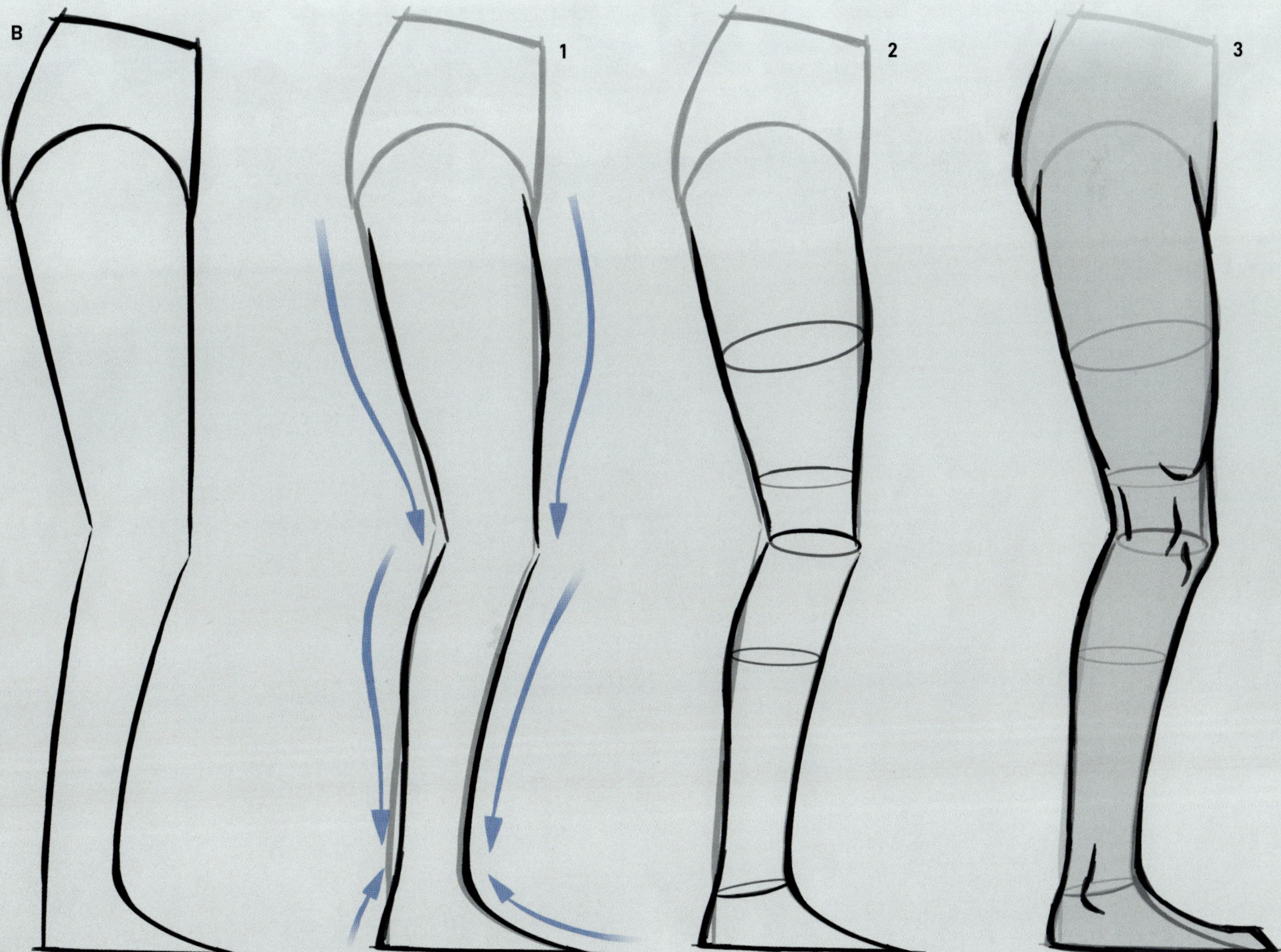

Licht und Schatten

Licht und Schatten sind ein unerlässliches Element in realistischen Zeichnungen. Jeder Künstler sollte sich mit diesem Thema befassen, denn erst durch das Zusammenspiel von Licht und Schatten wirken Motive lebendig.

Als ich das Schattieren gelernt habe, fühlte ich mich, als besäße ich Superkräfte. Plötzlich erwachten meine Zeichnungen zum Leben. Allerdings habe ich es nicht über Nacht gelernt, und auch nicht aus einem Buch. Dafür ist dieses Thema viel zu komplex.

Hier gebe ich einen kurzen Überblick über diese umfangreiche Thematik und erkläre einige Möglichkeiten, wie Sie Licht und Schatten in Ihren Zeichnungen einsetzen können. Außerdem zeige ich anhand einiger Beispiele, wie ich beim Schattieren vorgehe, wenn ich nach einem lebenden Modell zeichne. Bevor wir dazu kommen, müssen wir uns aber mit den Grundlagen des Schattierens beschäftigen und die wichtigsten Prinzipien der Licht- und Schatteneffekte etwas genauer beleuchten.

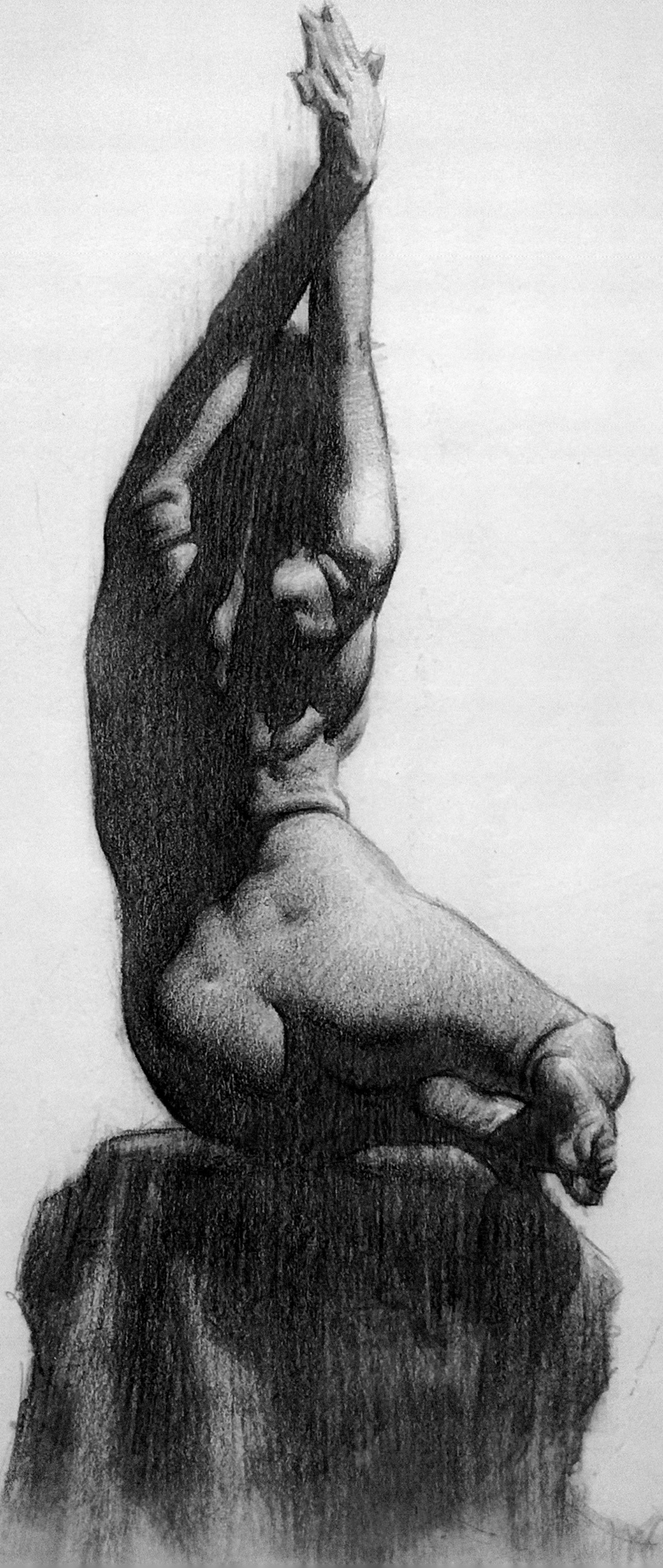

PRINZIP 1: TONWERTE VEREINFACHEN

Licht und Schatten werden in Zeichnungen durch Tonwerte dargestellt. Damit ist die relative Helligkeit oder Dunkelheit einer Farbe gemeint. Bei Schwarz-Weiß-Zeichnungen reicht das Spektrum der Tonwerte von Schwarz über alle denkbaren Graustufen bis Weiß.

Das menschliche Auge kann zahllose Tonwerte erkennen. Mit unseren begrenzten zeichnerischen Mitteln lässt sich diese Vielzahl von Tonwerten, die wir in der Natur sehen, nicht darstellen, darum müssen wir sie vereinfachen und ihre Bandbreite reduzieren.

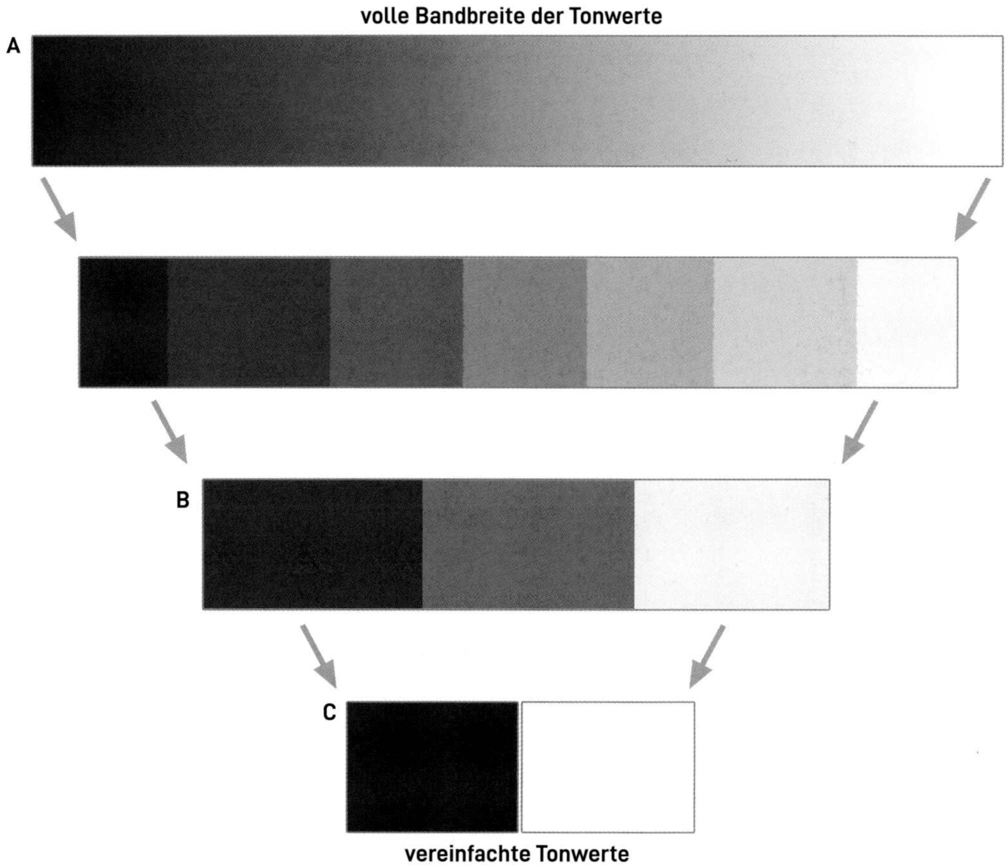

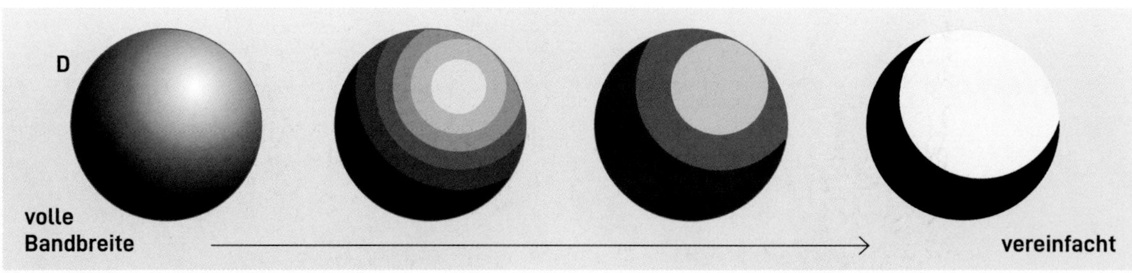

Die obere Skala (A) zeigt die volle Bandbreite der Tonwerte von reinem Schwarz bis zu reinem Weiß. Die Übergänge sind nahtlos. Um sie zeichnerisch zu erfassen, muss man zuerst lernen, die Tonwerte zu erkennen und zu vereinfachen, beispielsweise auf drei Tonwerte (B) oder sogar auf nur zwei (C). Die Kugeln (D) zeigen, wie sich die Vereinfachung auf Formen darstellt.

Beim Schattieren beginnt man meist mit zwei Tonwerten: einem hellen für das Licht und einem dunklen für den Schatten. Damit lässt sich bereits mehr über eine Form aussagen als mit bloßen Umrisslinien. Allerdings genügen zwei Tonwerte nicht für alle Motive.

Um realistische Formen darzustellen, stehen dem Zeichner selbstverständlich mehr als zwei Tonwerte zur Verfügung. Der nächste logische Schritt besteht darin, zwischen den beiden Extremen (Schwarz und Weiß) einen dritten Tonwert einzufügen, den Mittelton Grau.

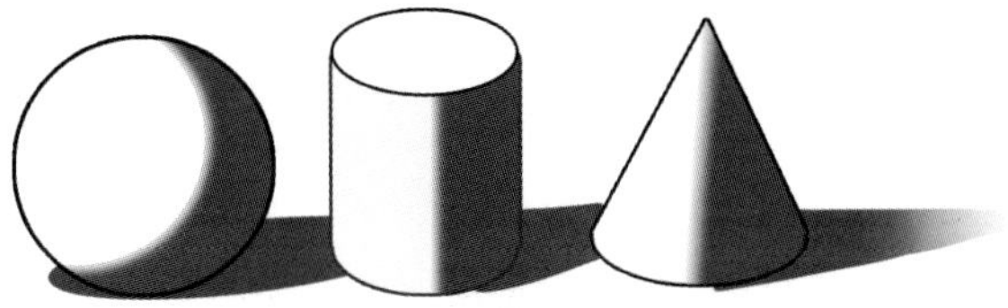

zwei Tonwerte

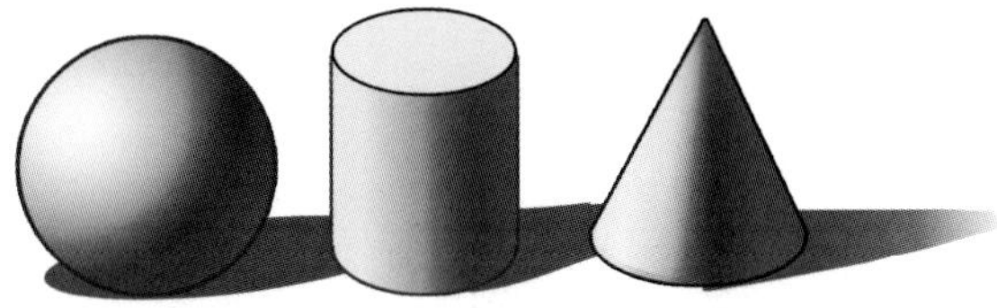

drei Tonwerte

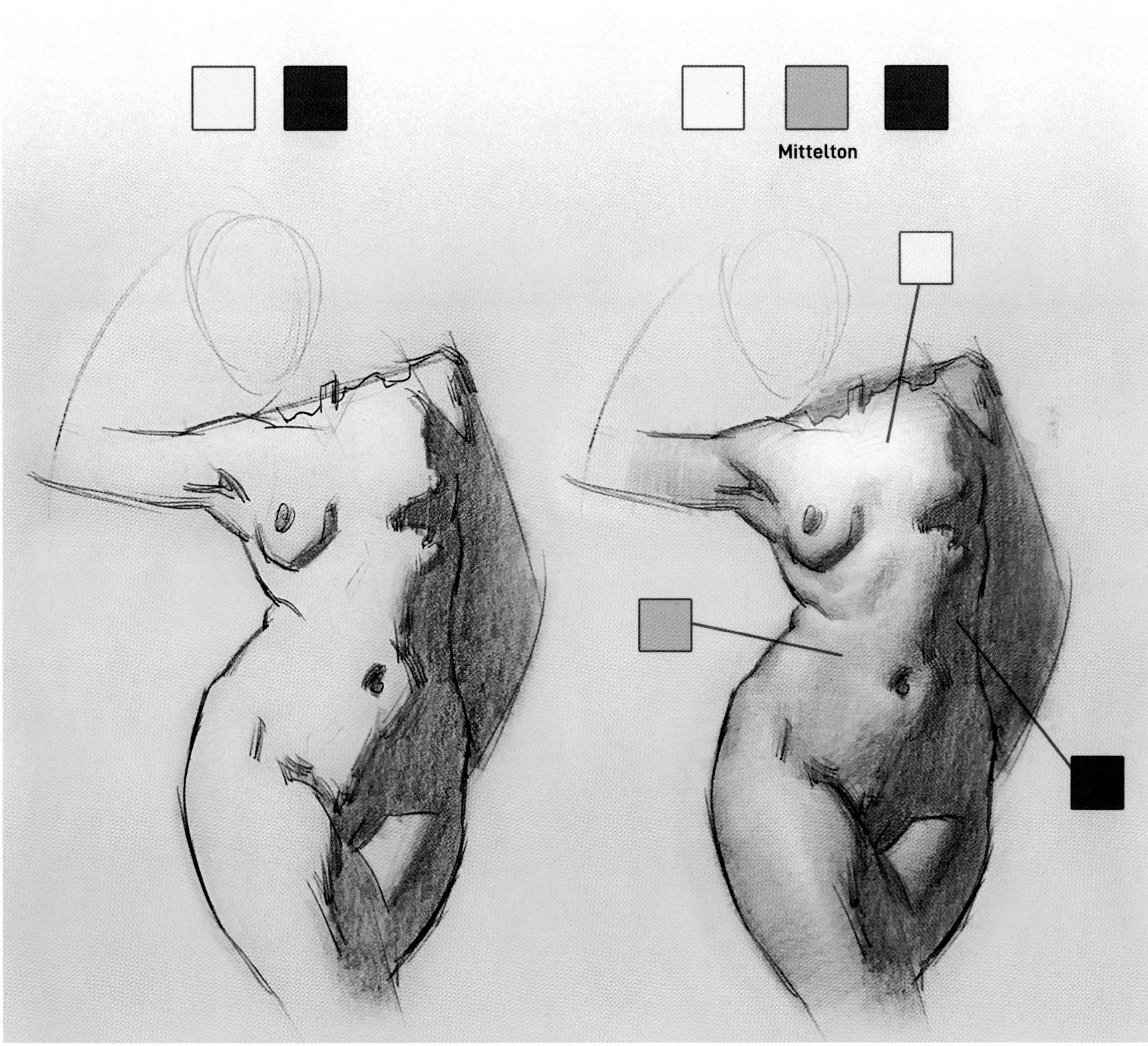

Mit drei Tonwerten – hell, dunkel und Mittelton – ist es bereits möglich, Formen zeichnerisch zu »modellieren«, also rund und dreidimensional wirken zu lassen. Dabei sind vor allem die Mitteltöne von Bedeutung, weil sie den Übergang zwischen hellen und dunklen Bildelementen darstellen. Dieser Übergang kann unterschiedlich gestaltet werden, und das wiederum wirkt sich darauf aus, wie der Betrachter die Form wahrnimmt (siehe Seite 51).
Die Beispiele in diesem Buch beschränken sich größtenteils auf Darstellungen mit zwei oder drei Haupt-Tonwerten. Anfängern empfehle ich, zunächst mit einem zweiwertigen System zu üben und später, wenn sie damit Erfahrung gesammelt haben, einen dritten Wert hinzuzufügen.

PRINZIP 2: LICHT UND SCHATTEN

Wir haben gelernt, dass eine Form durch ihre äußere Begrenzung erkennbar wird. Der menschliche Körper ist eine Form mit einer äußeren Grenze, aber er besteht wiederum aus zahlreichen kleineren Formen, die ebenfalls äußere Begrenzungen haben. Fällt Licht auf eine Form, entsteht automatisch ein Schatten, und auch er hat eine eigene Form.

Diese Schattenformen sind deutlicher zu erkennen, wenn das Licht hell ist (siehe Abbildung unten). Zeichner, die nach dem lebenden Modell arbeiten, müssen darum lernen, die Formen dieser Schatten zu erkennen und auf dem Papier wiederzugeben.

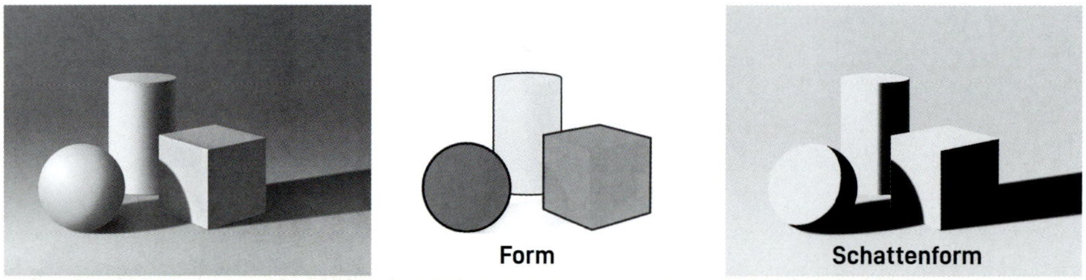

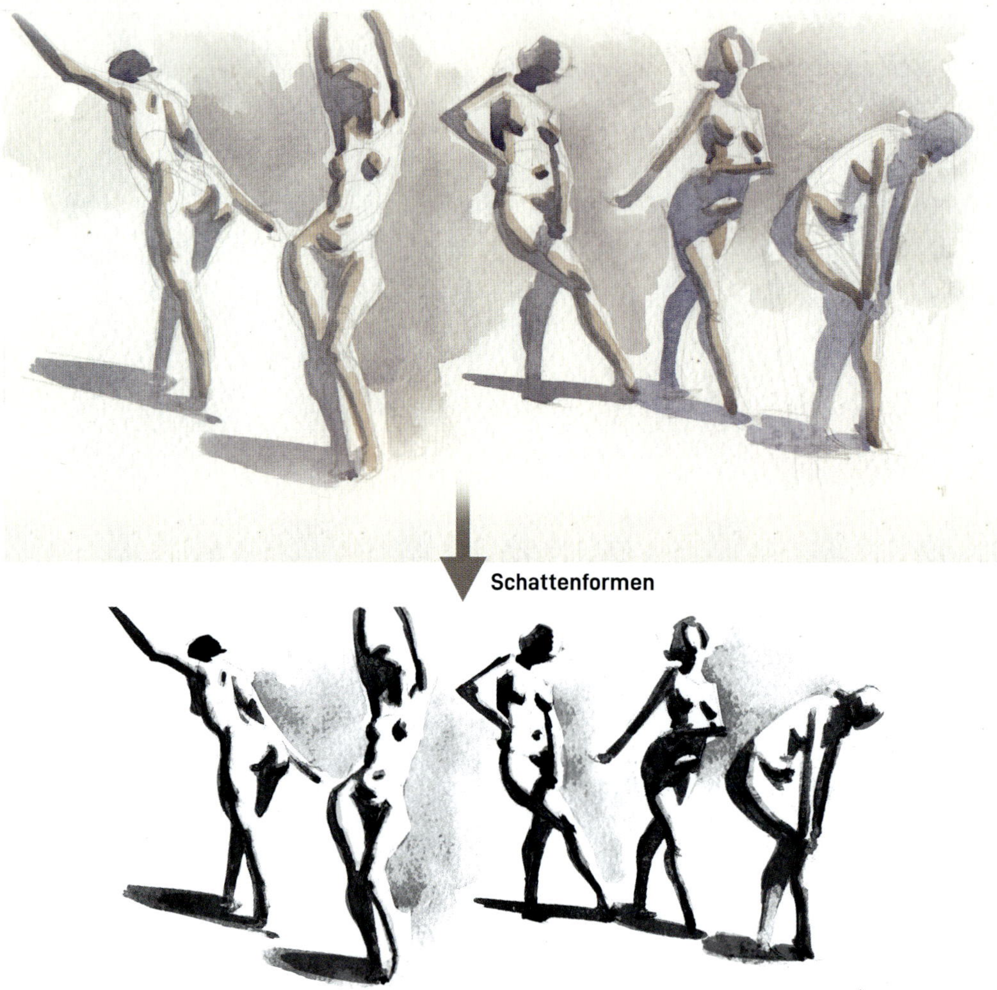

MASTERCLASS AKTZEICHNEN

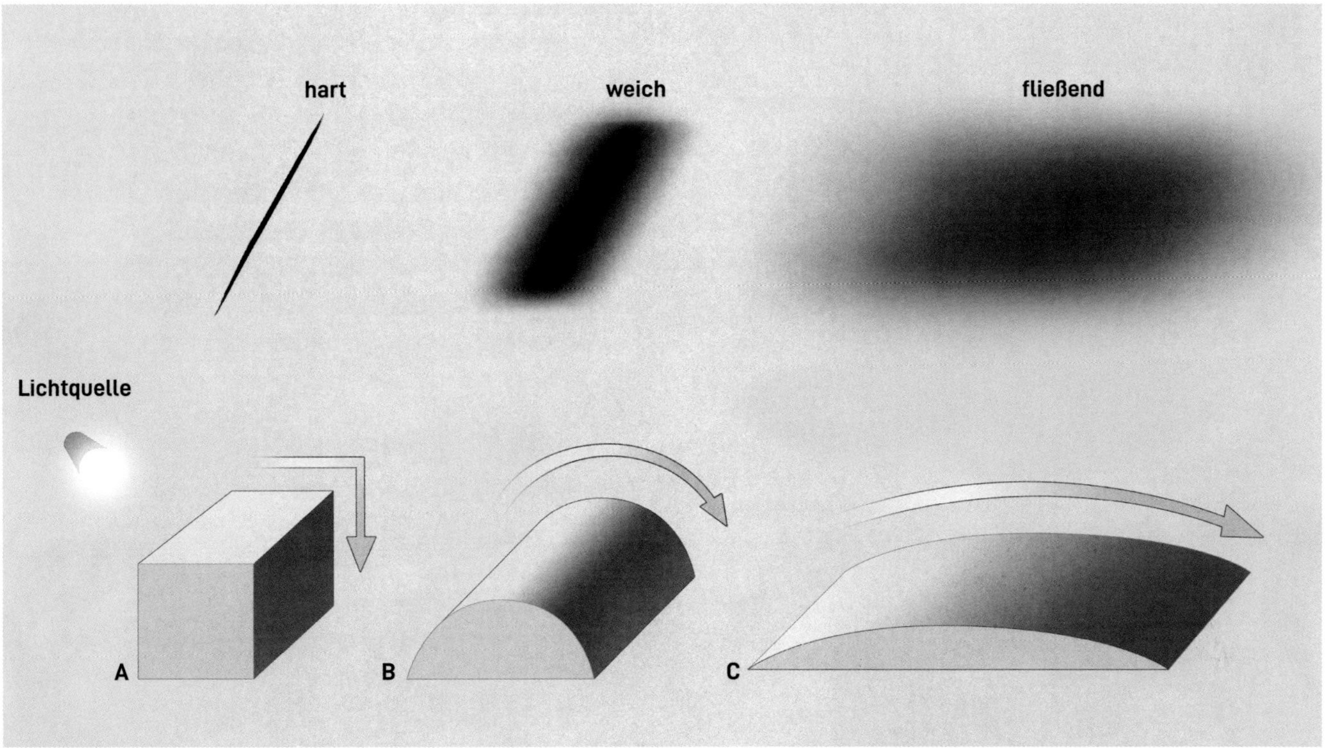

PRINZIP 3: ÜBERGANG

Ein drittes Element, das sich wirkungsvoll nutzen lässt, um Formen zeichnerisch zu beschreiben, ist der Übergang zwischen hellen und dunklen Tonwerten. Wie bei den Tonwerten gibt es auch hier zahllose Varianten. Der Einfachheit halber beschränke ich mich auf drei Arten des Übergangs: hart, weich und fließend.

Ein harter Übergang entsteht dort, wo sich der Verlauf der Oberfläche abrupt ändert. Am Beispiel des Quaders **(A)** tritt er an der Kante auf, an der die Oberfläche auf die Seitenfläche trifft. Die Oberfläche liegt voll im Licht, die Seitenfläche im tiefen Schatten.

Weiche Übergänge sieht man auf gekrümmten oder gewölbten Oberflächen, die keine scharfen Kanten besitzen.

Beim Zeichnen von Menschen oder anderen natürlichen Motiven hat man es größtenteils mit solchen weichen Übergängen zu tun. Am Beispiel des halben Zylinders **(B)** ist der weiche Übergang von der Licht- zur Schattenseite zu erkennen.

Ein fließender Übergang tritt bei nahezu flachen oder nur leicht gewölbten Oberflächen auf **(C)**. Der Bereich zwischen Licht und Schatten ist in diesem Fall größer und setzt sich häufig aus mehreren Mitteltönen zusammen.

Zeichner sollten Licht, Schatten und die verschiedenen Übergänge sowohl in der Natur als auch in Werken anderer Künstler studieren, um einen Blick für die unterschiedlichen Varianten zu entwickeln.

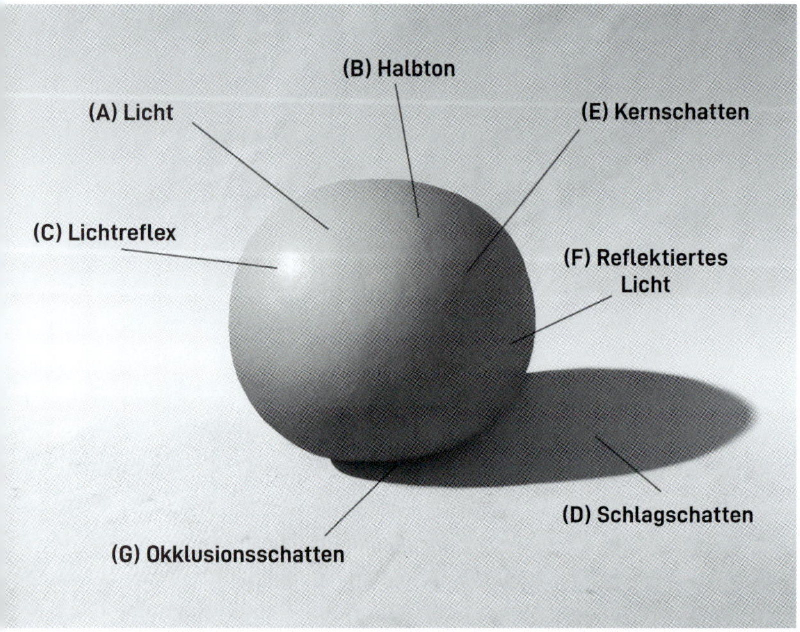

LICHT UND FORM

Formen werden erst durch Licht und Schatten erkennbar. Fällt Licht auf ein Objekt, sind Teile seiner Oberfläche angestrahlt und andere liegen im Schatten. Das muss ein Zeichner beim Schattieren überzeugend auf dem Papier wiedergeben.

Lichtbereiche:

Licht: der angestrahlte Bereich der Form **(A)**
Halbton (Mittelton): der Übergangsbereich zwischen angestrahltem Bereich und Schatten **(B)**
Lichtreflex (Highlight): der Teil der Oberfläche, welcher der Lichtquelle am nächsten ist **(C)**

Schattenbereiche:

Schlagschatten: der Schatten, den ein Objekt auf seinen Untergrund wirft **(D)**
Kernschatten: der Grenzbereich zwischen Licht und Schatten **(E)**
Reflektiertes Licht: das Licht, das von der Umgebung auf die Schattenseite des Objekts reflektiert wird **(F)**
Okklusionsschatten (auch Kontaktschatten): der dunkelste Schatten in dem Bereich, in dem das Objekt Kontakt mit seinem Untergrund hat **(G)**

SCHATTENFORMEN ERKENNEN

Schattenformen erkennt man am besten, indem man die Augen zusammenkneift. Beim Blinzeln sieht man unscharf, Farben und Details werden weniger gut wahrgenommen. Die Tonwerte treten in den Vordergrund **(H)** und die Formen der verschiedenen Schattenbereiche werden besser erkennbar.

Achten Sie nun auf den Kernschatten oder Grenzbereich **(I)**. Die deutlichsten Schatten entstehen, wenn nur eine kräftige Lichtquelle vorhanden ist. Wenn Sie die Schattenform und ihre Grenze erkannt haben, schauen Sie die Lichtseite an und achten auf den hellsten Bereich **(J)**. Dies ist oft der Teil der Form, der den geringsten Abstand zur Lichtquelle oder eine große Oberfläche hat. Im Beispiel unten reflektiert der obere Teil des Gesäßes das meiste Licht, er ist also am hellsten.

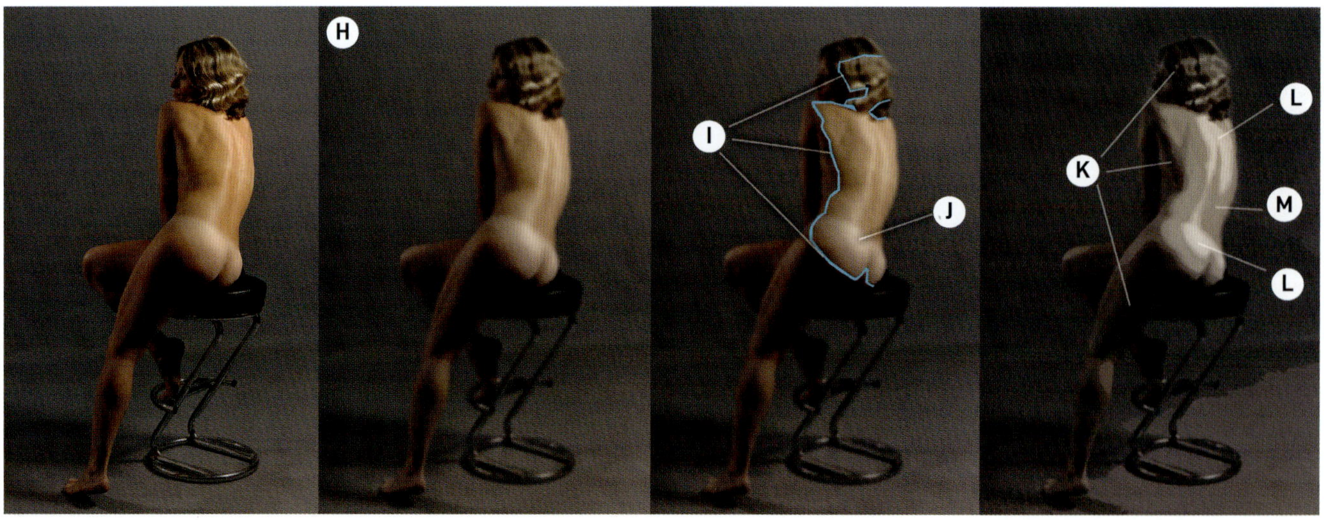

Schauen Sie nun das Objekt mit zusammengekniffenen Augen an, und entscheiden Sie, welche Mitteltöne eher dem Lichtbereich und welche dem Schattenbereich zuzuordnen sind. Hier liegt die ganze linke Körperseite im Schatten **(K)**. Licht fällt auf Gesäß und oberen Rücken, Highlights finden sich in den Haaren **(L)**. Mitteltöne **(M)** machen den Großteil des Körpers aus.

SCHATTEN ZEICHNEN

Im Beispiel unten habe ich diese Prinzipien auf eine Zeichnung angewandt. Hierbei handelt es sich um eine zehnminütige Pose, die Zeichnung ist also nicht detailliert ausgearbeitet.

1. Die Konturen zeichnen, dann blinzeln, um das Modell unscharf zu sehen, und die wichtigsten Schattenformen skizzieren.

2. Die Schatten mit einem mittleren Grau eintönen. Dadurch werden Licht und Schatten gut unterscheidbar, zwei Haupttonwerte sind festgehalten.

3. Die helleren Mitteltöne einfügen, der Lichtbereich bleibt weiß. Den Kernschatten etwas abdunkeln und weich verwischen. Dadurch werden Körperrundungen erkennbar.

4. Die restliche Zeit nutzen, um die Tonwerte und Übergänge zu verfeinern. Die Schatten und einige Mitteltöne abdunkeln, um den Kontrast zu verstärken. Die Übergänge weicher gestalten.

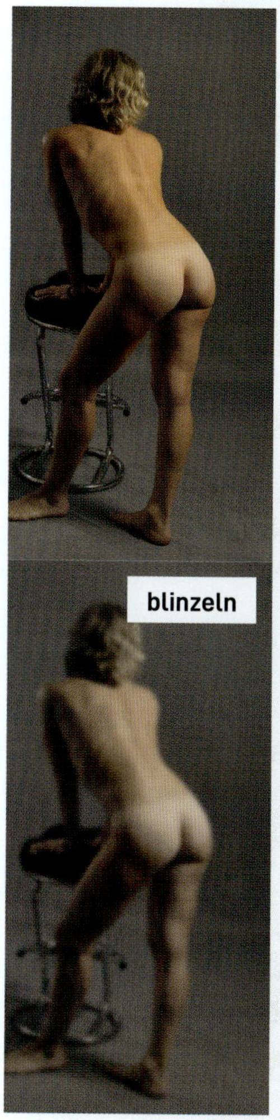

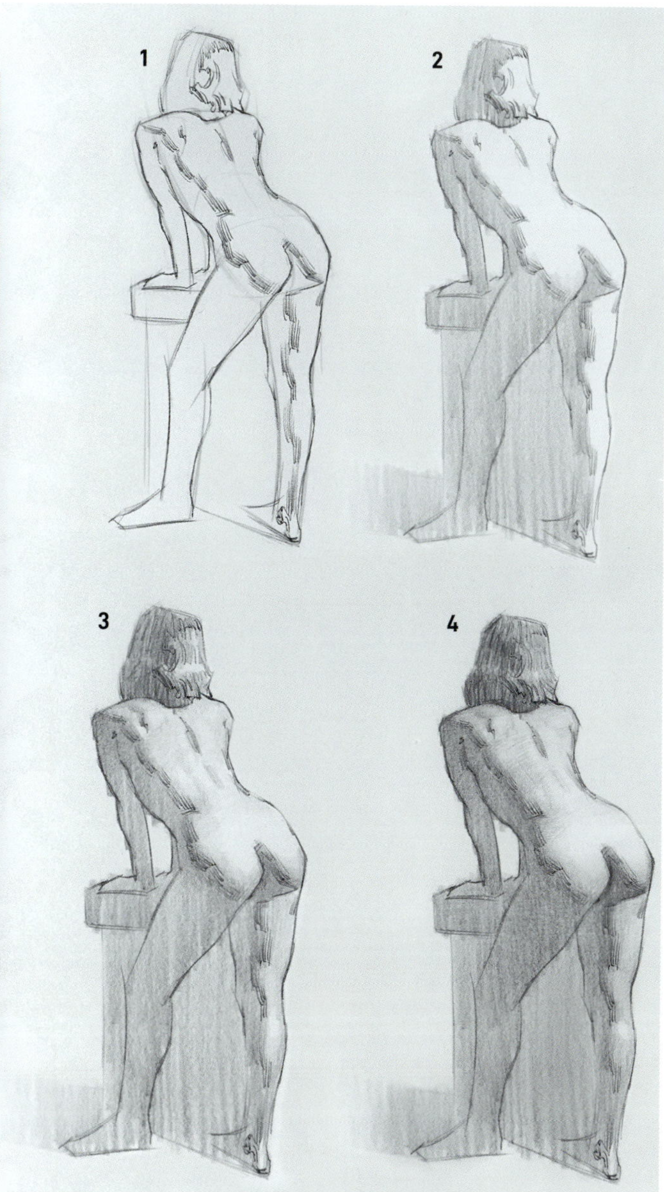

Dieser Abschnitt kann nur eine kurze Einführung in das umfangreiche und komplexe Thema der Schattierung sein. Er vermittelt die Grundlagen, die notwendig sind, um mit dem Aktzeichnen zu beginnen. Auf den folgenden Seiten finden Sie zahlreiche Beispiele, an denen Sie Schattierungen studieren und zu Übungszwecken kopieren können.

KAPITEL 3

DER ZEICHENPROZESS

Überblick über den Zeichenprozess

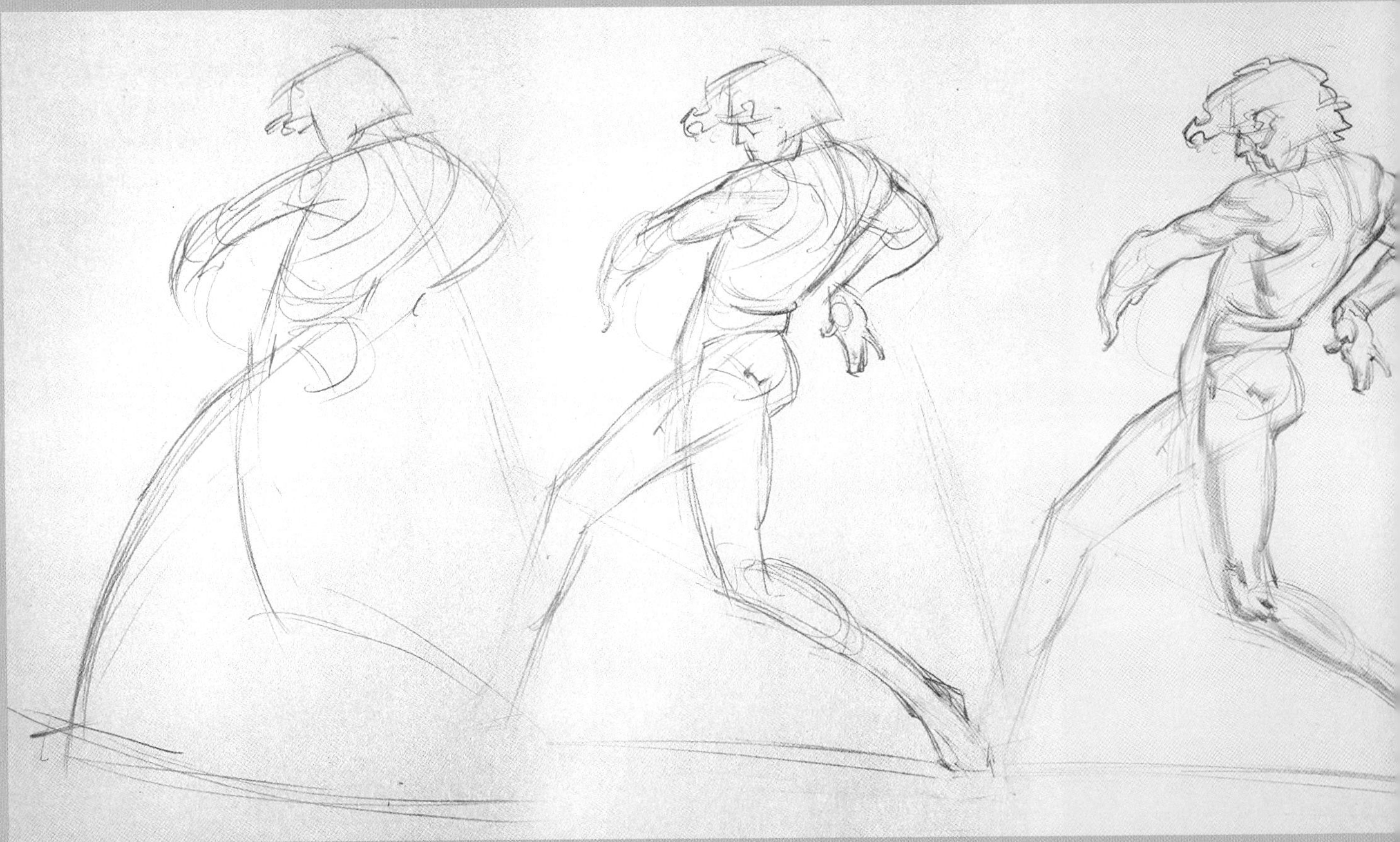

Der Zeichenprozess ist der wichtigste Aspekt dieses Buches. Durch eine methodische Vorgehensweise kann man die Grundlagen des Zeichnens konsequent und wiederholt anwenden. Wiederholung ist der Schlüssel zum Erwerb und zur Perfektionierung der Fertigkeiten, die zum Zeichnen erforderlich sind.

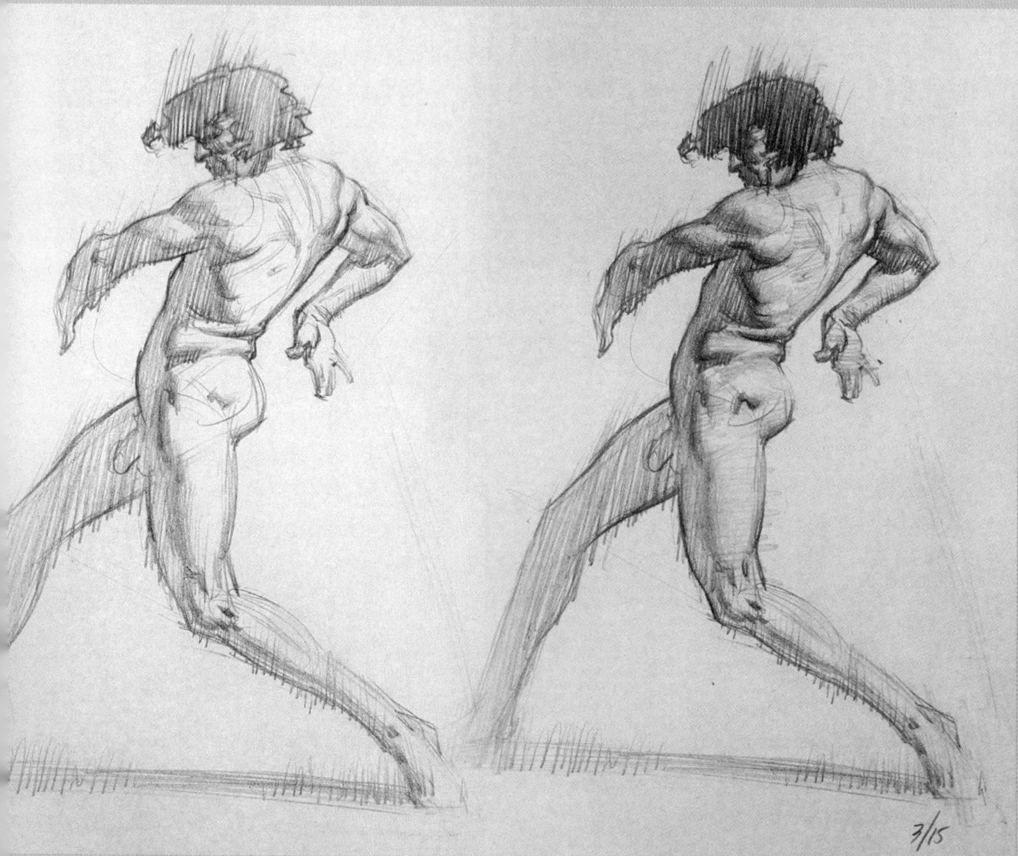

Der Zeichenprozess lässt sich auf eine kurze Formel bringen: Vom Einfachen zum Komplexen.

Ich beginne mit einfachen Strichen, entwickle aus diesen einfache Formen, verwandele diese in 3D-Formen und wende mich zuletzt komplexeren Aspekten wie Licht, Schatten, Anatomie und Details zu.

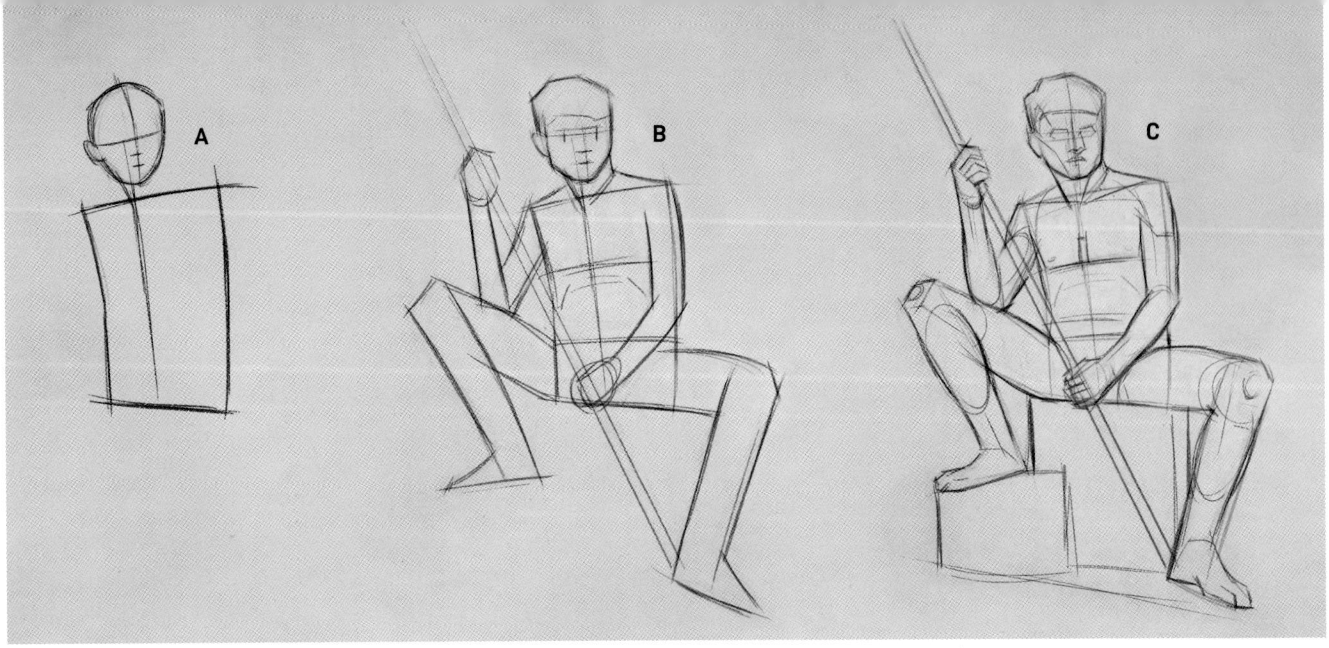

Hier ist die methodische Herangehensweise zu erkennen. Zuerst Kopf und Rumpf mit einfachen Strichen skizzieren (A). Dann zweidimensionale Formen hinzufügen (B) und aus diesen dreidimensionale und zusammengesetzte Formen entwickeln (C).

SCHRITTWEISE VORGEHEN

Schritt 1: Die Basis

Wir beginnen mit einer Kombination aus Linien, Formen und Flächen, die Aufschluss über die Pose gibt und als Grundlage für die weitere Zeichnung dient. Es ist eine gestische Zeichnung, die Bewegungslinien enthält. Dann wird die Figur aus geometrischen, zweidimensionalen Formen aufgebaut. Beim anschließenden Konstruieren der dreidimensionalen Formen erhält die Figur Struktur und Volumen.

Bei kürzeren Posen enthält diese erste Skizze normalerweise relativ wenige Informationen und Details. Sie sollte aber aussagefähig genug sein, um im zweiten Schritt die Figur durch Licht und Schatten genauer zu modellieren.

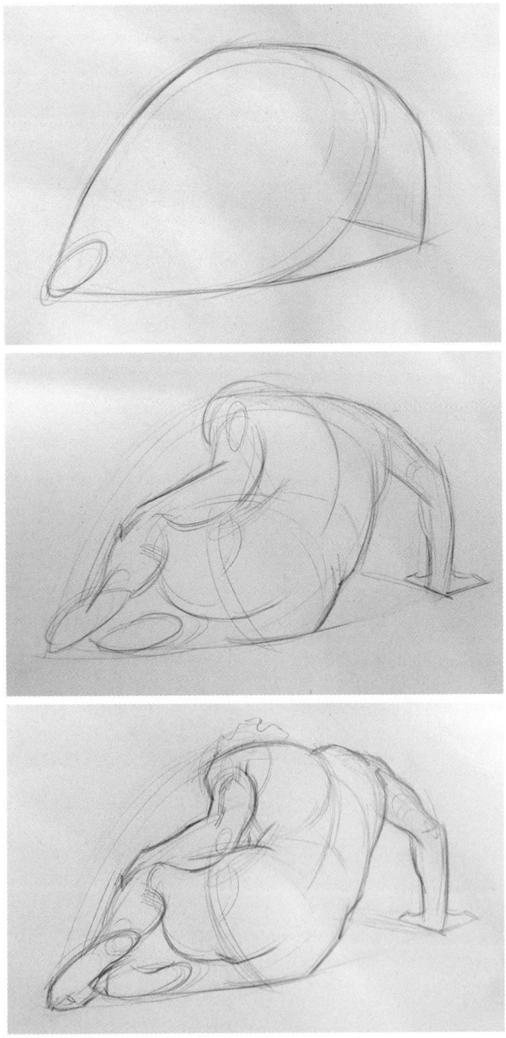

Die Zeichnung einer Zehn-Minuten-Pose kommt mit relativ wenig Details aus, liefert aber ausreichend Informationen, um zum nächsten Schritt überzugehen.

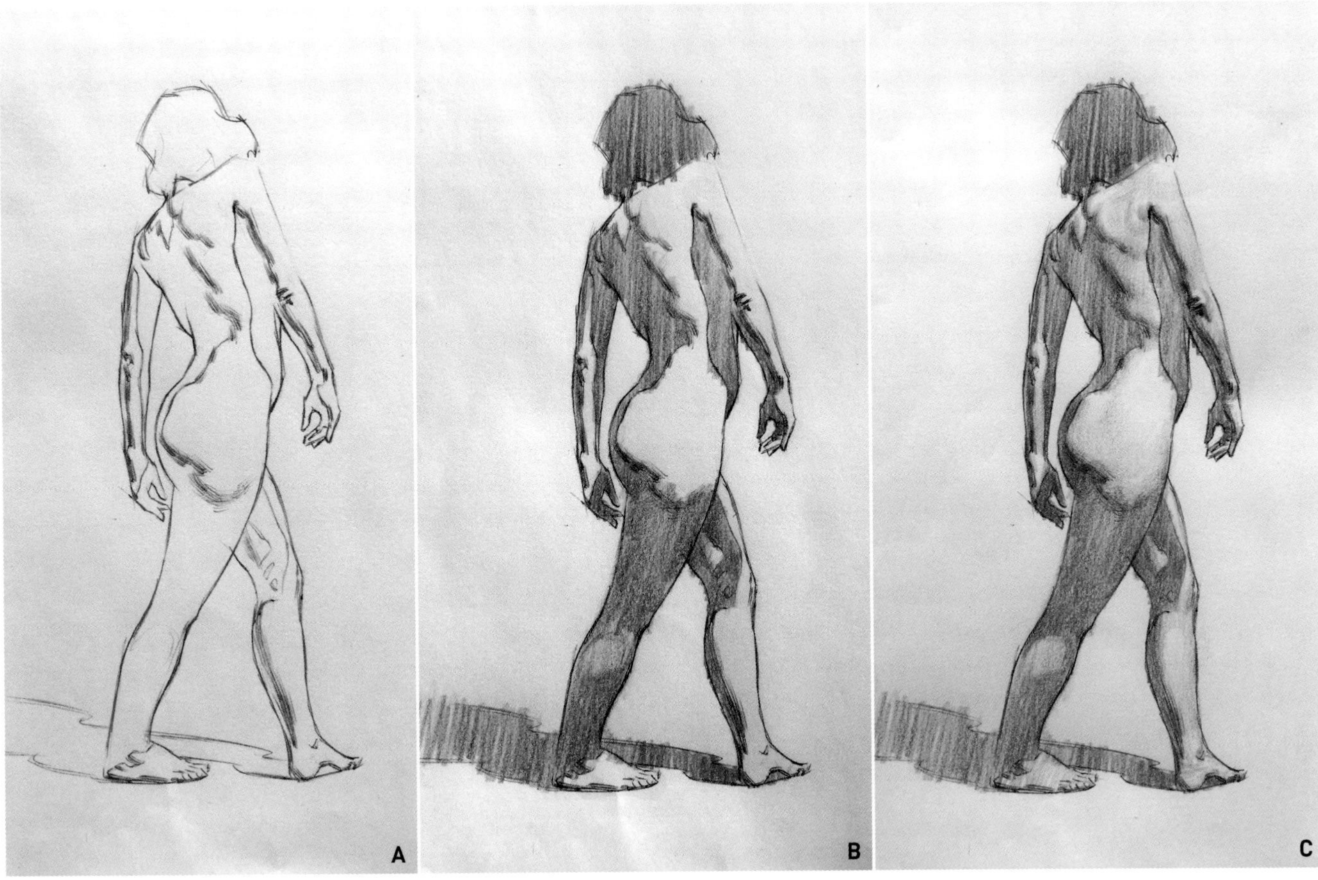

Zuerst werden die Hauptschatten grob eingezeichnet (A) und mit einem dunklen Grauton genauer definiert (B). Nachdem die beiden wichtigsten Tonwerte festgelegt sind, können die Mitteltöne und die Tonwertübergänge ausgearbeitet werden (C).

Schritt 2: Modellieren mit Licht und Schatten

Nun werden Licht und Schatten auf dem Modell beobachtet und auf das Papier übertragen. Dadurch können die Körperformen herausgearbeitet werden und die Figur beginnt, dreidimensional zu erscheinen. Zunächst werden die hellsten und dunkelsten Tonwerte in der Zeichnung festgelegt, also die Licht- und Schattenformen. Dann werden zwischen diesen die Mitteltöne eingefügt.

Wenn die Tonwerte festgelegt sind, müssen noch die Übergänge gestaltet werden, um die einzelnen Formen genauer zu beschreiben. Je nach Dauer der Pose haben Sie vielleicht auch noch Zeit, die Schattenformen, Tonwerte und Übergänge feiner auszuarbeiten.

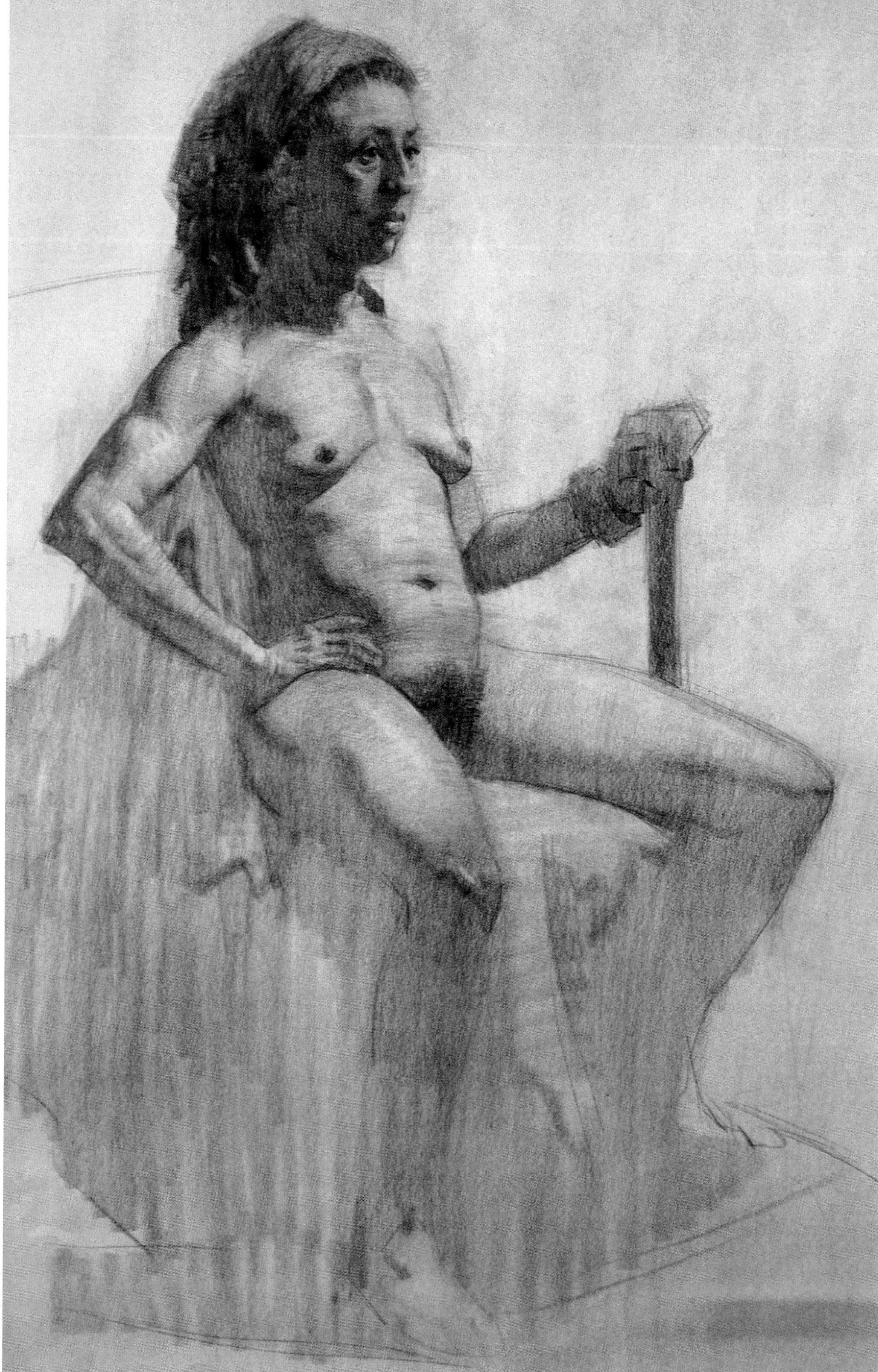

Schritt 3: Ausarbeitung

Im letzten Schritt werden alle Aspekte der Zeichnung noch einmal verfeinert, beispielsweise Proportionen, anatomische Details, Licht und Schatten.

Beim Beispiel gegenüber, einer Drei-Stunden-Pose, hatte ich genug Zeit, Kopf und Oberkörper detailliert auszuarbeiten. Hätte ich mehr Zeit gehabt, hätte ich die Hände, dann den unteren Körper und zuletzt sekundäre Elemente wie den Stoff ausgearbeitet.

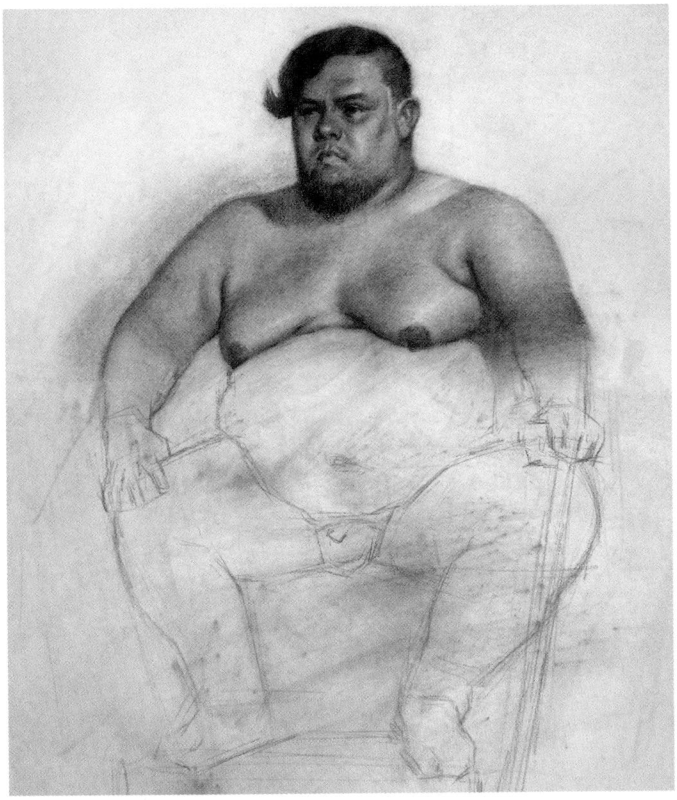

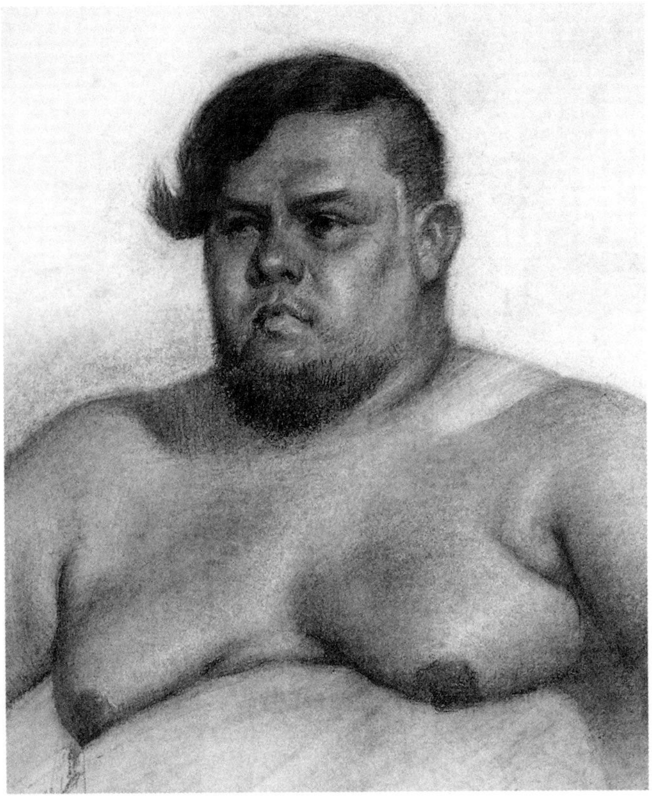

Bei dieser Drei-Stunden-Pose (oben) habe ich mich entschieden, zuerst den Kopf detailliert auszuarbeiten und dann am Körper abwärts fortzufahren.

Schritt 4: Fertigstellung

Abschließend folgen die Feinarbeiten. In diesem Arbeitsschritt werden an ausgewählten Stellen Striche, Tonwerte, Akzente und andere kleine Details und Feinheiten hinzufügt, um die Zeichnung so »fertig« wie möglich wirken zu lassen.

Normalerweise muss man für eine fertig ausgearbeitete Zeichnung viele Stunden einplanen, aber auch in kürzeren Posen sollten Sie versuchen, die Zeichnung möglichst gut auszuarbeiten. Dadurch stellen Sie sicher, dass sie in jedem Stadium gut lesbar ist.

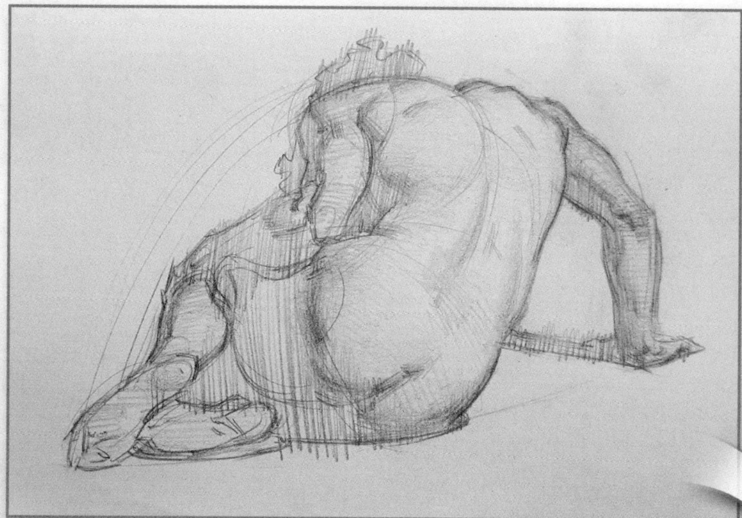

Diese zehnminütige Zeichnung ist zwar nicht vollständig ausgearbeitet, aber sie ist gut erkennbar und wirkt nicht unfertig. Um dieses Ergebnis in der vorgegebenen Zeit zu erreichen, habe ich den Schatten verdunkelt und dann dunkle Akzente hinzugefügt, um die einzelnen Formen zu trennen, die Tiefenwirkung zu verstärken und dadurch die Zeichnung anspruchsvoller und vollständiger wirken zu lassen.

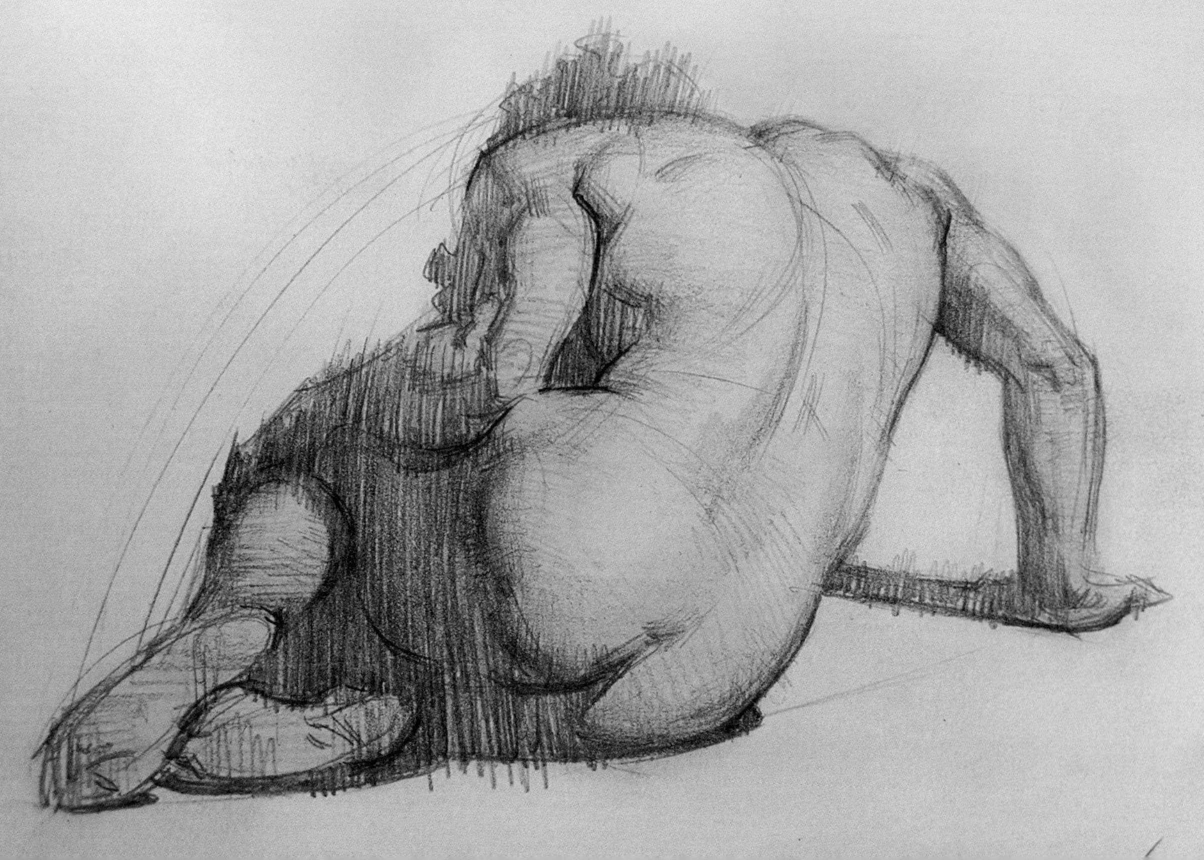

ZEITLICHE BEGRENZUNG

Beim Zeichnen nach dem lebenden Modell ist die Zeit begrenzt. Eine Pose kann zwischen 30 Sekunden und drei oder mehr Stunden dauern. Kurze Posen sind der beste Weg, um die ersten beiden Schritte des Zeichenprozesses zu trainieren. In längeren Posen können Sie Ausarbeitung und Fertigstellung üben.

Durch die zeitliche Begrenzung ergeben sich zahlreiche Möglichkeiten zum Üben. Dauert jede Pose eine Minute, können Sie innerhalb einer Stunde 60 Versuche starten, eine gestische Skizze zu Papier zu bringen. Dauert jede Pose zehn Minuten, können Sie in einer Stunde sechsmal das Schattieren üben. Überlegen Sie einmal, wie viel Sie in einer Woche, einem Monat oder einem Jahr erreichen könnten, wenn Sie täglich drei Stunden zeichnen!

30 Sekunden und 60 Sekunden

- Gestische Skizze
- Bewegungslinien
- Aufbau aus einfachen geometrischen Grundformen (Kreise, Vierecke, Dreiecke)

2 Minuten und 3 Minuten

- Formen verfeinern, zusammengesetzte Formen
- Grundkonstruktion aus einfachen 3D-Formen (Zylinder, Quader, Kugeln, Kegel)

5 Minuten und 10 Minuten

- Konstruktion der 3D-Formen verfeinern, zusammengesetzte Formen und Volumina
- Licht, Schatten und Mitteltöne sowie deren Formen auf dem Modell beobachten
- Hellste Lichter und dunkelste Schatten einzeichnen
- Übergänge zwischen den Tonwerten erkennen
- Mitteltöne in die Zeichnung einfügen
- Tonwerte durch dunkle Akzente und helle Highlights verfeinern

20 Minuten

- Akkuratere Strichführung üben
- Proportionen und Formen verfeinern
- Tonwerte verfeinern
- Übergänge verfeinern

2 Stunden oder mehr

- Thumbnails und Tonwertskizzen anfertigen
- Die Platzierung der Figur verbessern
- Proportionen und Anatomie genauer ausarbeiten
- Tonwerte und Übergänge weiter verfeinern
- Die Fertigstellung der Zeichnung trainieren

All dies sind nur Empfehlungen, keine festen Regeln. Wer nach dem lebenden Modell mit zeitlich begrenzten Posen zeichnet, wird recht schnell ein Gefühl dafür bekommen, was sich in dem vorgegebenen Zeitrahmen erreichen lässt.

Anatomische Grundzüge

Wer zeichnen will, muss zuerst sehen lernen. Gerade beim Betrachten des menschlichen Körpers sind so viele visuelle Informationen zu verarbeiten, dass man leicht den Überblick verlieren kann. Darum ist es notwendig, sich schon beim Betrachten des Modells auf die wichtigsten Elemente des Körperbaus zu konzentrieren. Die anatomischen Grundzüge stellen dabei die besten Orientierungspunkte dar.

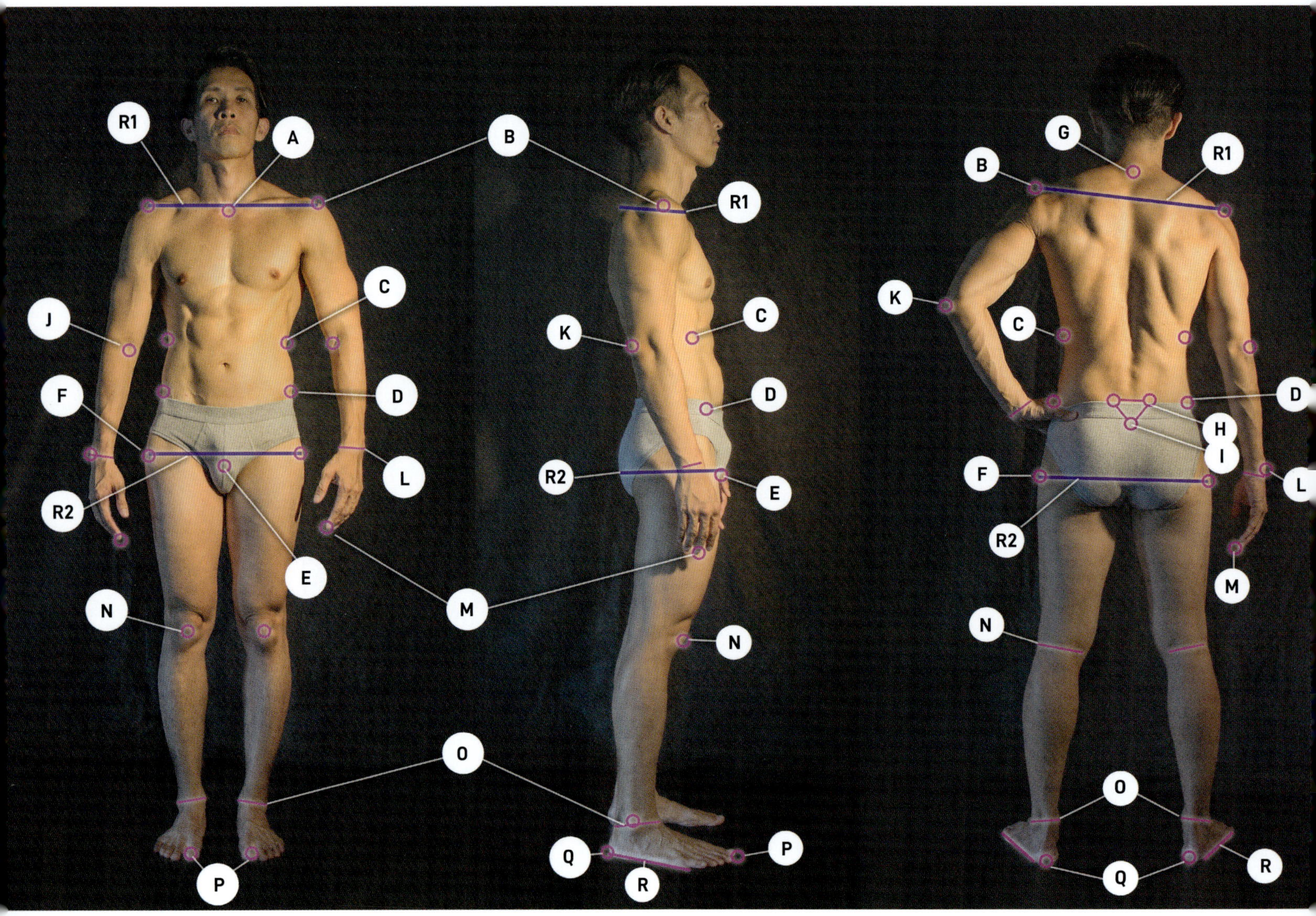

Bei diesen Orientierungspunkten handelt es sich meist um Knochen und Muskeln, die auf der Oberfläche des Körpers sichtbar sind. Da diese Strukturen die Bewegung des Körpers ermöglichen, sollte jeder, der Akte zeichnen möchte, sie kennen, um realistische und überzeugende Zeichnungen anfertigen zu können.

Wenn Sie sich noch nie mit Anatomie oder Aktzeichnen beschäftigt haben, sind Ihnen die anatomischen Begriffe vielleicht nicht geläufig. Dieses Kapitel ist aber nicht als Lektion in Anatomie gedacht, sondern als Lektion in Beobachtung. Wer mit dem Aktzeichnen erst beginnt, braucht noch keine detaillierten anatomischen Kenntnisse, doch mit zunehmenden zeichnerischen Fortschritten werden sie immer wichtiger. Auf die folgenden Informationen können Sie auch später bei Bedarf immer wieder zurückgreifen.

DER RUMPF

Die wichtigsten Orientierungspunkte finden sich am Rumpf. Er bildet die größte Masse des Körpers, und alle Gliedmaßen gehen von ihm aus. Im Rumpf befinden sich die beiden größten und wichtigsten Knochenstrukturen: der Brustkorb und das Becken.

Am oberen Rumpf **(R1)** achten Sie zuerst auf die Halsgrube **(A)**, die sich am unteren Ende des Halses zwischen den Schlüsselbeinen befindet. Die Halsgrube kennzeichnet den oberen Beginn des Rumpfs und seine Mittellinie. Die Schulterkugeln **(B)** sind die knochigen Vorsprünge am Schultergelenk.

Achten Sie dann auf den Brustkorb **(C)**, den man normalerweise gut sieht, wenn sich das Modell zur Seite beugt. Am unteren Bauch **(D)** sind in der Frontalansicht und der Seitenansicht die seitlichen knochigen Vorsprünge des oberen Beckens zu erkennen. Bei schlanken Modellen sieht man oft auch die unteren, schrägen Bauchmuskeln. Weil Frauen ein breiteres Becken haben als Männer, sind bei ihnen die Beckenknochen oft noch deutlicher zu erkennen.

Den unteren Rumpf **(R2)** begrenzt eine gedachte Linie, die durch das untere Gesäß und die Genitalien **(E)** verläuft. Darunter liegt der Trochanter major **(F)** (Kopf des Oberschenkelknochens), der den Beginn des Beins bildet und dessen Bewegung ermöglicht.

In der Mitte des oberen Rückens liegt der siebte Halswirbel **(G)**. Wie die Halsgrube vorn sitzt er direkt oberhalb des Rumpfs **(R1)** und markiert dessen Mittellinie. Seitlich davon befinden sich die Schulterkugeln **(B)**. Einen weiteren Orientierungspunkt bilden zwei Grübchen am unteren Rücken **(H)** etwa auf Höhe des Kreuzbeins **(I)**.

DIE GLIEDMASSEN

Achten Sie bei den Gliedmaßen zuerst auf die Gelenke. Die Grube unter dem Bizeps **(J)** und der Ellenbogen **(K)** bilden das Ende des Unterarms. eine gedachte Linie auf Höhe des äußeren Handgelenks **(L)** markiert das Ende des Arms. Die Länge der Hand wird vom längsten Finger **(M)** bestimmt. Die Kniescheibe und eine gedachte Linie in der Kniekehle **(N)** begrenzen den Oberschenkel, das Knöchelgelenk und eine gedachte Linie **(O)** begrenzen den Unterschenkel. Achten Sie beim Fuß auf den längsten sichtbaren Zeh **(P)** und die Ferse **(Q)**. Wenn die Figur steht, achten Sie auch auf die Kontaktlinie zum Boden, die der Fußsohle **(R)** entspricht.

Diese Orientierungspunkte helfen beim Zeichnen des Körpers. Um die Orientierungspunkte für den Kopf geht es im folgenden Abschnitt.

Der Kopf

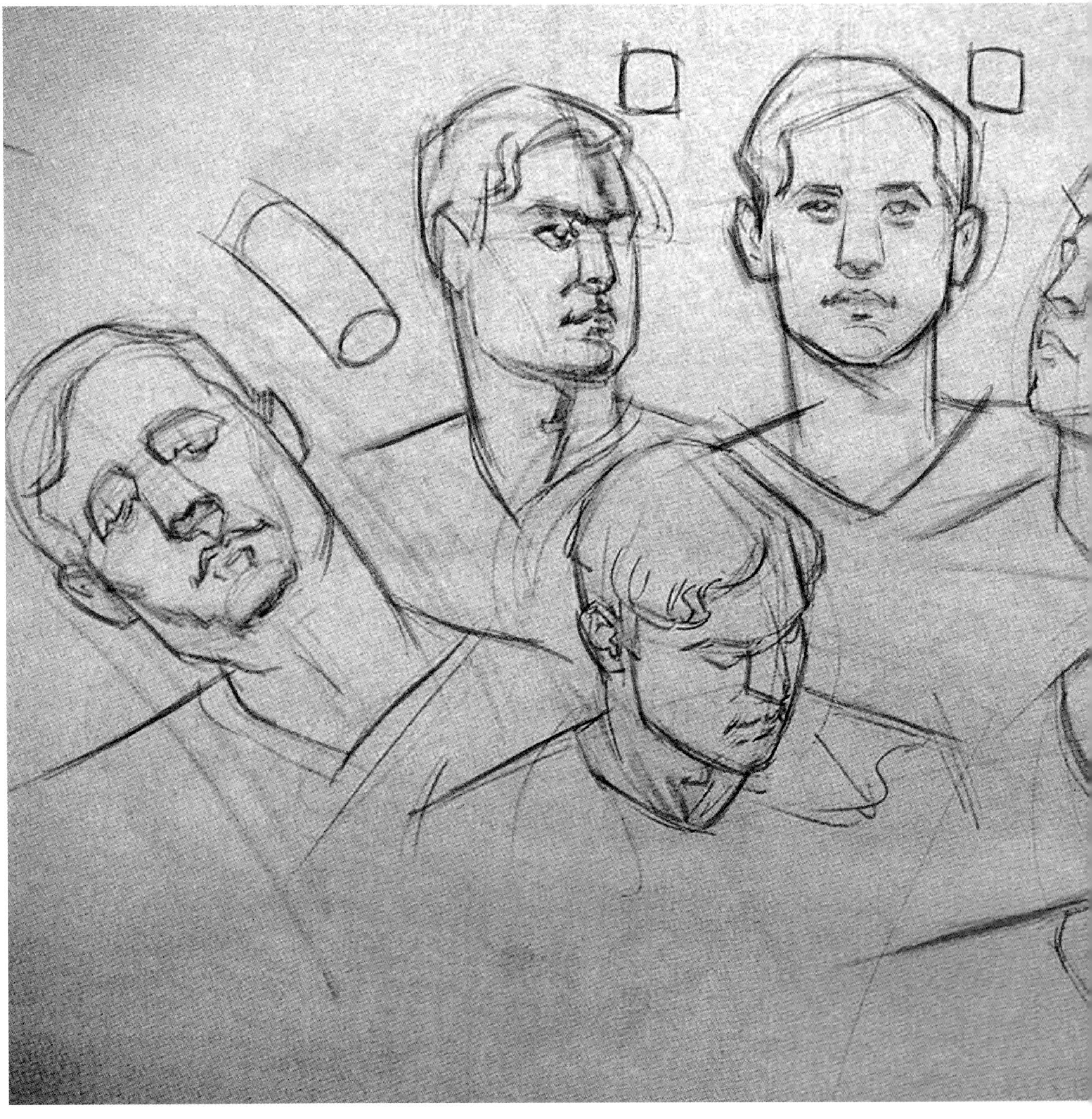

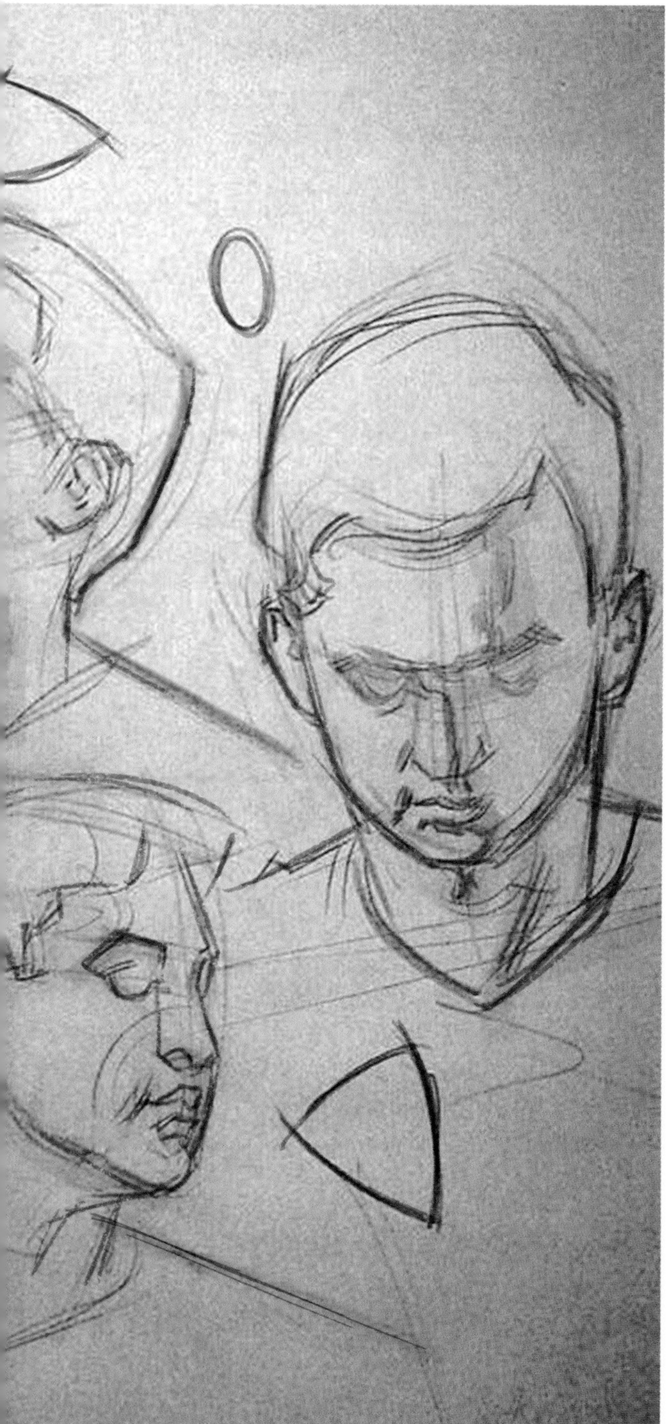

Es ist sinnvoll, eine Figurenzeichnung mit dem Kopf zu beginnen, allerdings ist der Kopf ausgesprochen komplex.

In diesem Buch zeige ich eine Herangehensweise, die sich gut für Zeichnungen in begrenzter Zeit eignet. Auch wenn es bei kurzen Posen meistens nicht möglich (oder sinnvoll) ist, den Kopf detailliert auszuarbeiten, lernen Sie hier Möglichkeiten kennen, um eine Kopfzeichnung zu beginnen.

Es geht also nicht darum, den Kopf detailliert zu zeichnen, sondern ihn nur überzeugend *anzudeuten*. Dabei sollen zwei Ziele verfolgt werden.

Ziel 1: Die Grundzüge des Kopfs, also Größe, Form und Position, sollen aus der Zeichnung klar hervorgehen.

Ziel 2: Die angedeutete Zeichnung enthält genug Information, um mit dem nächsten Schritt der Zeichnung fortzufahren.

Dieser nächste Schritt besteht normalerweise darin, den Rumpf und dann den Rest der Figur zu zeichnen. Wenn Sie allerdings eine Kopfstudie zeichnen, könnte der nächste Schritt auch die Ausarbeitung von Details, Licht und Schatten sein.

Zuerst ist es aber wichtig, genau hinzuschauen und den Kopf des Modells richtig zu beobachten und zu interpretieren.

TEIL 1: HINSCHAUEN

Nehmen Sie sich zuerst einen Moment Zeit, um genau hinzuschauen. Versuchen Sie angesichts der zahlreichen visuellen Informationen, sich auf das Wesentliche zu konzentrieren, vor allem, wenn die Zeit knapp ist. So können Sie später durchdachter zeichnen.

Orientierungspunkte

Wie am Körper gibt es auch am Kopf wichtige Orientierungspunkte, die Sie beachten sollten, um eine glaubwürdige Zeichnung zu Papier zu bringen. Dazu gehören Mittellinie, Augenlinie, Ohren und deren Höhe, Unterkante der Nase und Haaransatz.

Die Abbildung gegenüber zeigt die Orientierungspunkte aus verschiedenen Blickwinkeln. Achten Sie auch auf die gedachten Linien, die durch das Gesicht verlaufen: die senkrechte Mittellinie **(A)** und die waagerechte Augenlinie **(B)**. Diese Linien sind hilfreich, wenn Sie die Position des Kopfs zeichnen, also den Grad einer Drehung nach rechts oder links oder auch seine Neigung aufwärts oder abwärts. Die Mittellinie brauchen Sie zur Platzierung der Gesichtszüge. Die Augenlinie hilft, eine Neigung des Kopfs zu definieren, und sie führt zu den Ohren, die ebenfalls einen wichtigen Orientierungspunkt darstellen.

Achten Sie außerdem auf den Haaransatz **(C)**, der sich oberhalb des Gesichts befindet, und auf die Spitze des Kinns **(D)** am unteren Ende des Gesichts. Die Position der Augen wird definiert durch die Brauenlinie **(E)**, also den Knochen am oberen Rand der Augenhöhle. Konzentrieren Sie sich beim Hinschauen und Zeichnen stärker auf diesen Knochen und die Augenhöhle als auf die Augenbraue selbst. Die Mitte der Augen und Augenhöhlen **(F)** beginnt an der Brauenlinie und endet am unteren Rand der Augenhöhle, die direkt unter dem Augapfel liegt. Am unteren Rand der Nase **(G)** befinden sich die Nasenlöcher. Diese Linie und die Brauenlinie sind hilfreich, um die Position der Nase festzulegen, vor allem im Profil oder wenn das Modell aufwärts oder abwärts schaut.

Weitere wichtige Orientierungspunkte sind das Ohr und sein Ansatz am Kopf **(H)**. Der obere Ansatz des Ohrs liegt auf Höhe der Augenlinie (waagerechte Mitte). In der Seitenansicht bildet die gedachte Verbindung vom Ansatz des Ohrs zur senkrechten Mitte die Achse, um die sich das Gesicht bei geneigtem Kopf dreht. Wegen seiner Position und Größe ist das Ohr auch hilfreich, um die Proportionen des Kopfs festzulegen, vor allem das Größenverhältnis vom Hinterkopf zum Gesicht.

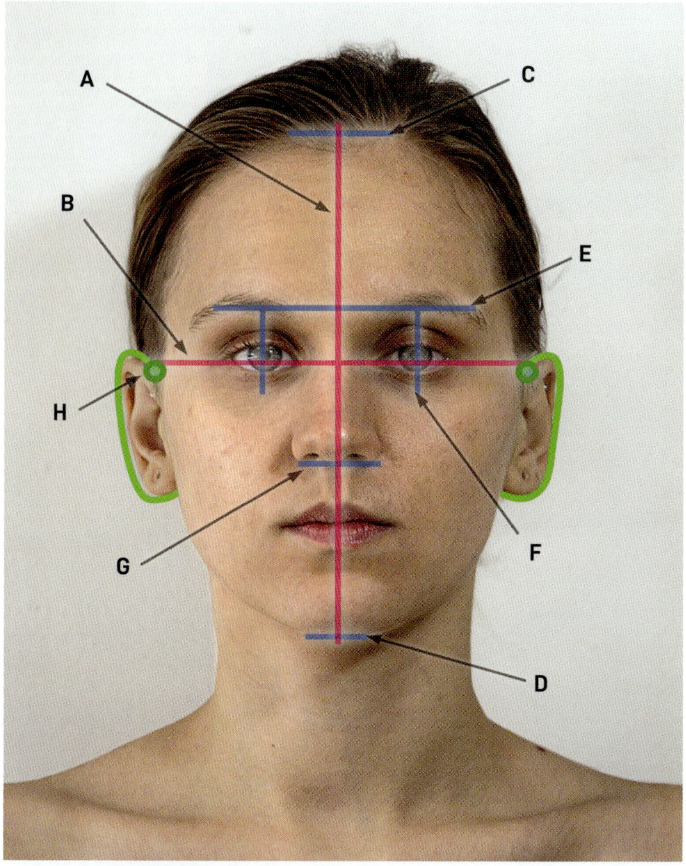
A
C
B
E
H
G
F
D

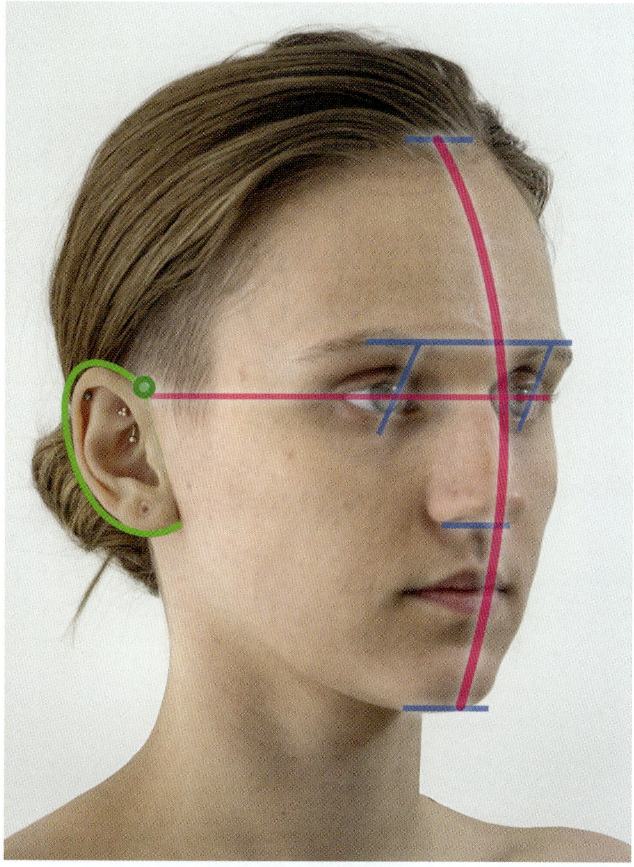

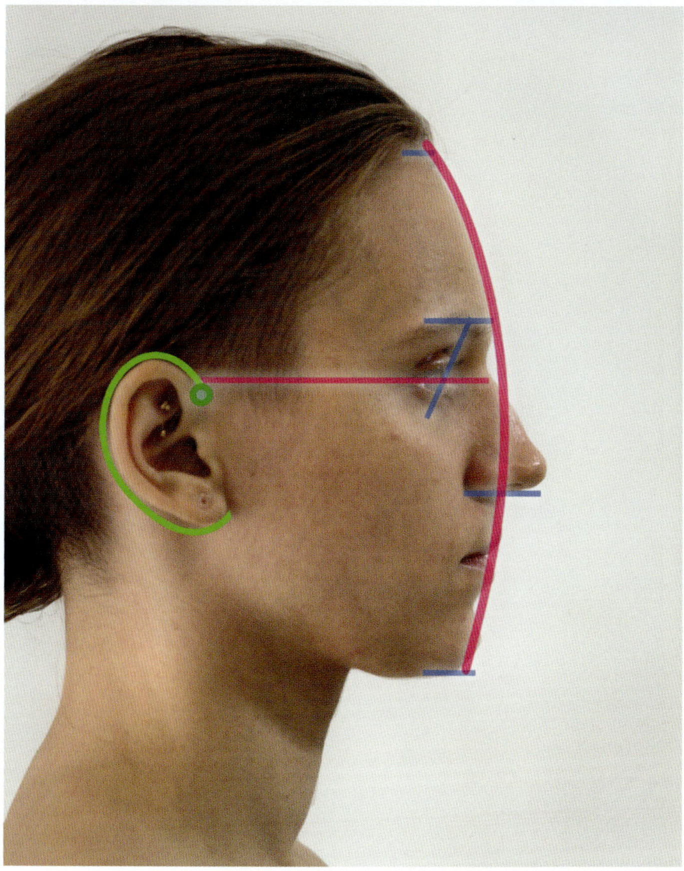

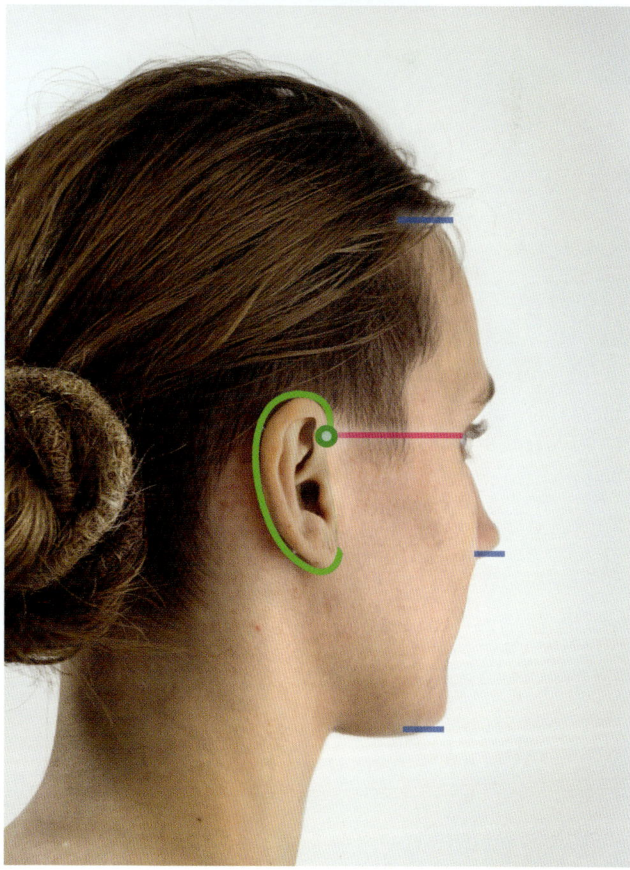

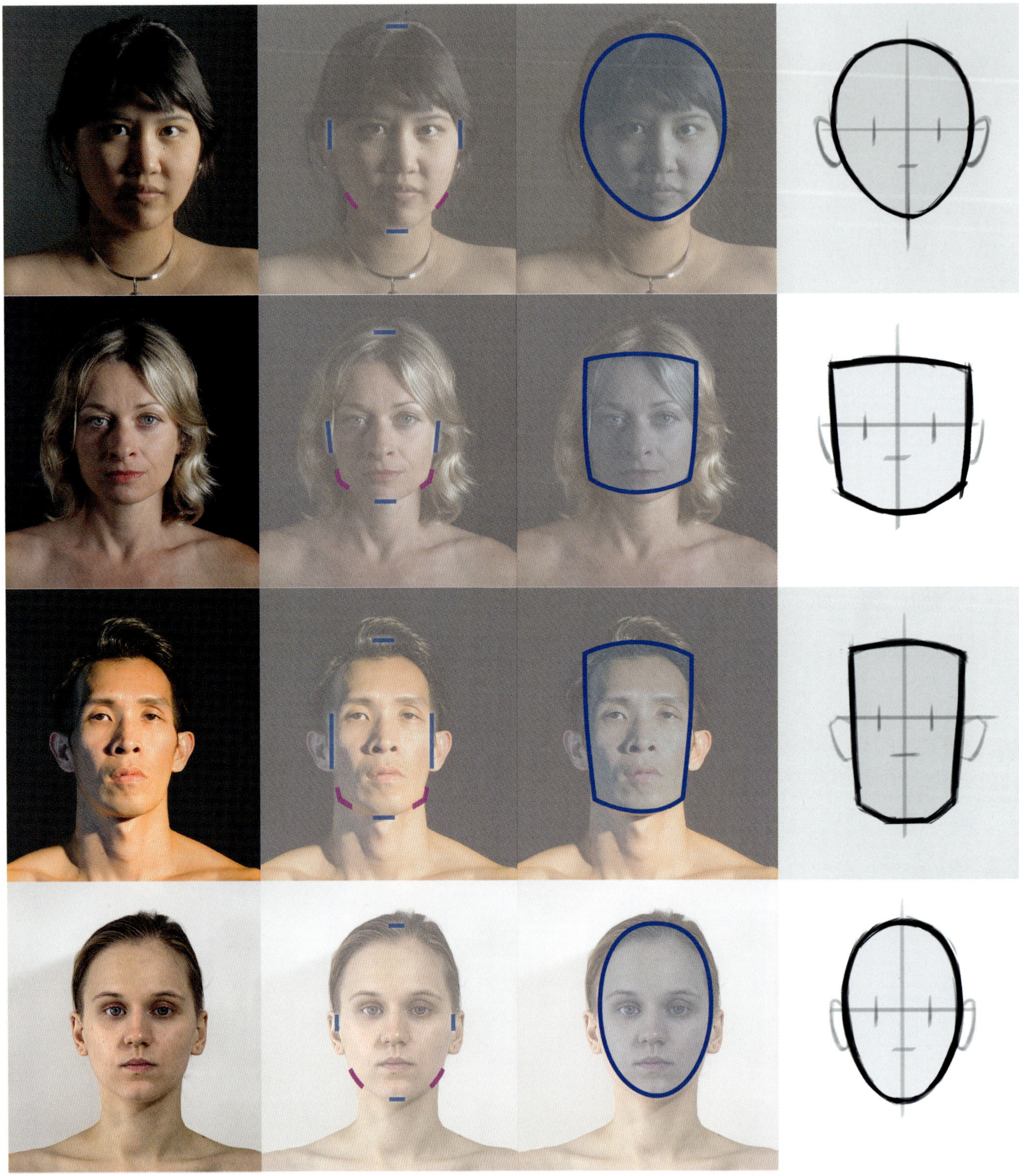

Die Gesichtsform

Um den Kopf zu vereinfachen, betrachten Sie die äußere Form des Kopfes des Modells. Wie bei allen komplexen Formen sollten Sie versuchen, den Kopf als runde, ovale, quadratische, rechteckige oder sogar dreieckige Form zu sehen. Manche dieser Formen sind im Profil oder Halbprofil besser zu erkennen.

Betrachten Sie die Kontur des Gesichts oder des Schädels des Modells. Die wichtigsten Punkte, auf die man achten sollte, sind der obere Teil des Haaransatzes oder des Schädels, falls sichtbar, die Spitze des Kinns und die Seiten des Gesichts oder des Kopfes. Anhand dieser Punkte können Sie die grobe Gesichtsform erkennen.

Wenn das Modell beispielsweise weiche und geschwungene Gesichtszüge hat, bietet sich ein Kreis oder ein Oval an. Wenn das Modell schärfere oder kantige Züge hat, beginnen Sie mit einer kastenförmigen oder rechteckigen Form. Hat das Modell eine markante Kieferkontur, verwenden Sie diese als Ausgangspunkt, um eine Form zu definieren.

Wenn ich mit dem Zeichnen beginne, übertreibe ich oft die Form, mache sie runder, eckiger oder spitzer, breiter, dünner oder länger. Das hilft, die Anfangsstadien der Zeichnung lebendiger zu gestalten und die Charakteristik des Kopfes und des Gesichts des Modells besser zu vermitteln.

Stichwort Haare

Haare (oder Mützen und andere Kopfbedeckungen) sollten Sie möglichst auf geometrische Formen reduzieren. Achten Sie wie beim Gesicht auf die äußere Kontur, vor allem auf die Wechsel der Richtungen und Ecken, um die Form zu definieren. Wenn Sie beginnen, das Haar zu zeichnen, verwenden Sie eine sehr einfache und allgemeine Form. Wenn es die Zeit erlaubt, können Sie einzelne Strähnen deutlicher ausarbeiten.

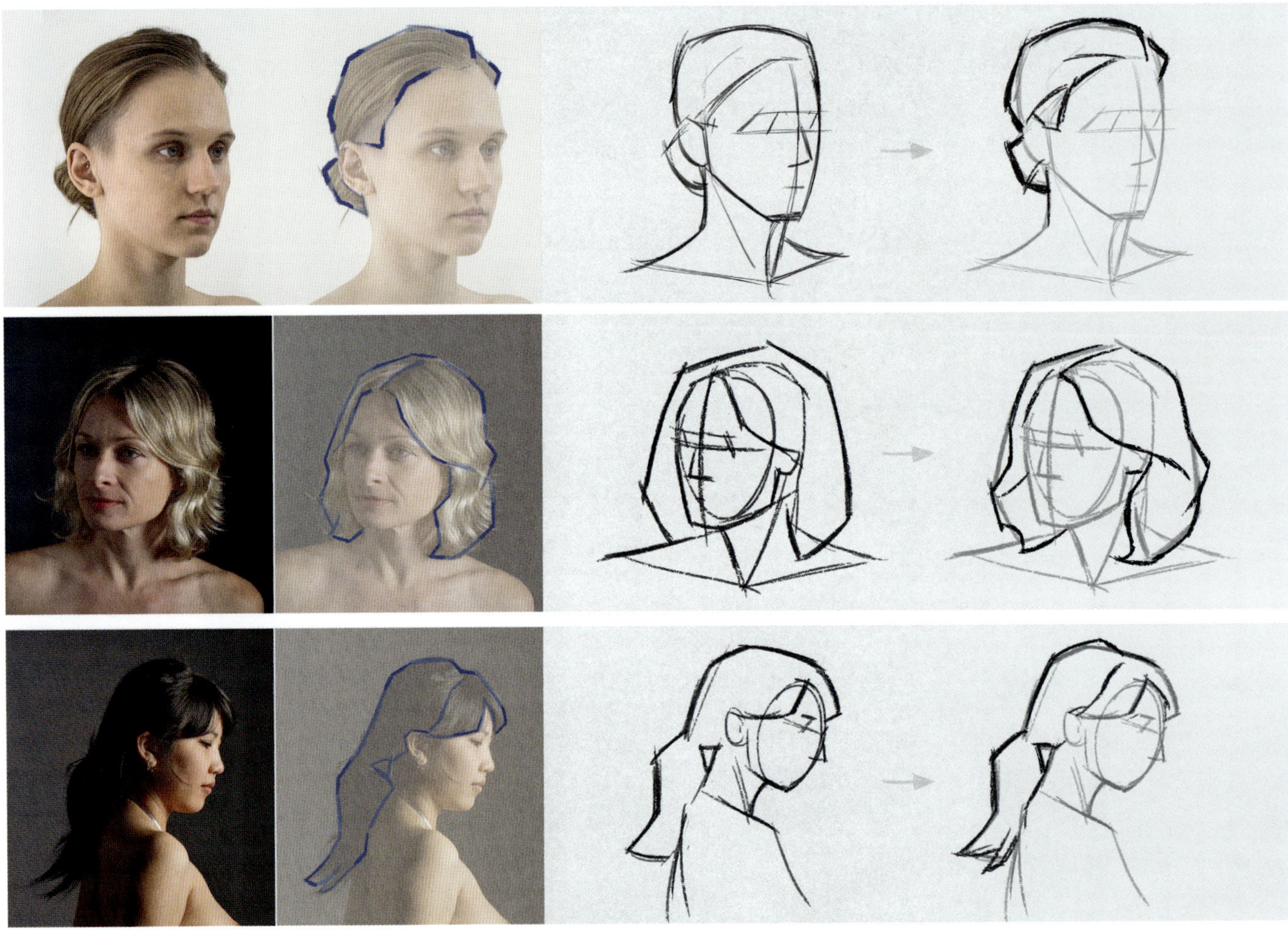

Richtungswechsel helfen, das Haar als einfache Form zu sehen. Wenn ich zeichne, beginne ich mit den großen Formen und füge dann kleinere Strähnen nachträglich hinzu, wenn es die Zeit erlaubt.

Anfänger neigen oft dazu, einzelne Haare zeichnen zu wollen. Das ist zeitraubend und sieht selten überzeugend aus. Mit etwas Übung werden Sie aber lernen, die groben Formen der Haarmasse zu erkennen. In diesem Buch finden Sie viele Beispiele, an denen Sie die Vereinfachung der Haare studieren und zu Übungszwecken auch kopieren können.

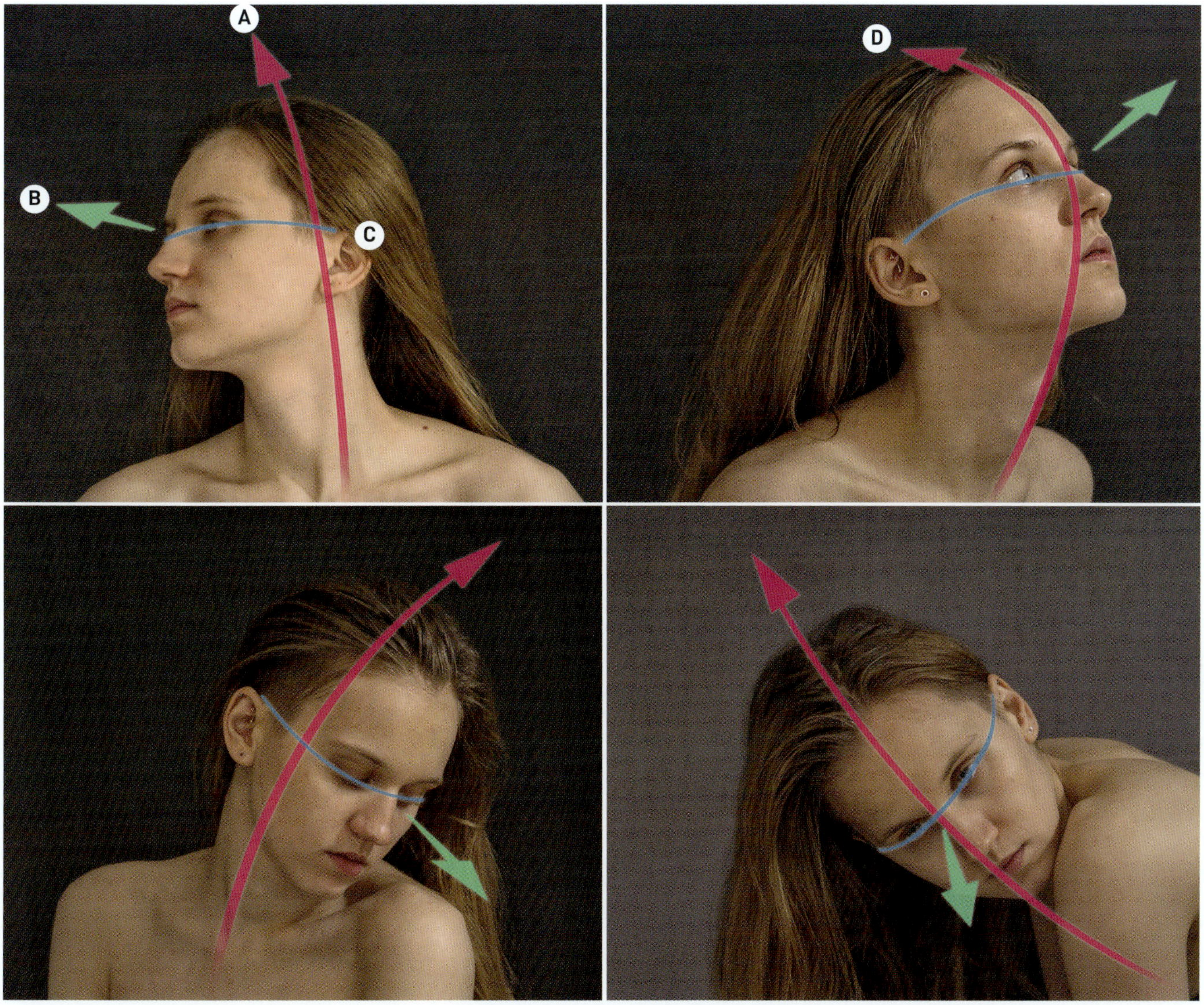

Bewegung des Körpers setzt sich bis in den Kopf fort (A). Um Bewegung zu erkennen, achte ich auf die Mittellinie des Halses (D). Blickrichtung (B) und Augenlinie (C) sind wichtig, um den Grad der Drehung festzulegen.

Bewegung des Kopfs

Ein anderer wichtiger Aspekt ist die Bewegung, denn sie macht eine Zeichnung erst lebendig. Es gilt, genau auf die Bewegungslinie zu achten, die sich bis in den Kopf hinein fortsetzt. Stellen Sie sich also zuerst die Frage, was der Kopf tut. Und es gibt noch weitere Fragen, mit denen Sie sich beschäftigen sollten.

Wie viel vom Gesicht ist zu sehen? Handelt es sich um ein Profil oder Halbprofil? Schaut die Person nach oben oder nach unten? Achten Sie genau darauf, wie weit der Kopf gedreht oder geneigt ist. Das ist sehr hilfreich, wenn es darum geht, seine Position korrekt zu Papier zu bringen.

Der Hals

Der Hals ist ein wichtiger Körperteil, weil er den Kopf trägt und seine Bewegungen bestimmt. Damit der Übergang vom Hals zum Kopf gelingt, müssen Sie zuerst die anatomischen Orientierungspunkte im Halsbereich kennen und erkennen. Die wichtigsten sind die Mittellinie, der Kopfnicker (Sternocleidomastoideus) und der Trapezmuskel.

Achten Sie zuerst auf die Mittellinie des Halses **(A)**, eine gedachte Linie, die senkrecht in der vorderen und hinteren Mitte des Halses verläuft. Weitere wichtige Strukturen sind die Kopfnicker (Sternocleidomastoideus, **B).** Diese schlauchförmigen Muskeln verlaufen seitlich am Hals. Sie beginnen jeweils am Ohr und enden an der Halsgrube **(C)**. Der große Trapezmuskel **(D)** befindet sich an der Rückseite des Halses und ist in der Rückenansicht auch im Übergangsbereich zur Schulterpartie zu sehen. In der Rückenansicht befindet sich der siebte Halswirbel **(E)** auf der Mittellinie des Halses zwischen den Schultern und den Trapezmuskeln.

Für Einsteiger in das Aktzeichnen ist es weder nötig, die Namen dieser Muskeln auswendig zu lernen noch sich Expertenwissen in der Anatomie anzueignen. Wichtig ist, dass Sie lernen, diese Strukturen zu sehen und zu beobachten, wie sie den Kopf und den Rumpf verbinden. Wenn diese Verbindungen korrekt ausgeführt sind, wird Ihnen das Zeichnen der restlichen Figur wesentlich leichter von der Hand gehen.

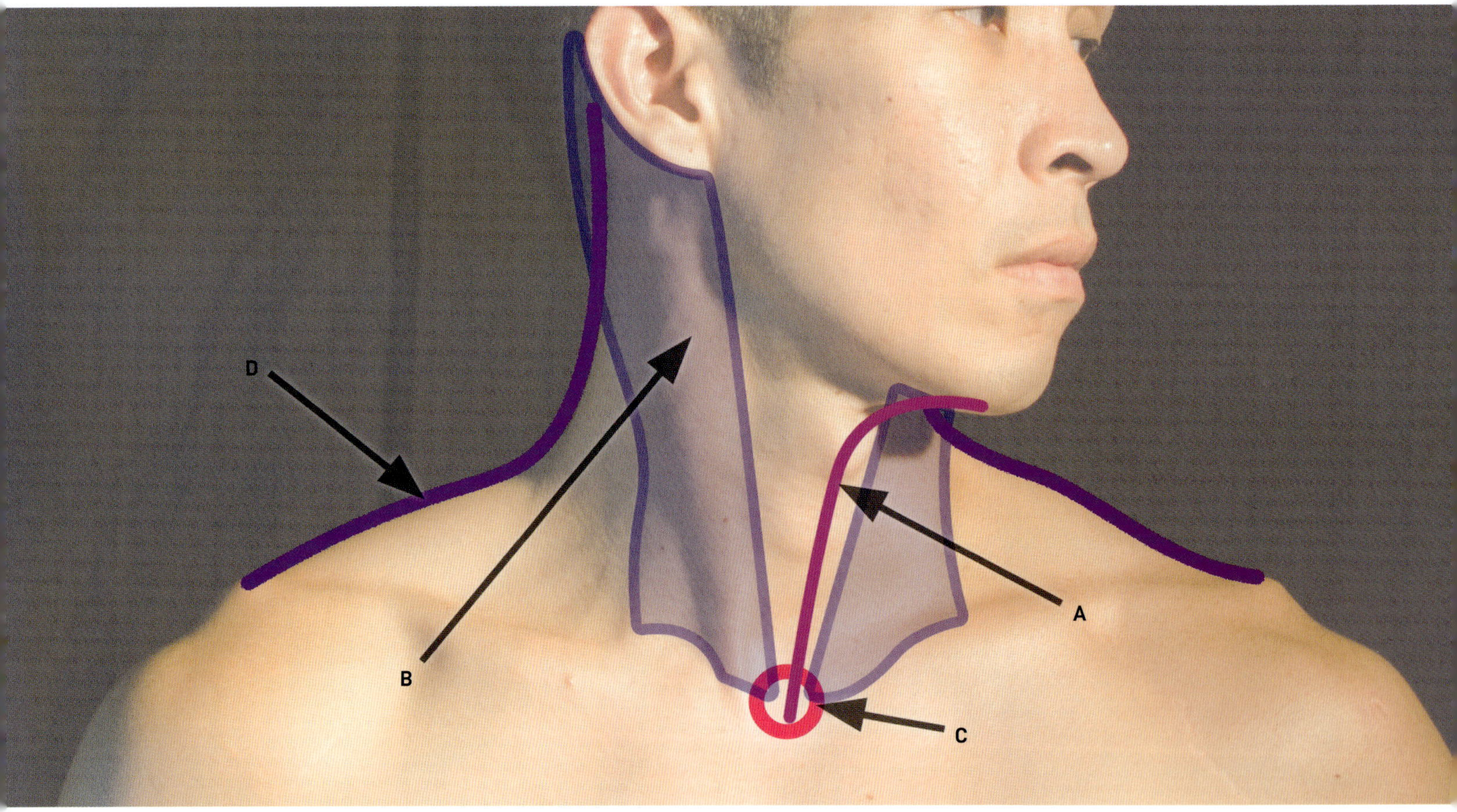

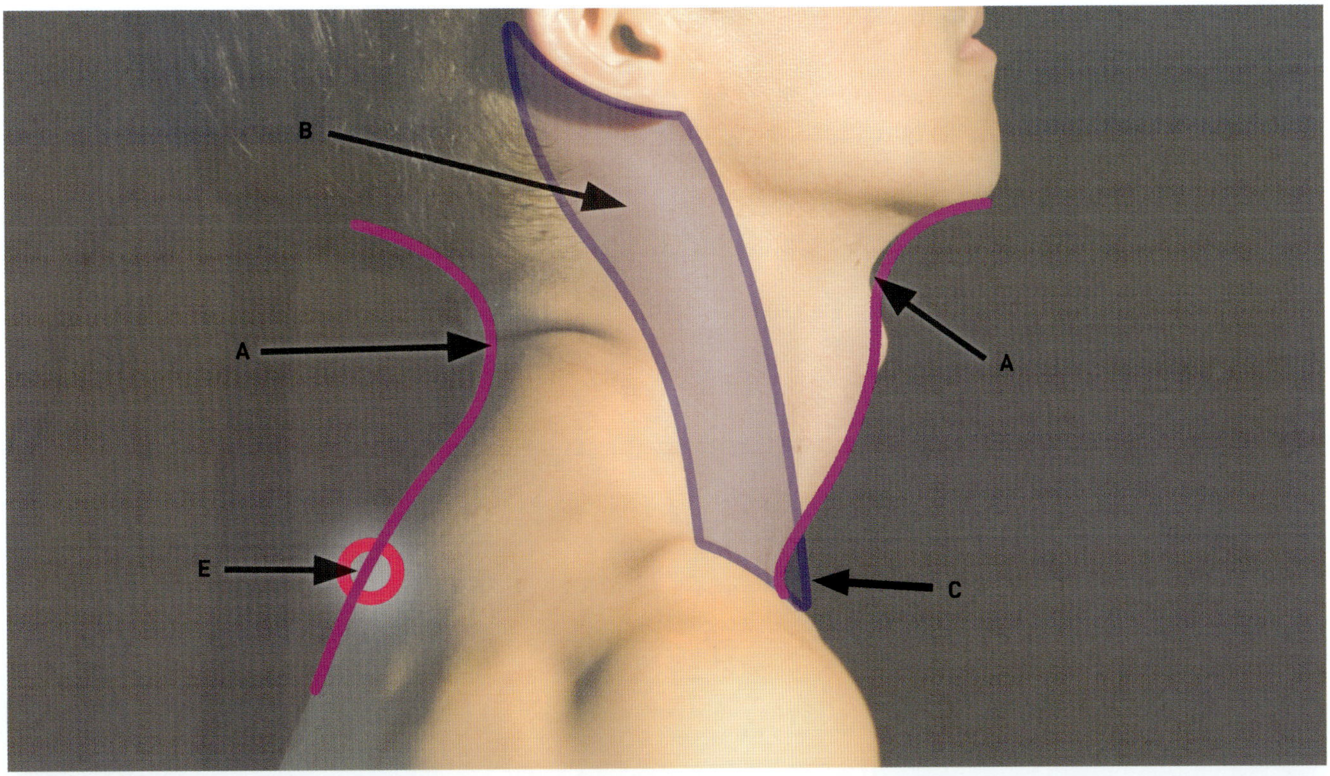
B
A
A
E
C

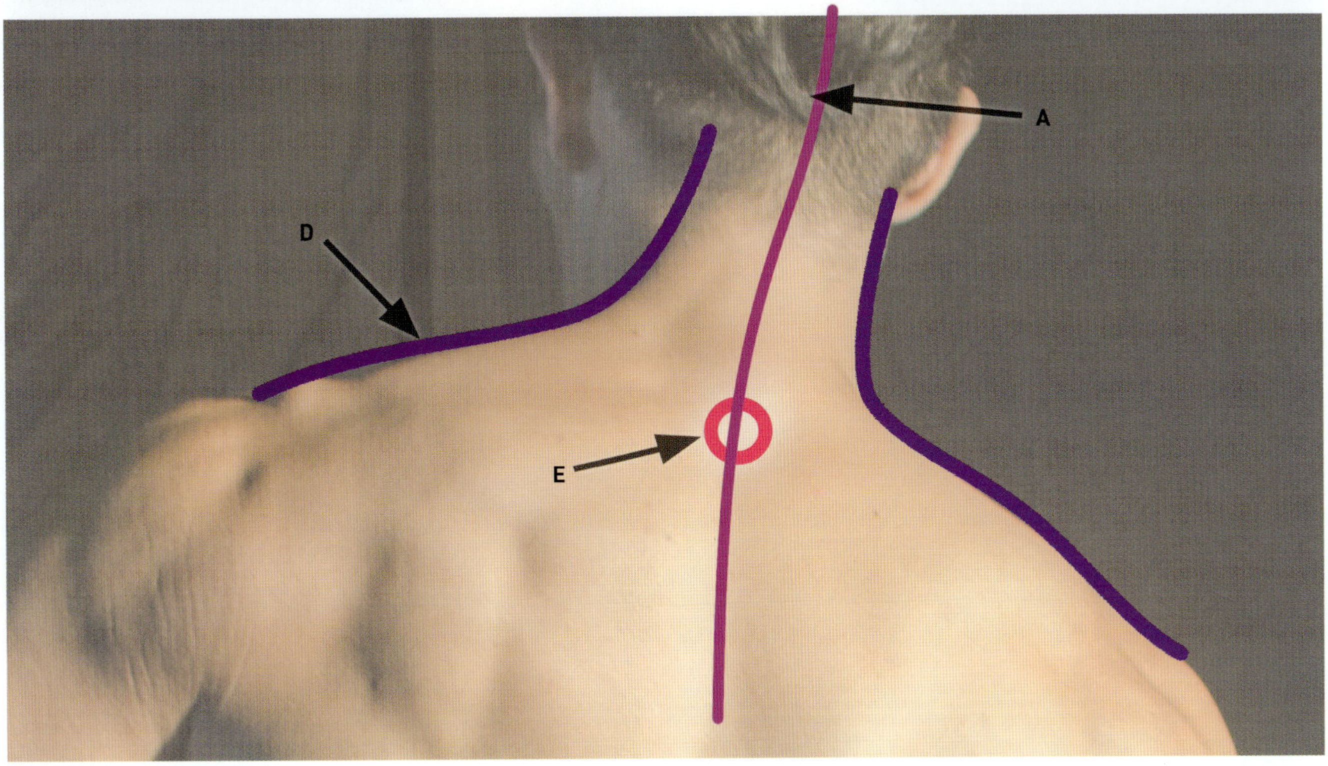
A
D
E

TEIL 2: DEN KOPF ZEICHNEN

Der Kopf ist gar nicht so schwer zu zeichnen, wenn Sie ihn und seine Bewegung vorher genau beobachten. Wegen der zeitlichen Begrenzung besteht das Ziel nicht darin, den Kopf vollständig auszuarbeiten. Kopf und Gesichtszüge werden nur angedeutet, müssen aber genug visuelle Information liefern, damit der Betrachter seine wesentlichen Charakteristika erkennen kann.

Wie immer arbeiten Sie vom Einfachen zum Komplexen, vom Strich zur Form, von der Geste zur Struktur. Diesen Ablauf erläutere ich hier an Beispielen von Köpfen in verschiedenen Winkeln und Positionen.

Beispiel 1: Frontalansicht, Mann

Beobachtung
Zuerst auf die gedachten Linien achten, also die Mittellinie (senkrecht) und die Augenlinie (waagerecht). Außerdem den Oberkopf, den Haaransatz, die Brauenlinie, die Unterkante der Nase und die Spitze des Kinns beachten. Schauen Sie sich danach die Anatomie des Halses an, vor allem Kopfnicker und Trapezmuskel **(A)**. Danach analysieren Sie die Formen, beginnend mit den äußeren Hauptformen von Kopf und Gesicht. Weiter geht es mit untergeordneten Formen wie den Haaren oder Kopfbedeckungen, sofern vorhanden **(B)**.

Zeichnen
Schritt 1: Haltung und Bewegung
Mit einem Oval beginnen, das gestisch mit langen, fließenden Strichen gezeichnet wird. Die Mittellinie einzeichnen. Bei einer Frontalansicht ist sie meist auch die Bewegungslinie des Kopfs.

Schritt 2: Hilfslinien und Gesichtszüge
Die Augenlinie als zweite Hilfslinie einzeichnen. Sie definiert die Position des Kopfs. Die Brauenlinie einfügen und mit einfachen Strichen die Mitte jedes Auges, die Unterkante der Nase und die Kinnspitze andeuten. Die Ohren hinzufügen. Ihr Ansatz befindet sich auf der Augenlinie.

Schritt 3: Formen
Besonders wichtig sind die Hauptformen von Kopf und Gesicht. Hier kommt ein Rechteck der Gesichtsform des Modells am nächsten. Die Haare als vereinfachte Gesamtform einzeichnen.

Schritt 4: Die Schultern verbinden
Beim Übergang zum Rumpf die natürliche Anatomie des Halses beachten. Die beiden Kopfnicker verlaufen von den Ohrläppchen bis zur Halsgrube, die Trapezmuskeln führen zu den Schultern. Von diesen einfachen Strichen ausgehend werden später der Rumpf und der restliche Körper gezeichnet.

Schritt 5: Haare und andere Details
Wenn der Kopf gut erkennbar ist und die Zeit es zulässt, können weitere Details folgen. Die Haare und die Gesichtszüge können weiter ausgearbeitet werden. Im Anfangsstadium einer Zeichnung sind vor allem die Augenhöhlen und die Nase wichtig, danach Augen und Lippen. Sie können außerdem die Wangenknochen einfügen, um den Seiten von Kopf und Gesicht mehr Struktur zu geben.

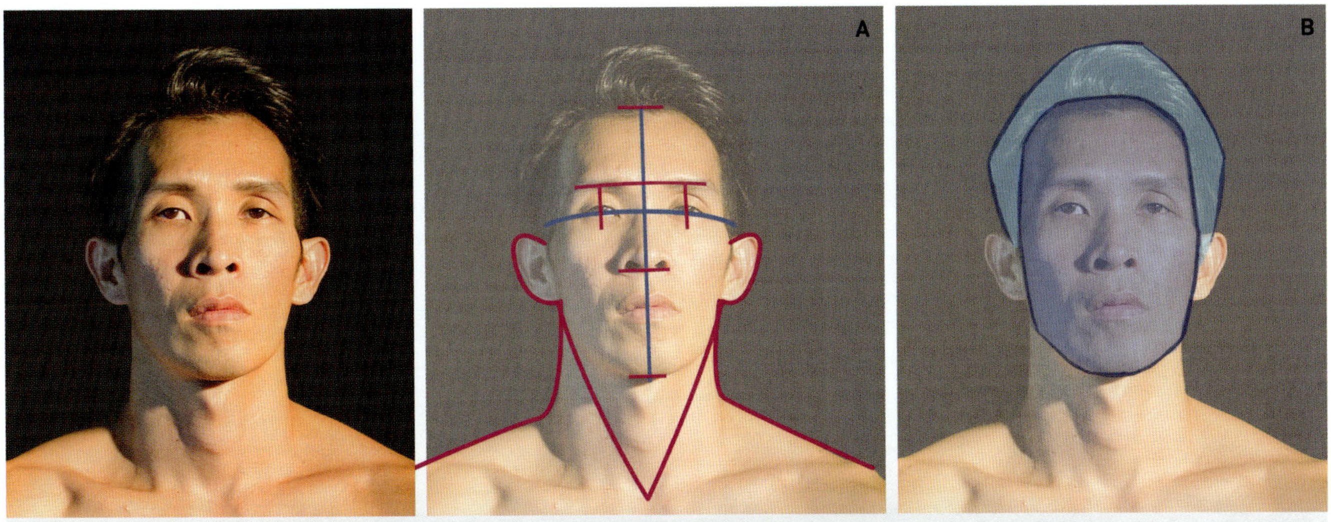
A
B

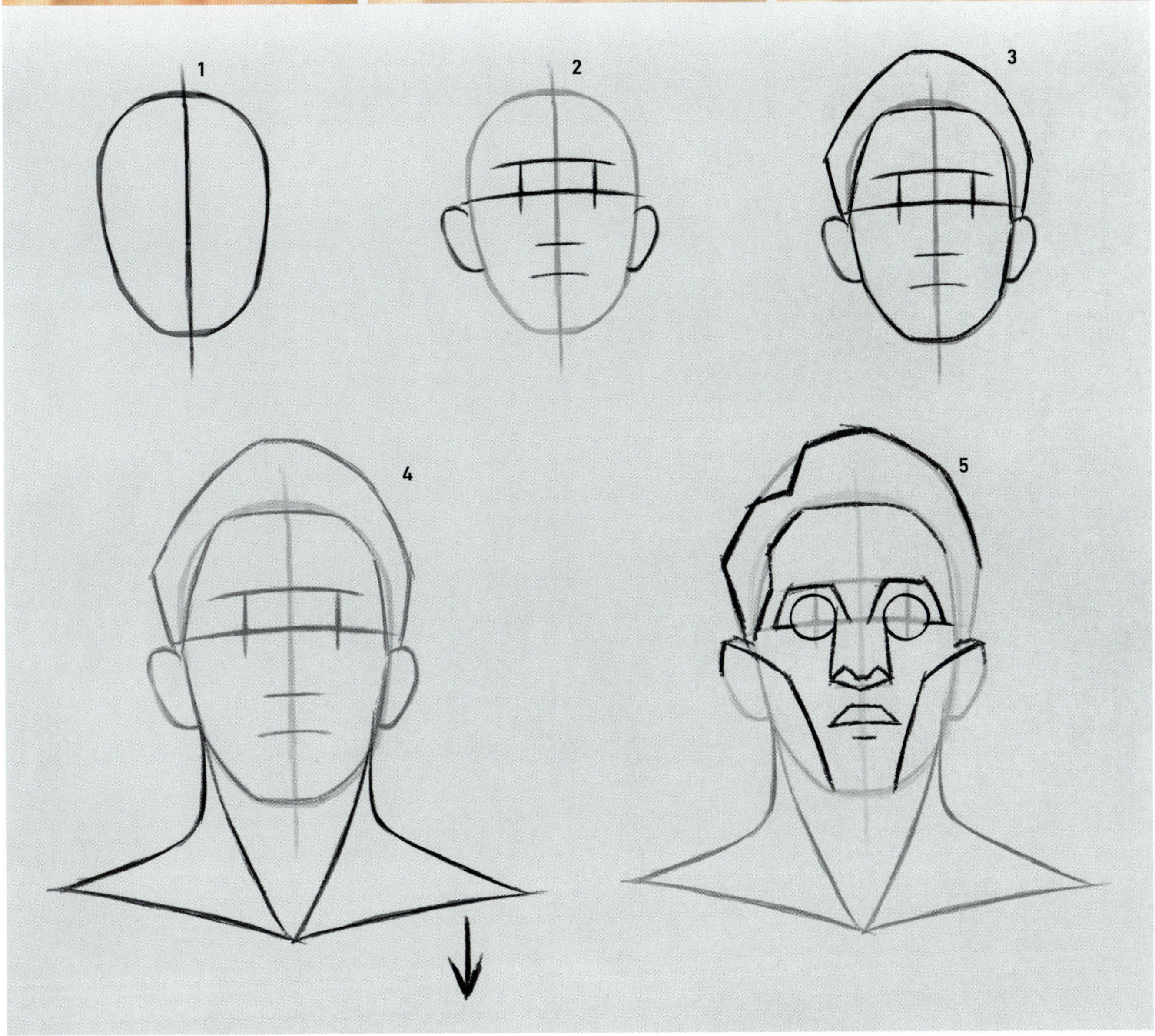
1
2
3
4
5

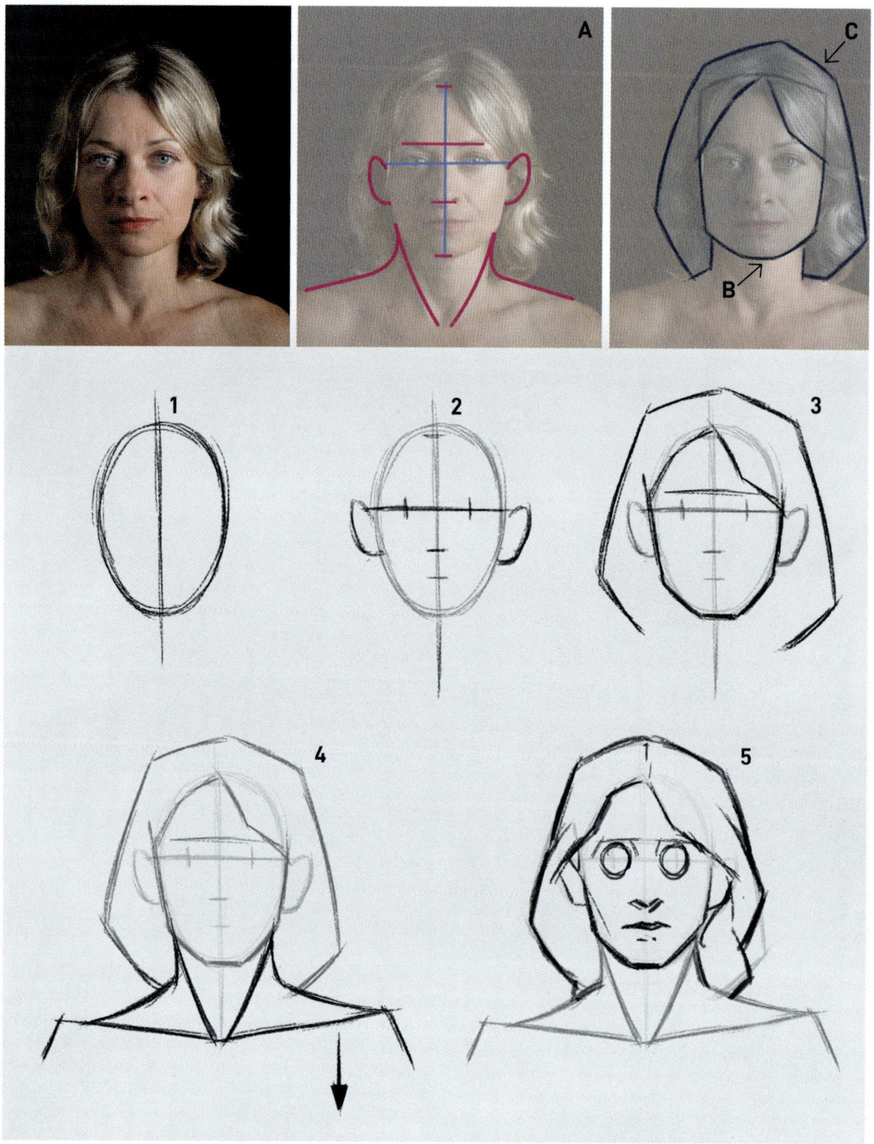

Beispiel 2: Frontalansicht, Frau

Beobachten
Hier gilt die gleiche Herangehensweise. Zuerst auf die wichtigsten anatomischen Orientierungspunkte achten **(A),** dann auf die Formen. Kopf und Gesicht interpretiere ich hier als quadratisch/rechteckig **(B).** Um die Haare zu einer großen, grafischen Form zu vereinfachen, auf Ecken und Richtungswechsel achten **(C)**.

Zeichnen
Mit Umriss und Mittellinie beginnen **(1),** dann die Gesichtszüge andeuten **(2)**. Die Kopfform und die vereinfachte Form der Haare festlegen **(3)**. Den Hals hinzufügen und den Übergang zu Schultern und Rumpf andeuten **(4)**. Wenn die Zeit ausreicht, Details hinzufügen, in diesem Fall Augen, Nase und Mund. Danach die Gesichtsform verfeinern. Zuletzt einige kleinere Formen und Striche in den Haaren einfügen, um die groben Formen von Strähnen anzudeuten **(5)**.

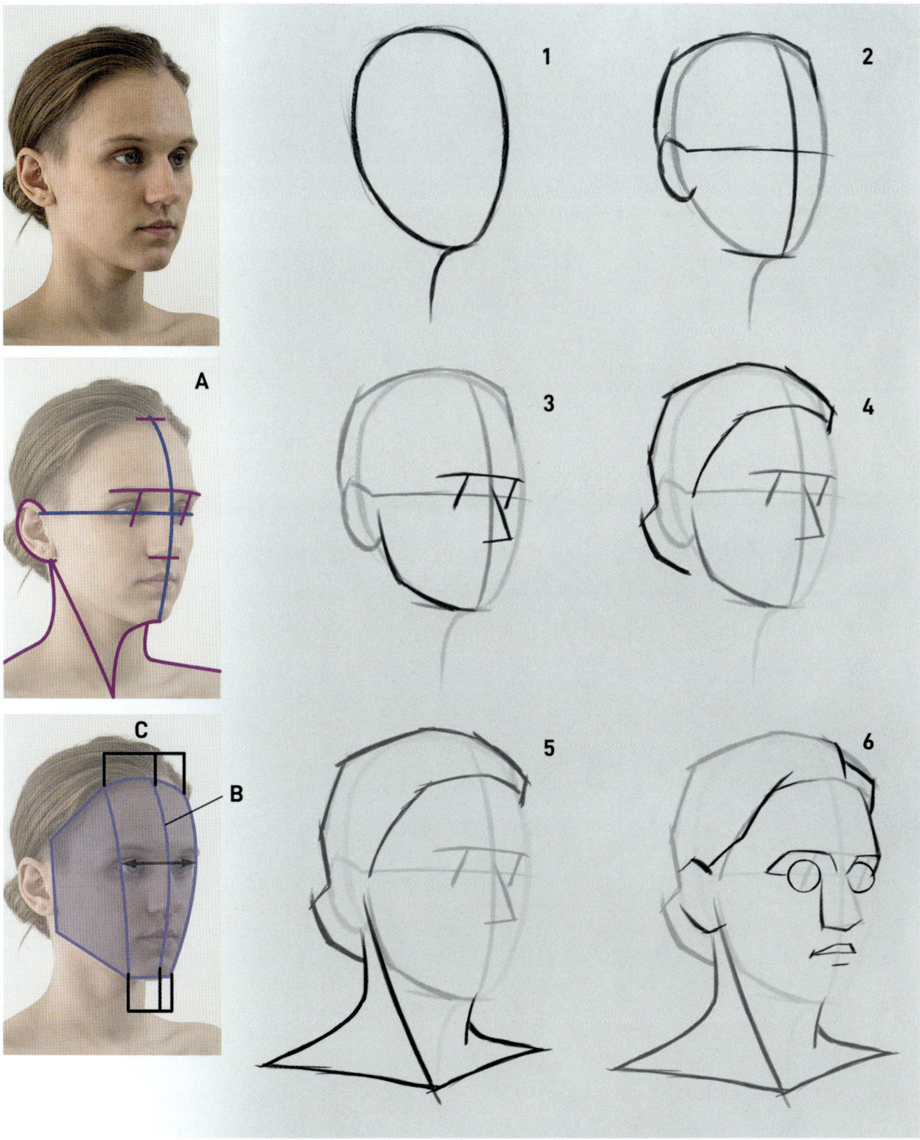

Beispiel 3: Halbprofil, Frau

Beobachtung
Hier ist es wichtig, auf den Grad der Drehung zu achten. Die anatomischen Orientierungspunkte **(A)** studieren und genau wahrnehmen, wie viel vom Gesicht zu sehen ist. Dafür zuerst die Mittellinie **(B)** finden und die Abstände zur rechten und linken Gesichtskontur **(C)** analysieren. Die Größenverhältnisse der Gesichtshälften geben dem Betrachter Auskunft über den Grad der Kopfdrehung.

Zeichnen
Den Umriss skizzieren **(1)** und die Hilfslinien einzeichnen **(2)**. Bei den Gesichtszügen fallen Brauenlinie und Nase stärker ins Auge, wenn der Kopf gedreht ist **(3)**. Die Haare als grobe Gesamtform einzeichnen **(4),** dann den Übergang zu Hals und Schultern **(5)**. Falls noch Zeit bleibt, die Formen verfeinern und weitere Gesichtszüge oder Details einzeichnen **(6)**.

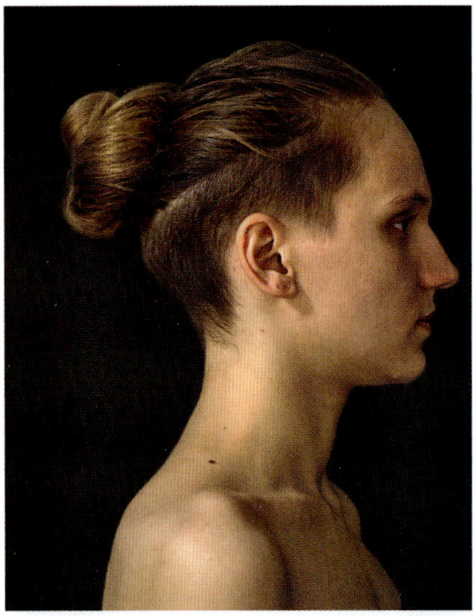

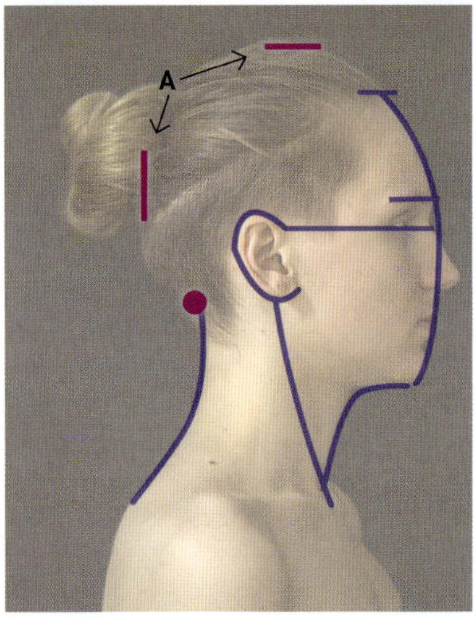
A

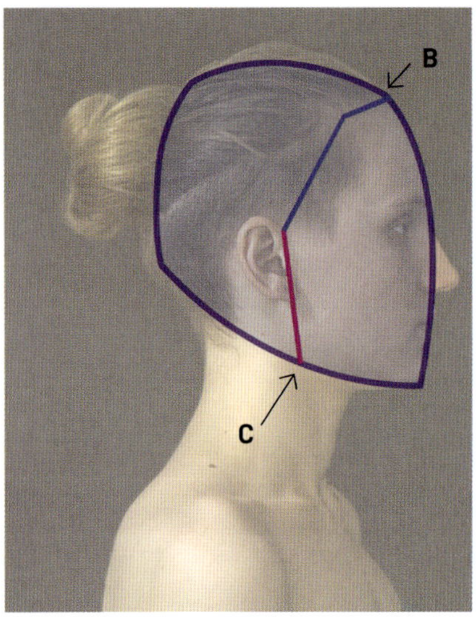
B
C

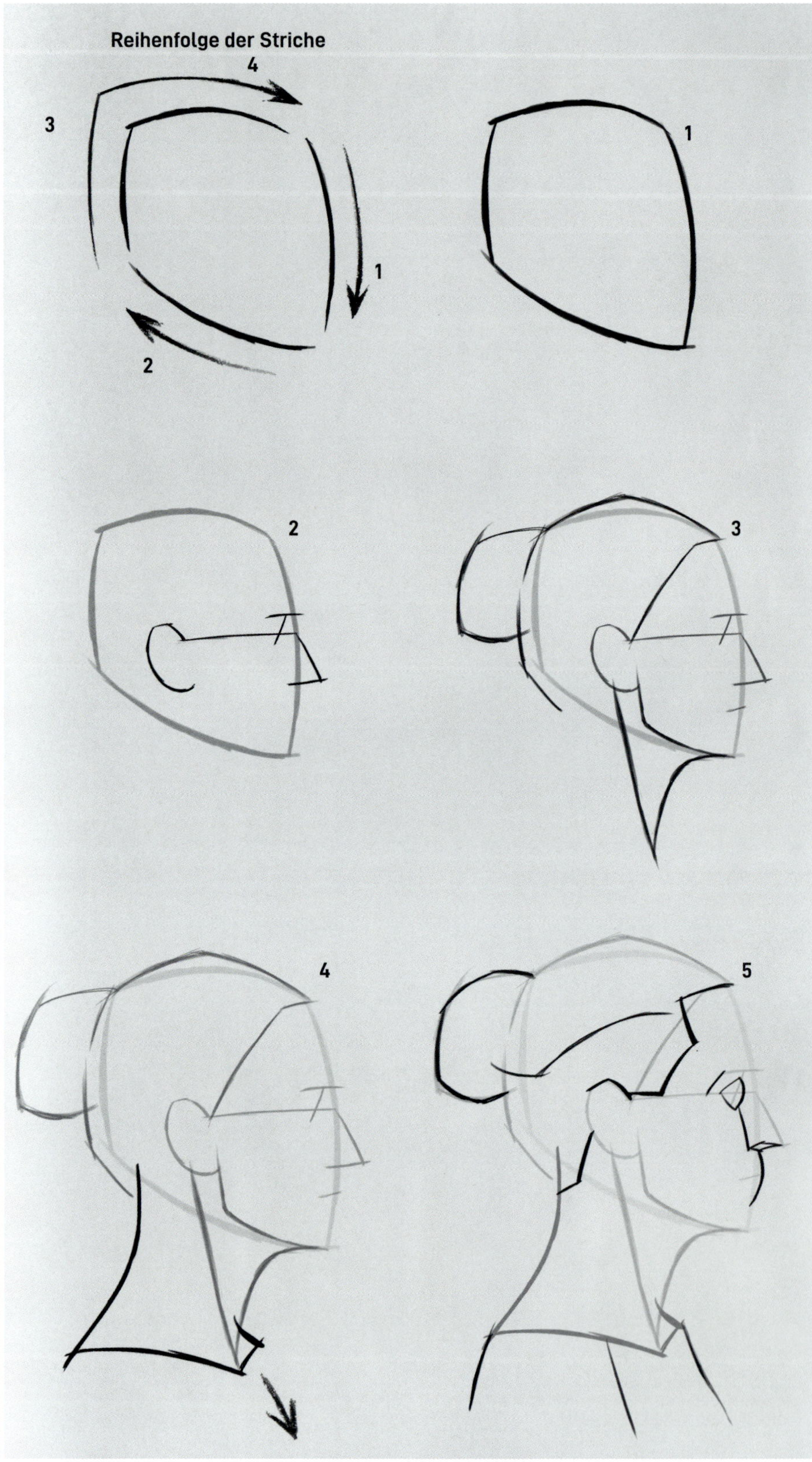
Reihenfolge der Striche
4
3
1
2
1
2
3
4
5

Beispiel 4: Profil, Frau

Im Profil ist die Vorderseite des Gesichts kaum oder gar nicht sichtbar. Normalerweise sind Profile einfacher zu zeichnen, weil sie weniger Gesichtszüge – also weniger visuelle Information – enthalten. Man sieht im Profil die Ohrmuschel und einen größeren Teil des Hinterkopfs, der durch die Form und Masse des Schädels definiert wird. Das Volumen des Hinterkopfs ist mindestens so groß wie das Gesicht. Gerade Anfänger zeichnen den Hinterkopf oft zu klein. Dabei sind die richtigen Proportionen sehr wichtig, um ein überzeugendes Profil zu zeichnen.

Beobachten

Neben anatomischen Orientierungspunkten und Hilfslinien müssen hier auch Ober- und Hinterkopf sowie die Kieferkontur beachtet werden **(A).** Diese Elemente ergeben sich aus der Schädelform. Achten Sie außerdem auf den Haaransatz über dem Gesicht, die Spitze des Kinns und den oberen Kopf **(B)**. Eine gedachte Verbindungslinie vom Kiefer zum Ohr trennt das Gesicht vom Hinterkopf. **(C).**

Zeichnen

In der Seitenansicht können gestische Skizze und Form oft in einem Schritt erledigt werden. Mit der Frontlinie des Gesichts beginnen, dann Kieferlinie, Hinter- und Oberkopf anfügen **(Reihenfolge der Striche),** um ein Viereck aus gekrümmten Strichen zu erhalten **(1)**. Die wichtigsten Gesichtszüge sind Brauenlinie, Auge und Nase. Die Mitte des Auges schräg zeichnen, um anzudeuten, dass die Augenhöhlen tiefer liegen und die Brauenlinie vorspringt. Für die Nase genügt vorerst ein Dreieck **(2)**. Die Kieferlinie und den Haaransatz andeuten, um das Gesicht abzugrenzen. Die vordere Kontur des Halses einzeichnen und den Kopfnicker bis zur Halsgrube hinzufügen **(3)**. Um den Übergang zum Hals abzuschließen, die hintere Kontur und das Schlüsselbein einzeichnen, das die Schultern mit der Halsgrube verbindet **(4)**. Falls die Zeit ausreicht, können noch Details wie Augenhöhlen, Augäpfel und Nase genauer ausgearbeitet werden **(5)**.

Blick nach oben oder unten

Ein Kopf ist schwieriger zu zeichnen, wenn er nach vorn oder hinten geneigt ist, etwa weil das Modell nach oben oder unten schaut, oder weil Zeichner und Modell nicht dieselbe Augenhöhe haben.

In solchen Fällen muss die perspektivische Verkürzung beachtet werden. Der Kopf und die Gesichtszüge erscheinen kleiner, je weiter sie vom Betrachter entfernt sind (Blick nach oben), oder sie erscheinen größer, je näher sie dem Betrachter sind (Blick nach unten).

Das lässt sich meistern, indem man einen Zylinder als Grundform des Kopfs wählt. Die geraden Seitenkonturen des Zylinders lassen sich leicht perspektivisch darstellen, indem man ihren Abstand verjüngt. So entsteht der Eindruck, sie würden wie Fluchtlinien in der Ferne zusammenlaufen. Die Krümmung des Zylinders entspricht der natürlichen Krümmung des Gesichts. Dadurch ist es relativ einfach, die Gesichtszüge einzuzeichnen.

Beispiel 5: Blick nach oben, Mann

Beobachten

Zuerst auf obere und seitliche Konturen des Kopfs und die Kinnlinie achten. Diese Elemente helfen dabei, sich die zylindrische Grundform vorzustellen **(A)**. Die waagerechten Linien, vor allem Augenlinie und Brauenlinie, sind nach oben gekrümmt. Achten Sie auch auf die Krümmungen von Oberkopf, Stirn und Kieferlinie **(B)**. Die Untersichten von Teilen des Gesichts verdeutlichen, dass der Kopf nach hinten geneigt ist. Das gilt für die Augenhöhlen, die Unterseite der Nase, die Ober- und Unterlippe und die Unterseite des Kinns **(C)**.

Zeichnen

Mit einem abgerundeten Rechteck beginnen und die Mittellinie (in diesem Fall auch die Bewegungslinie) einzeichnen **(1)**. Die Augenlinie einfügen und darauf die Augen anzeichnen. Die Unterseite der Nase und die Trennlinie der Lippen hinzufügen und die Ohren andeuten **(2)**. Die Kopfform verfeinern, die Form der Haare einzeichnen. Dann folgt die Struktur des Halses, danach der Übergang zu Schultern und Rumpf **(3)**. Zuletzt die von unten gesehenen Elemente weiter ausarbeiten, vor allem Augenhöhlen, Unterseite der Nase, Lippen und Unterseite des Kinns **(4)**. Falls noch Zeit bleibt, können Kopf und Gesicht weiter ausgearbeitet werden, um den Eindruck des Blicks nach oben zu verstärken.

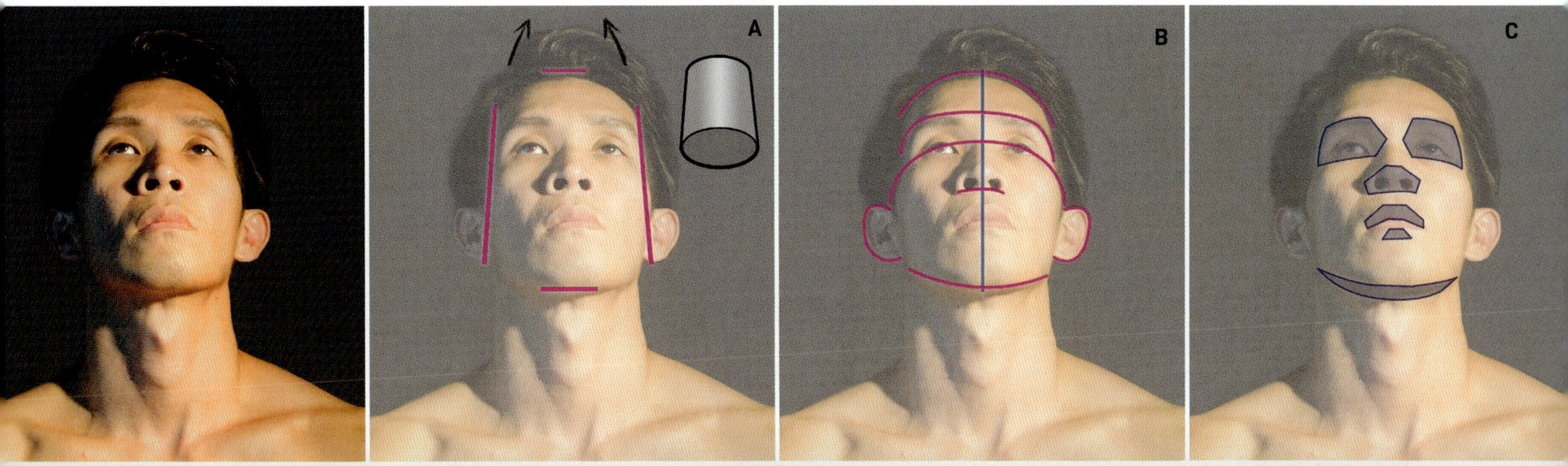
A
B
C

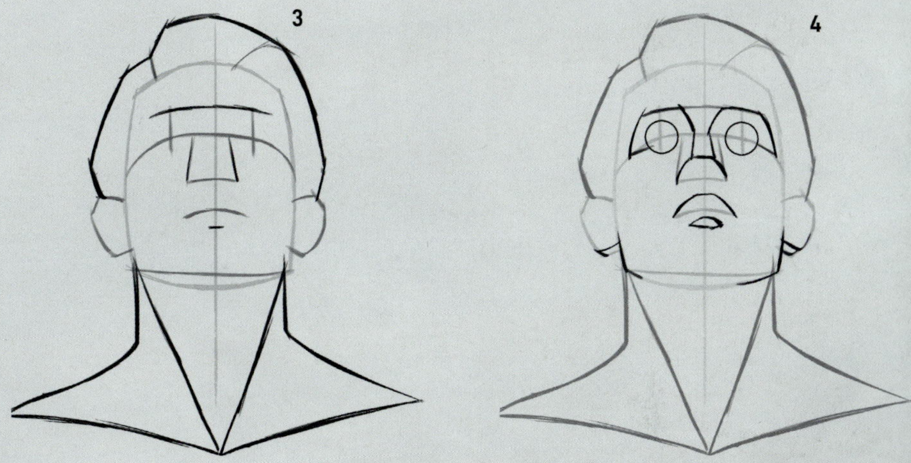
1
2
3
4

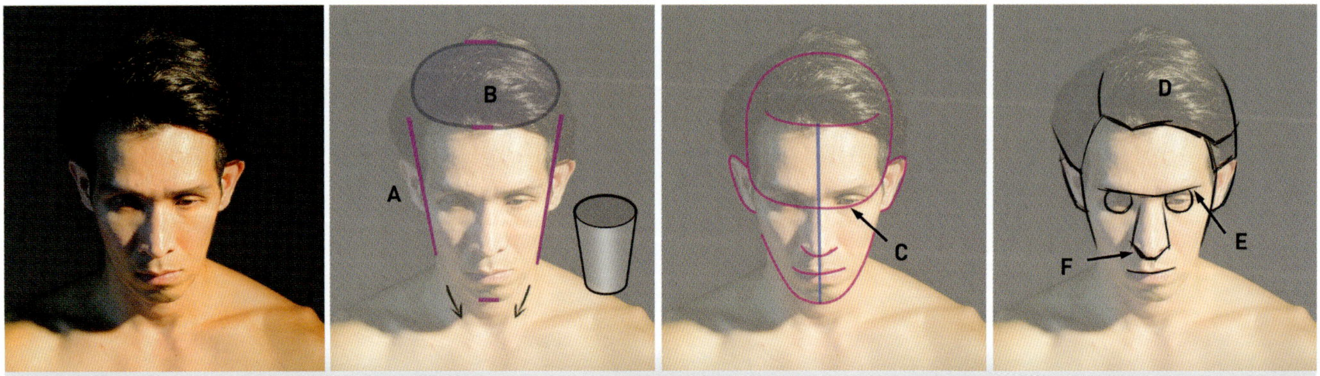

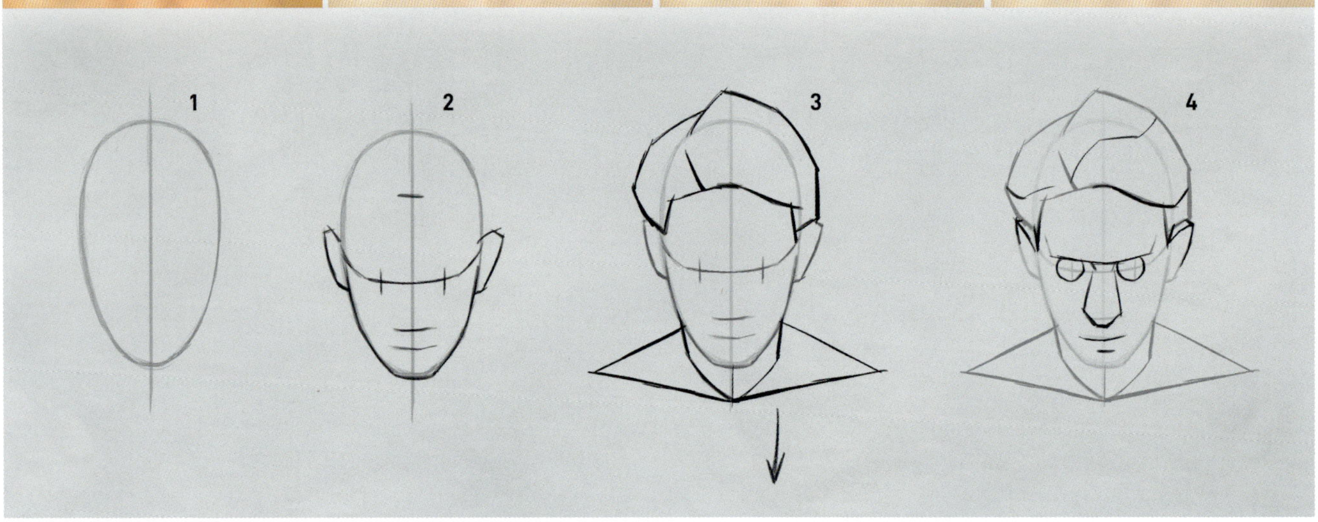

Beispiel 6: Blick nach unten, Mann

Ein nach unten gerichteter Blick kommt beim Zeichnen nach Modell recht häufig vor. Auch hier dient ein Zylinder als Grundform, allerdings verjüngt er sich nach unten und die waagerechten Hilfslinien sind nach unten gekrümmt.

Beobachtung

Wie beim Blick nach oben zuerst auf die Seiten des Kopfs und die untere Kinnkontur achten **(A),** außerdem auf den Haaransatz und den sichtbaren Teil des Hinterkopfs. Diese Punkte helfen, sich den oberen Teil des Zylinders vorzustellen **(B)**. Wichtige anatomische Merkmale sind Augen, Unterseite der Nase, Lippenlinie und Kinnkrümmung. Die Augenlinie ist nach unten gebogen. Sie verläuft durch die Augen bis zu den oberen Ansätzen der Ohren **(C)**. Auch Überlappungen zeigen den nach unten gerichteten Blick.

Die Haare überlappen die Stirn **(D),** der obere Rand der Augenhöhle überlappt die Augen **(E)** und die Nase überlappt den Mund **(F)**.

Zeichnen

Mit einer gekrümmten Form beginnen, die einem Zylinder ähnelt, und die Mittellinie einzeichnen **(1)**. Die Augenlinie hinzufügen. Die Mittelpunkte der Augen, die Unterkante der Nase und die Lippenlinie hinzufügen **(2)**. Die Haare als einfache Form andeuten. Dann den Hals mit seinen Muskeln einfügen und die Schlüsselbeine zeichnen, um einen Übergang zum Rumpf zu schaffen **(3)**. Zuletzt die Überlappungen deutlich einzeichnen, damit der Blick nach unten gut erkennbar wird. Die Augenbrauen überlappen die Augen. Die Nase, für die eine einfache Form genügt, überlappt den Mund. Den Kiefer verfeinern, dann Mund und Lippen genauer zeichnen **(4)**.

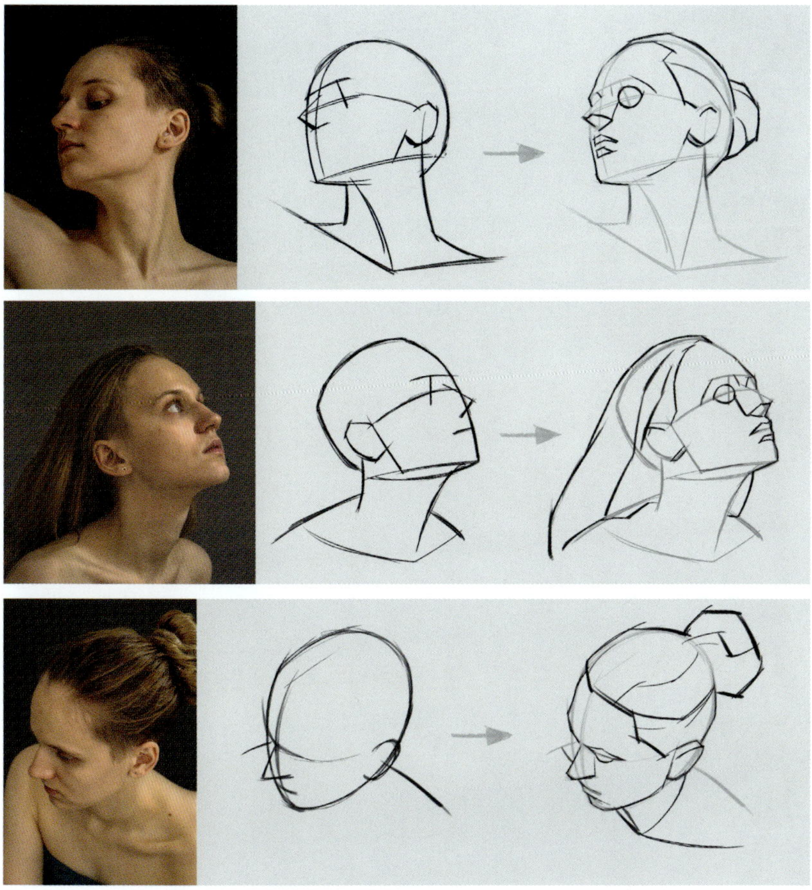

Zuerst muss die Struktur des Kopfs korrekt gezeichnet werden, denn sie bildet die Grundlage für alle weiteren Details.

Beispiel 7: Verschiedene Blickrichtungen

In diesen Beispielen ist der Kopf gedreht und der Blick zusätzlich nach oben oder unten gerichtet, also kommen zwei Herausforderungen zusammen. Betonen Sie beim Blick nach oben die geschwungene Kieferlinie, die der angedeuteten Unterseite der Zylinderform entspricht. Nutzen Sie jede andere untere Ebene, die Sie verwenden können, insbesondere die Augenhöhle, die Unterseite der Nase und die Lippen. Bei einer Ansicht von unten sind oft nur sehr wenige Informationen über das Gesicht erkennbar. Das bedeutet, dass Sie die Formen des Kopfes und der sichtbaren Gesichtszüge sehr genau studieren und zu Papier bringen müssen.

Nutzen Sie alle verfügbaren Überschneidungen, insbesondere die Stirnlinie und die Nase. Versuchen Sie auch, die Haare einzubeziehen, um weitere Überschneidungen zu erzeugen und damit eine bessere Tiefenwirkung zu erzielen.

Sie finden in diesem Buch zahlreiche weitere Beispiele für den Kopf in verschiedenen Winkeln und Haltungen, an denen Sie zuerst Ihre Beobachtungsfähigkeit und anschließend Ihre zeichnerischen Fertigkeiten trainieren können.

Der Rumpf

Nach dem Kopf ist der Torso die nächste große Form, die es zu definieren gilt. Die Arbeitsweise ist dieselbe wie bei jeder anderen Form: von der Geste zur Konstruktion, von der Zwei- zur Dreidimensionalität. Der Rumpf kann sich beugen, bewegen und verdrehen wie ein Arm oder ein Bein. Er besteht aus zwei Strukturelementen – Brustkorb und Becken – und einem flexiblen Bereich dazwischen. Kurz gesagt, beim Zeichnen des Rumpfs können Sie dieselben Prinzipien und Verfahren anwenden wie für alle anderen Körperteile.

DIE DREI ABSCHNITTE

Der Rumpf ist ein komplexes Gebilde. Um ihn zu vereinfachen, wird er in drei Abschnitten gezeichnet: oberer Rumpf, Mittelbereich und Hüftpartie. Diese Aufteilung entspricht der Anatomie: Brustkorb und Schultergürtel, Wirbelsäule und Becken.

Der obere Rumpf beginnt an der Schulterkontur und dem unteren Ende des Halses, und er endet am unteren Rand des Brustkorbs **(A)**.

Der Mittelbereich liegt zwischen dem Brustkorb und dem oberen Rand des Beckens. Vorn sieht man die Bauchmuskulatur **(B),** hinten die unteren Rückenmuskeln **(D)**. Die Hüftpartie beginnt am oberen Rand des Beckens und reicht bis zum Schritt **(C)**. Wenn man den Rumpf in diesen Abschnitten zeichnet, ist es einfacher, die Anatomie richtig zu erfassen, die Formen zu vereinfachen oder Dreh- und Beugebewegungen darzustellen.

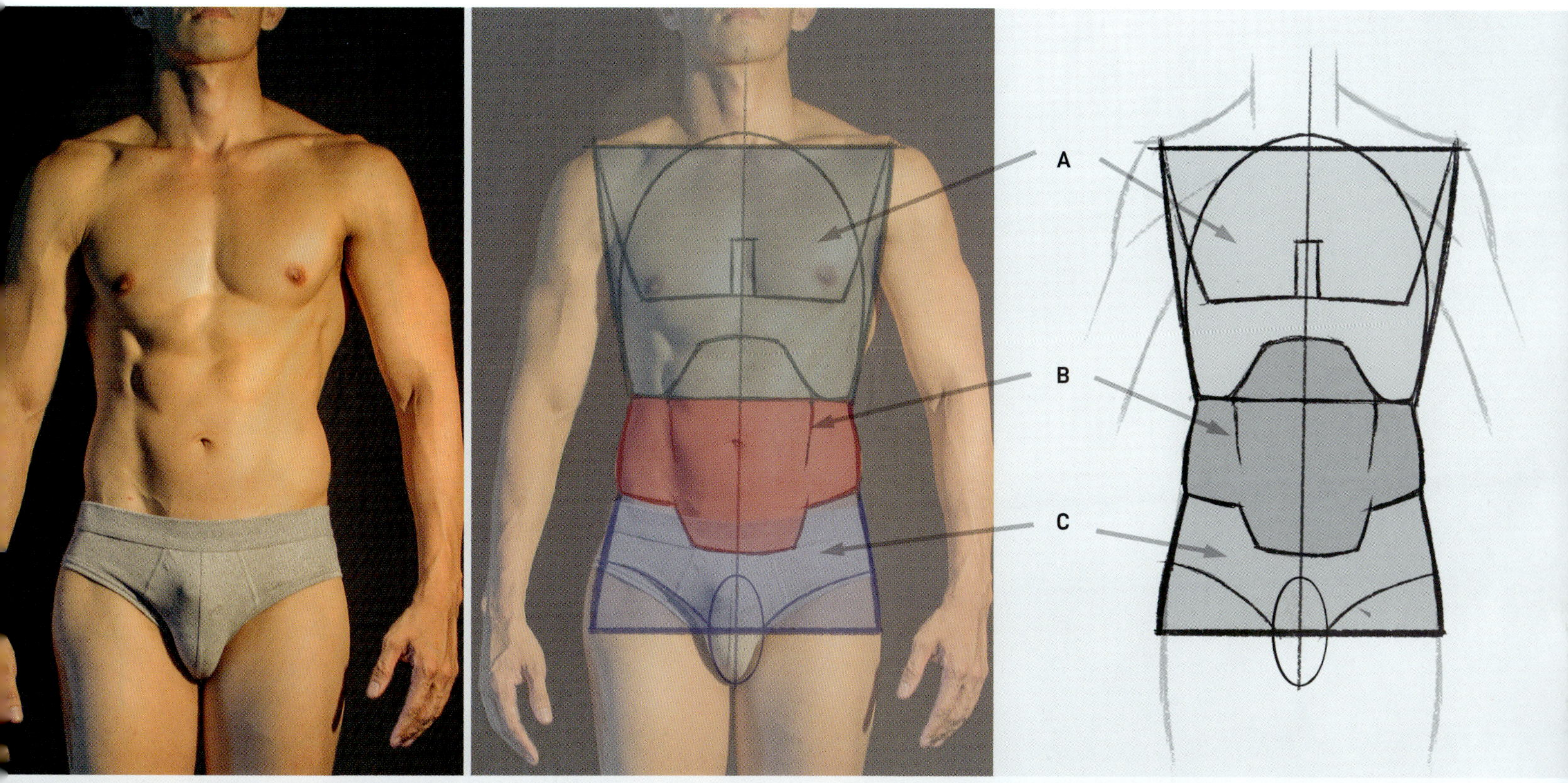
A
B
C

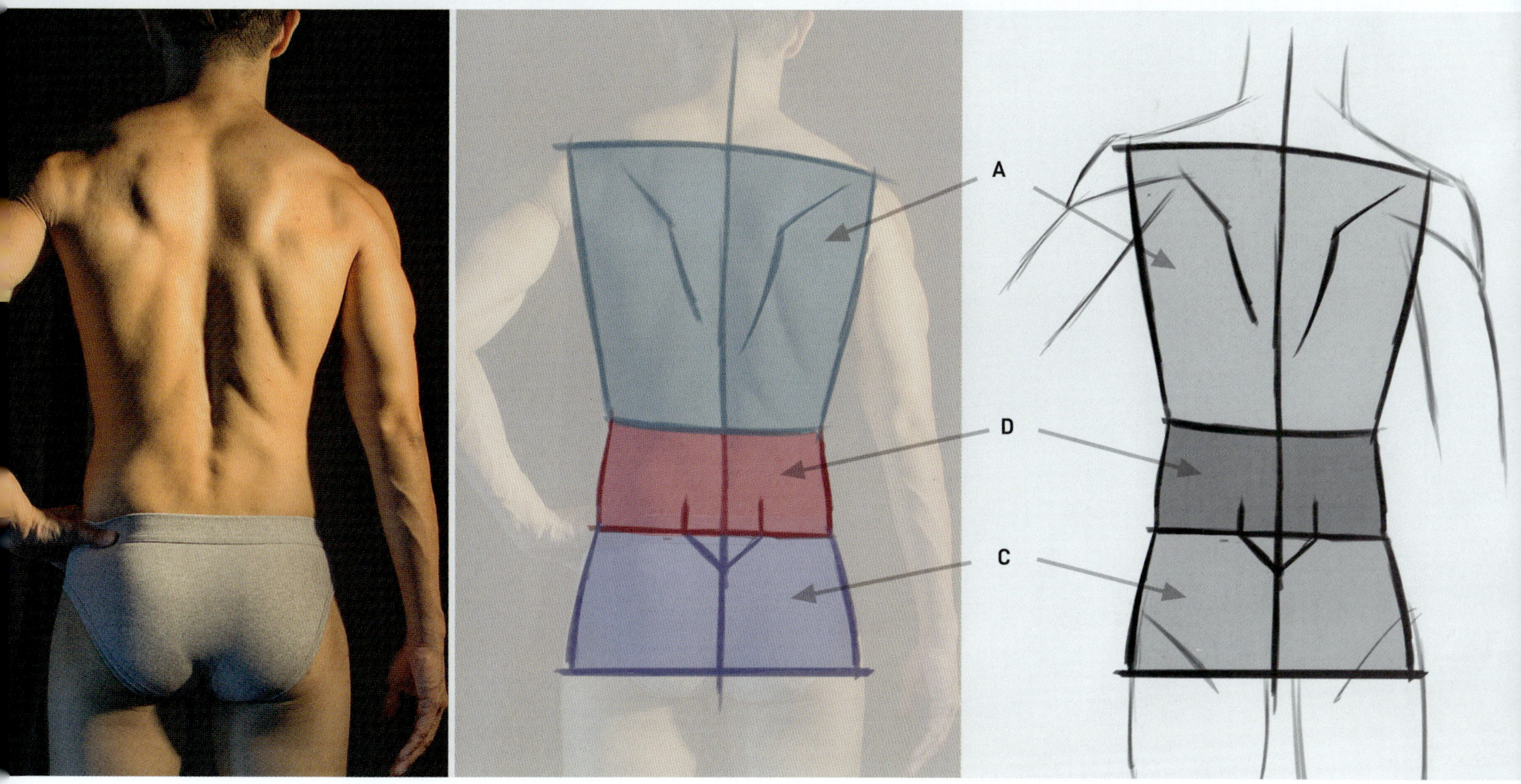
A
D
C

MERKMALE MÄNNLICHER UND WEIBLICHER MODELLE

Männer und Frauen haben unterschiedliche Genitalien, unterscheiden sich aber auch in den Proportionen und im Knochenbau. Bei Männern ist der obere Rumpf breiter als das Becken, bei Frauen hingegen sind die Hüften deutlich breiter.

Beim Zeichnen lassen sich diese Proportionen ganz einfach durch Grundformen darstellen. Weibliche Brüste und männliche Genitalien brauchen nur durch Ovale angedeutet zu werden.

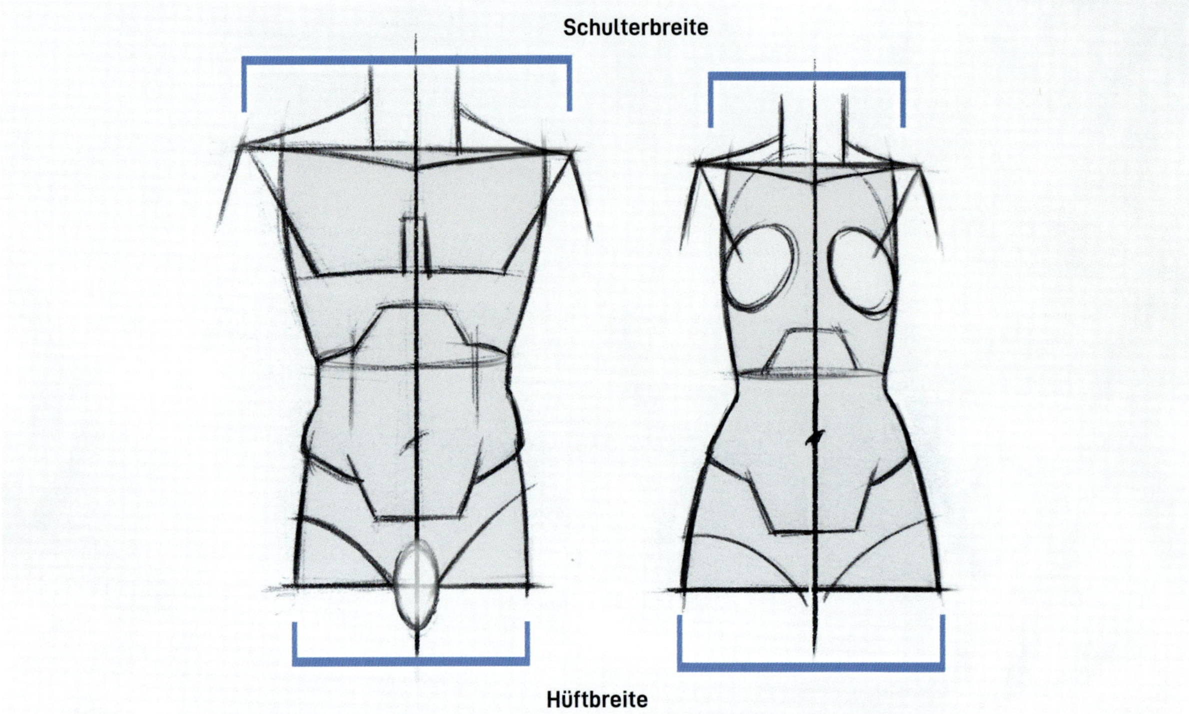

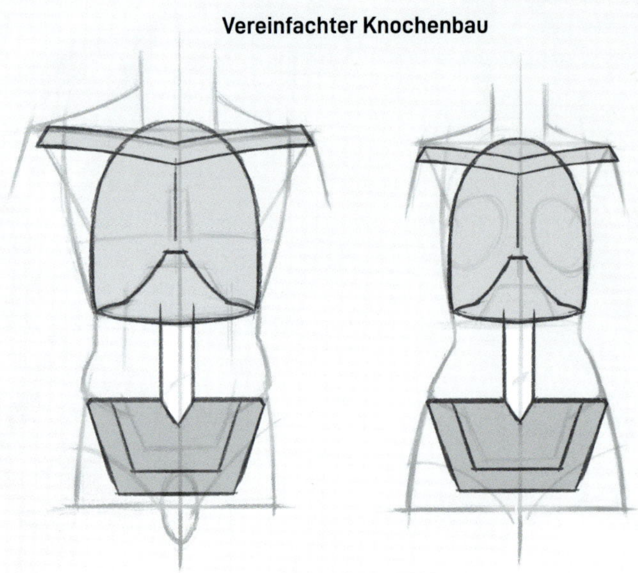

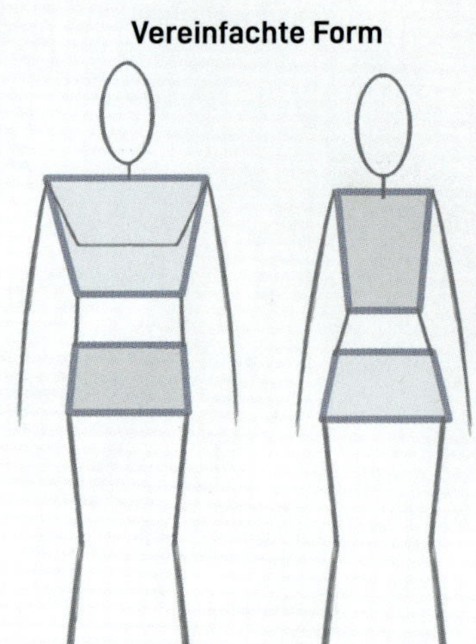

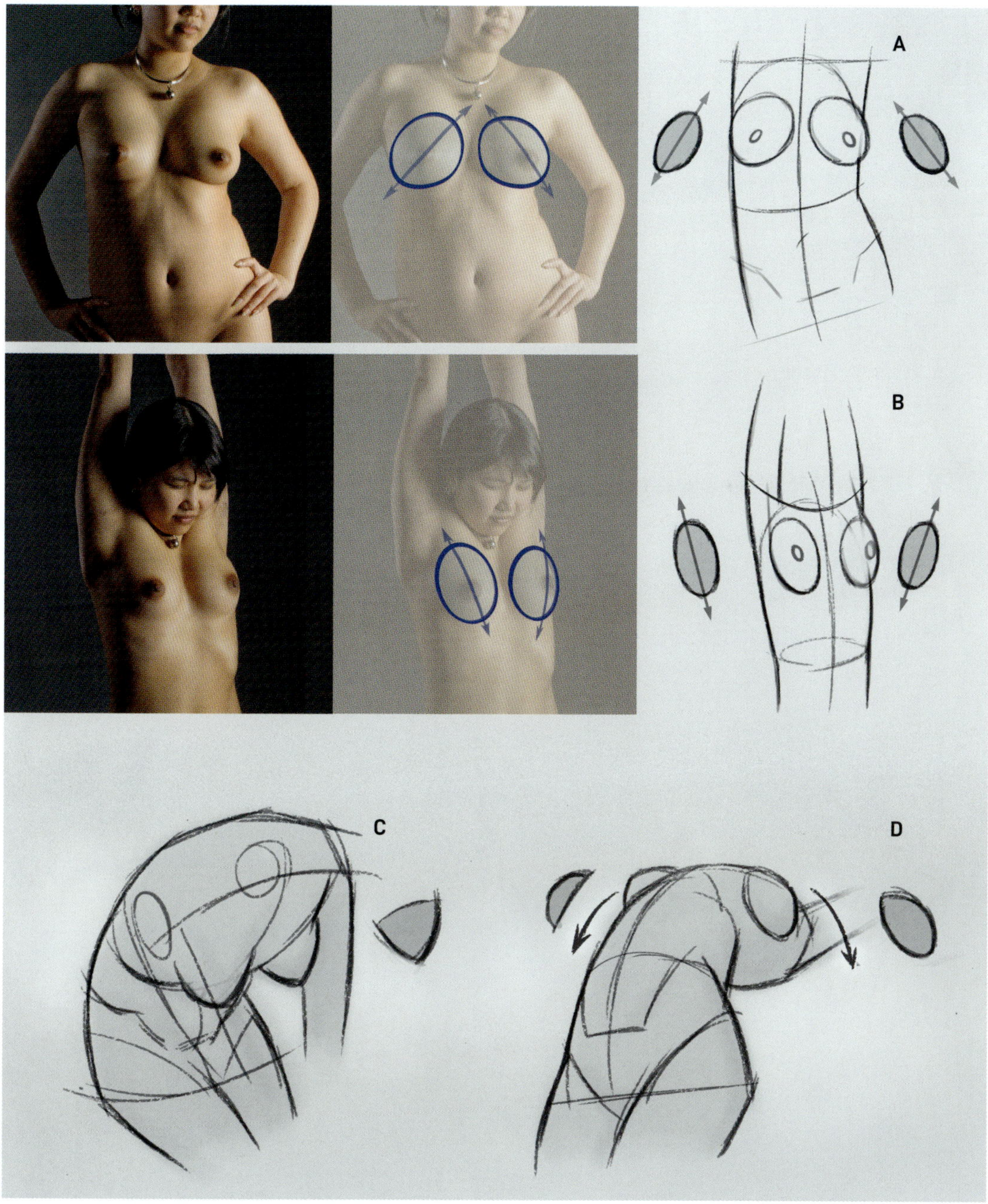

Weibliche Brüste können mit einfachen Ovalen dargestellt werden. In einer neutralen Haltung verläuft die Längsachse meist auswärts **(A)**. Bei gehobenen Armen wird auch das Brustgewebe angehoben und der Winkel der Achse verändert sich **(B)**. In einer vorgebeugten Haltung haben die Brüste eher die Form von Dreiecken **(C)**. Wenn sich das Modell nach hinten beugt oder der Rumpf waagerecht liegt, rutscht das Brustgewebe leicht zu den Seiten und der Abstand zwischen den Brüsten vergrößert sich **(D)**.

Diese Formen genügen, um die Brüste anzudeuten. Jedes Modell hat einen anderen Körperbau, und mit etwas mehr Zeit können Sie die Formen stärker ausarbeiten, um sie der Figur des Modells anzupassen.

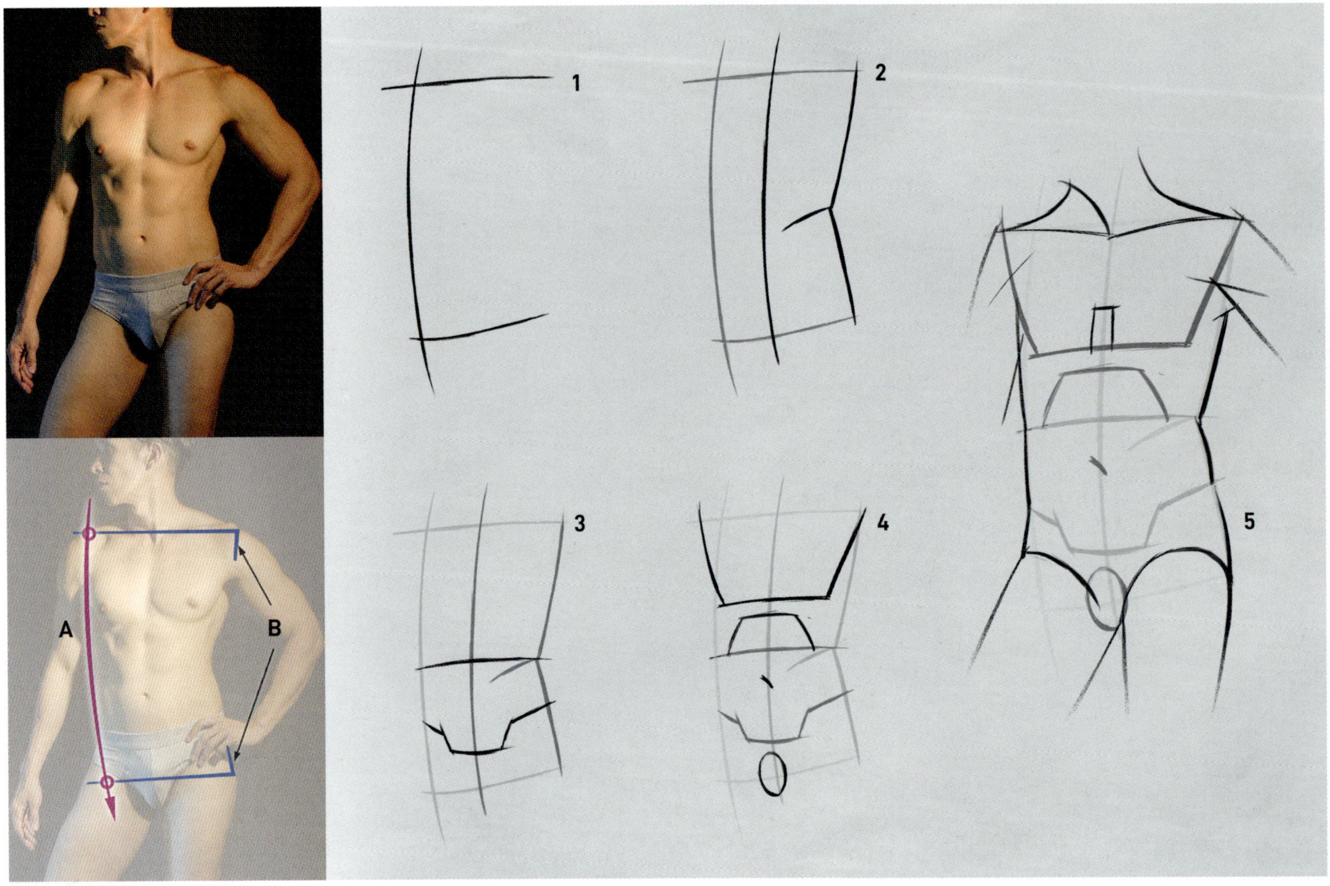

Beispiel 1: Frontalansicht, Mann

Beobachten
Zuerst auf Haltung und Bewegung der Pose achten. Hier ist der Oberkörper leicht nach links geneigt, dadurch werden eine Streckung und eine Stauchung erkennbar. Die Bewegungslinie verbindet die linke Schulterkugel und den linken Beckenknochen **(A)**. Die Schulterlinie und die Hüftlinie begrenzen den Rumpf nach oben und unten **(B)**.

Zeichnen
Mit einer langen, flachen C-Kurve für die Bewegungslinie der gestreckten Seite beginnen. Schulter- und Hüftlinie hinzufügen, um den Rumpf zu begrenzen **(1)**. Die Mittellinie einzeichnen. Dann die Stauchung andeuten. Sie trennt den oberen vom unteren Rumpf **(2)**. Die drei Rumpfabschnitte markieren **(3)**. Nun folgen erste Details und vereinfachte Anatomie **(4)**. Falls mehr Zeit bleibt, Details und Anatomie etwas mehr verfeinern. Die Konturen nachzeichnen und die Struktur durch Überschneidungen herausarbeiten **(5)**. Danach können die Gliedmaßen, weitere Details oder Licht und Schatten folgen.

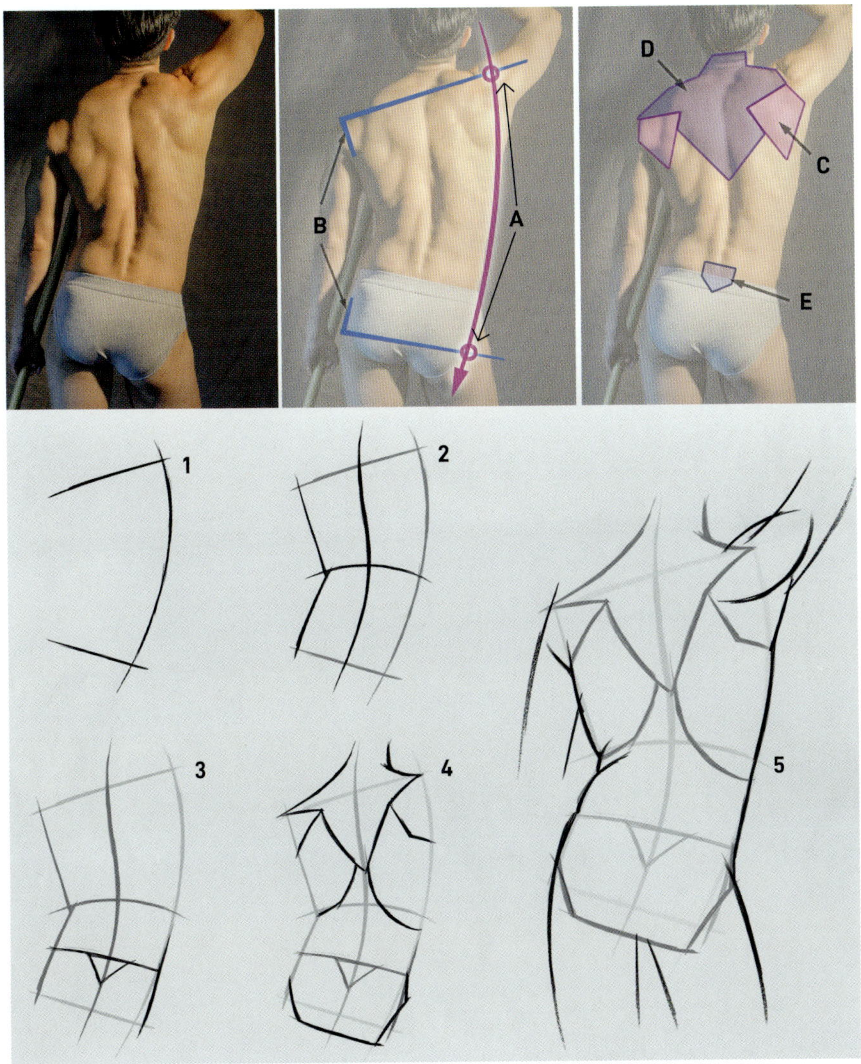

Beispiel 2: Rückenansicht, Mann

Beobachtung
Wie bei der Frontalansicht zuerst auf Bewegung und anatomische Orientierungspunkte achten. Rechte Schulter und rechte Hüfte helfen, die Bewegungslinie zu finden **(A)** sowie die Schulterlinie und Hüftlinie zu erkennen **(B)**. Im oberen Rücken ist die Anatomie komplex. Zuerst die trapezförmigen Schulterblätter einzeichnen **(C)**. Der große Trapezmuskel **(D)** ist gut zu erkennen, ebenso die Grübchen über dem Kreuzbein **(E)**. Wer diese Orientierungspunkte gefunden hat, wird es leichter haben, den Rumpf zu konstruieren und zu zeichnen.

Zeichnen
Mit Bewegungslinie, Schulter- und Hüftlinie beginnen **(1)**. Mit einfachen Strichen die rechte Kontur und die Stauchung andeuten. Die Mittellinie verläuft in diesem Fall S-förmig **(2)**. Nun die drei Rumpfabschnitte abgrenzen **(3)**. Die komplexe Anatomie des Rückens auf Grundformen reduzieren **(4)**. Für Schulterblätter und Trapezmuskel genügen beispielsweise Dreiecke. Falls die Zeit ausreicht, können nun die Formen und Konturen verfeinert werden. Alternativ die Gliedmaßen zeichnen **(5)** oder Licht und Schatten hinzufügen.

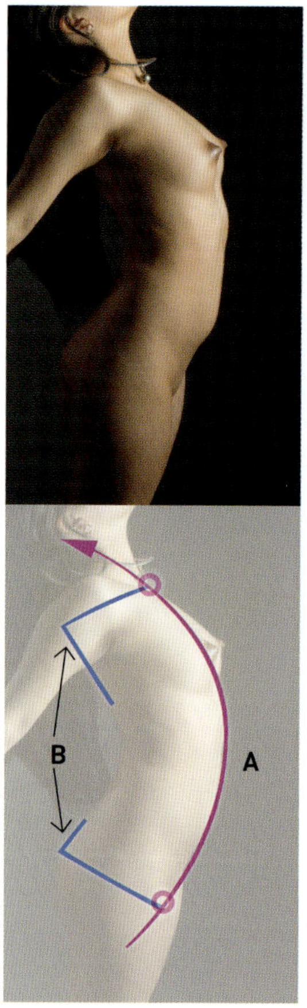

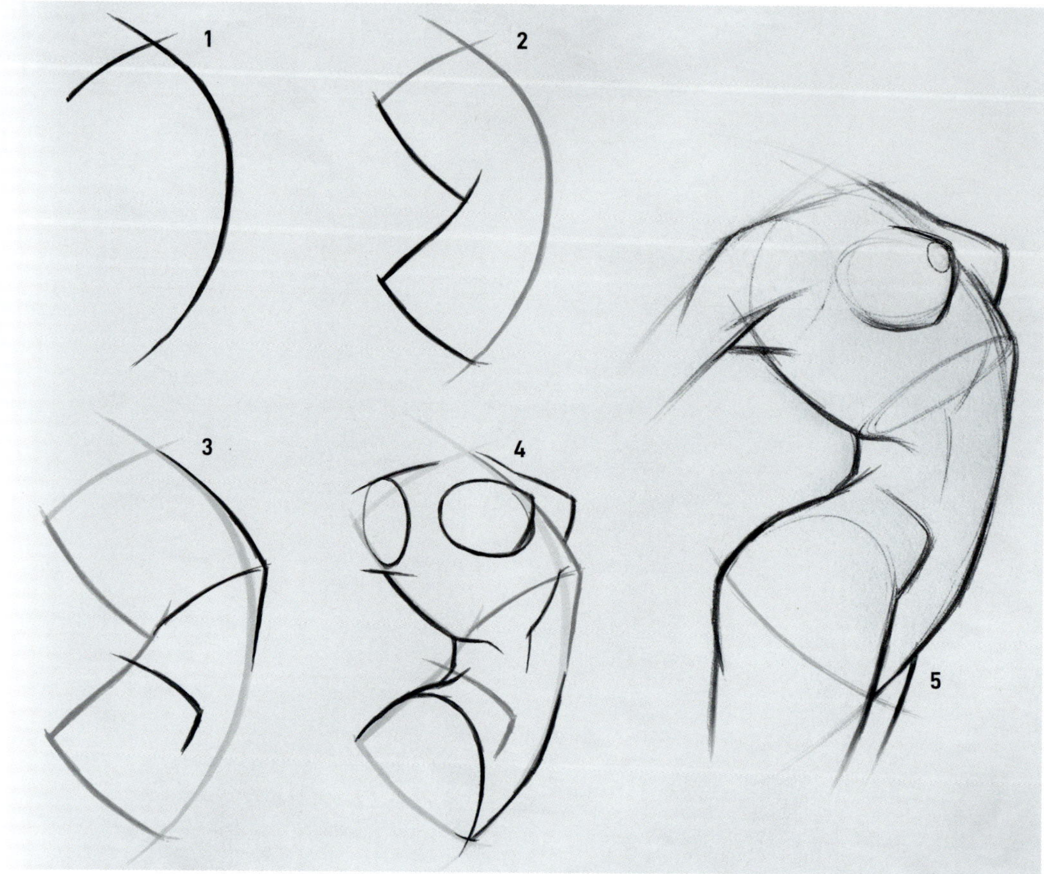

Beispiel 3: Seitenansicht, Frau

In der Seitenansicht sind viele Orientierungspunkte verborgen. Es steht weniger visuelle Information zur Verfügung, darum ist es oft schwieriger, eine aussagefähige Zeichnung zu erstellen. Oft müssen Formen mithilfe der Anatomie beschrieben werden. Außerdem können Überschneidungen eingesetzt werden, um die Zeichnung anschaulicher wirken zu lassen.

Beobachten

In dieser Pose ist die Bewegungslinie klar **(A).** Auf ihr werden Halsgrube und Schritt eingezeichnet. Diese Punkte führen weiter zur Schulterlinie und zum unteren Rand der Hüfte **(B)**.

Zeichnen

Mit einer langen C-Kurve die Pose definieren, dann mit der Schulterlinie den Rumpf nach oben begrenzen **(1)**. Die gestauchte Kontur des Rückens hinzufügen **(2)**. Um den Rumpf zu unterteilen, den Brustkorb abgrenzen und das obere Becken durch einen Winkel andeuten **(3)**. Nun vereinfachte anatomische Merkmale einfügen: Rückenmuskeln, Brüste und den Anfang des Schultergelenks **(4)**. Wenn die Zeit es erlaubt, die Zeichnung verfeinern, anatomische Details ergänzen, die Gliedmaßen zeichnen oder Licht und Schatten hinzufügen **(5)**.

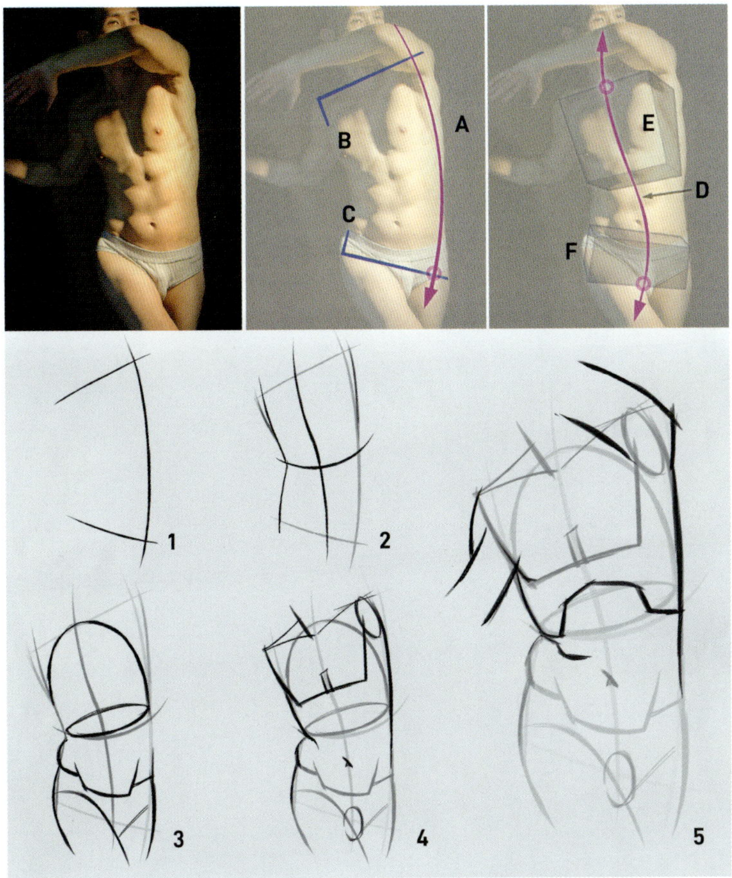

Beispiel 4: Gedrehte Haltung, Mann

Bei dieser interessanten, dynamischen Haltung sind Becken und Schultern in entgegengesetzte Richtungen gedreht. Dadurch beschreibt die Mittellinie eine flache S-Kurve.

Beobachten

Achten Sie bei der gedrehten Haltung auf die gestreckte Seite, um die Bewegungslinie zu finden **(A)**. Die Schulterlinie **(B)** ist klar. Um die Hüftlinie **(C)** zu finden, der gestreckten Seite bis zum Schritt folgen und einer gedachten Linie durch das Bein zur Außenseite des Gesäßes folgen. Die Mittellinie spielt in gedrehten Posen eine besonders wichtige Rolle. Um sie zu finden, einer gedachten Linie von der Halsgrube durch den Nabel bis zum Schritt folgen **(D)**. Weil die Mittellinie die Vorderseite des Oberkörpers **(E)** und der Hüften **(F)** definiert, gibt sie vor, in welche Richtung diese Körperteile zeigen. Dadurch lässt sich die Drehung in der Zeichnung darstellen.

Zeichnen

Mit der Bewegungslinie sowie oberer und unterer Grenze des Rumpfs beginnen **(1)**. Die Stauchung andeuten, die oberen Rumpf und Hüften trennt **(2)**. Die drei Abschnitte des Rumpfs einzeichnen: Unterkante des Brustkorbs, Bauchmuskeln und oberer Rand des Beckens. Letzterer definiert die rechteckige Form der Hüftpartie **(3)**. Vereinfachte anatomische Elemente einzeichnen, damit der Rumpf lebendiger wirkt **(4)**. Die verbleibende Zeit für Details und Verfeinerung der Konturen nutzen, dann mit dem nächsten Schritt fortfahren **(5)**.

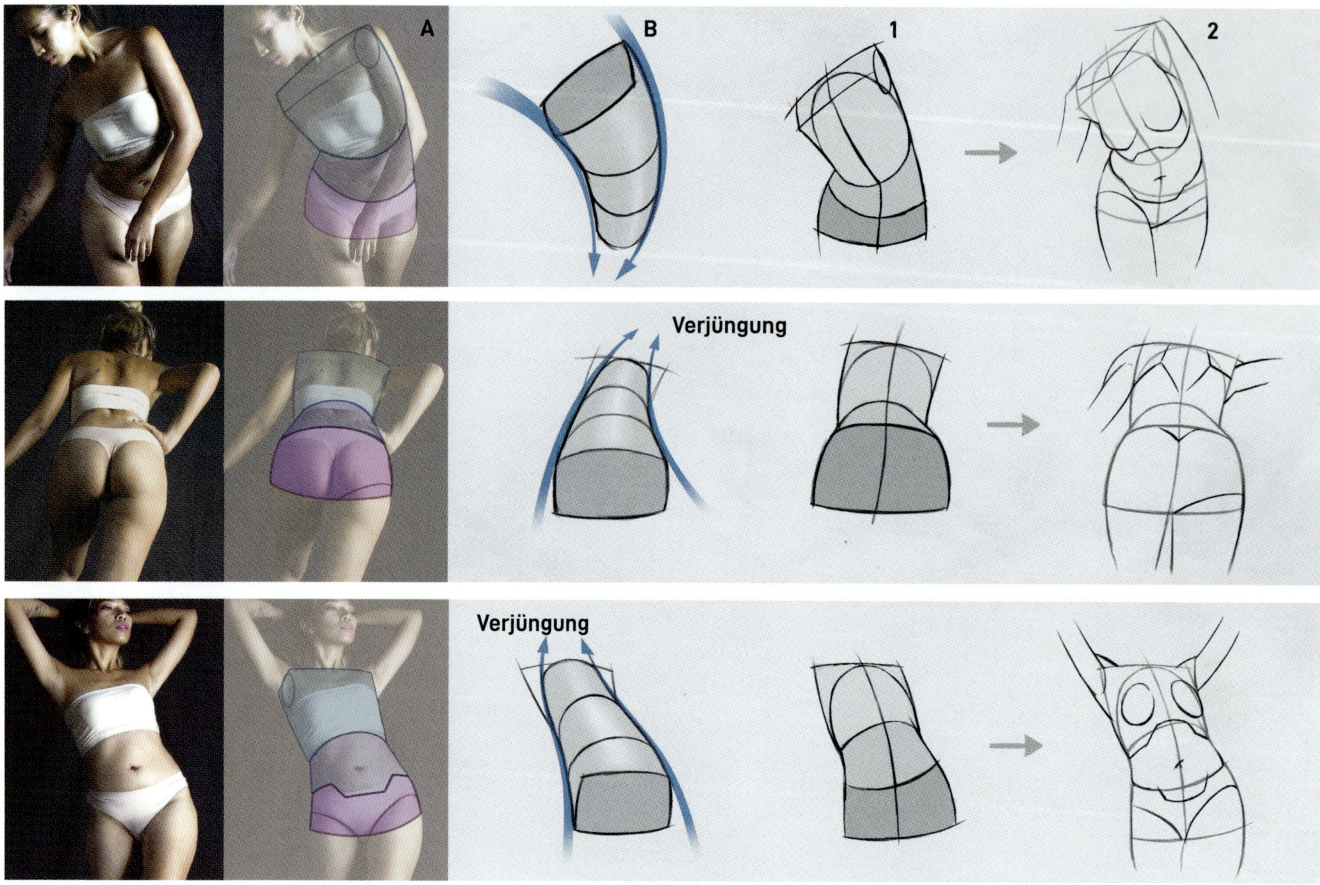

POSEN MIT VERKÜRZUNG

Wenn sich das Modell vor- oder zurückbeugt, kommt der Rumpf entweder auf den Zeichner zu oder weicht vor ihm zurück. Um das zeichnerisch darzustellen, nutzt man die natürlichen Überschneidungen der drei Rumpfabschnitte.

Beugt sich die Figur nach vorn, befindet sich der Brustkorb vor dem Bauch, und der Bauch befindet sich vor dem Becken. Beugt sich die Figur nach hinten, verhält es sich entgegengesetzt, und das Becken ist vorn. Alle drei Abschnitte überlappen einander. Das darf in der Zeichnung gern übertrieben werden, um die Pose zu verdeutlichen.

Ein weiteres Hilfsmittel zur perspektivischen Darstellung ist die Verjüngung. Sie erweckt den Eindruck von Fluchtlinien, die sich mit zunehmender Entfernung vom Betrachter annähern, um sich in einem Fluchtpunkt zu treffen. Auch die Verjüngung sollten Sie übertreiben, um die perspektivische Wirkung zu verstärken.

Für die Perspektive des Rumpfs achten Sie zuerst auf die Überschneidungen der drei Abschnitte **(A)**. Beim Zeichnen werden sie deutlich verjüngt **(B)**. Zuerst die Abschnitte zeichnen und möglichst viele Überschneidungen bewusst übertreiben **(1)**. Wenn Haltung und Perspektive gut zu erkennen sind, den Rumpf weiter ausarbeiten **(2)**.

TEILSTUDIEN

In Zeichensitzungen mit einem Modell zeichne ich oft nur den Rumpf oder ein anderes Körperteil, das mich interessiert. Solche Teilstudien geben dem Künstler mehr Zeit, komplexe Aspekte des Figurenzeichnens wie Anatomie und Schattierung zu studieren und zu üben. Ich ermutige jeden, der das Aktzeichnen lernt, neben kompletten Figurzeichnungen auch immer wieder Teilstudien anzufertigen. Die Abbildung gegenüber zeigt Studien, die in je fünf Minuten entstanden sind.

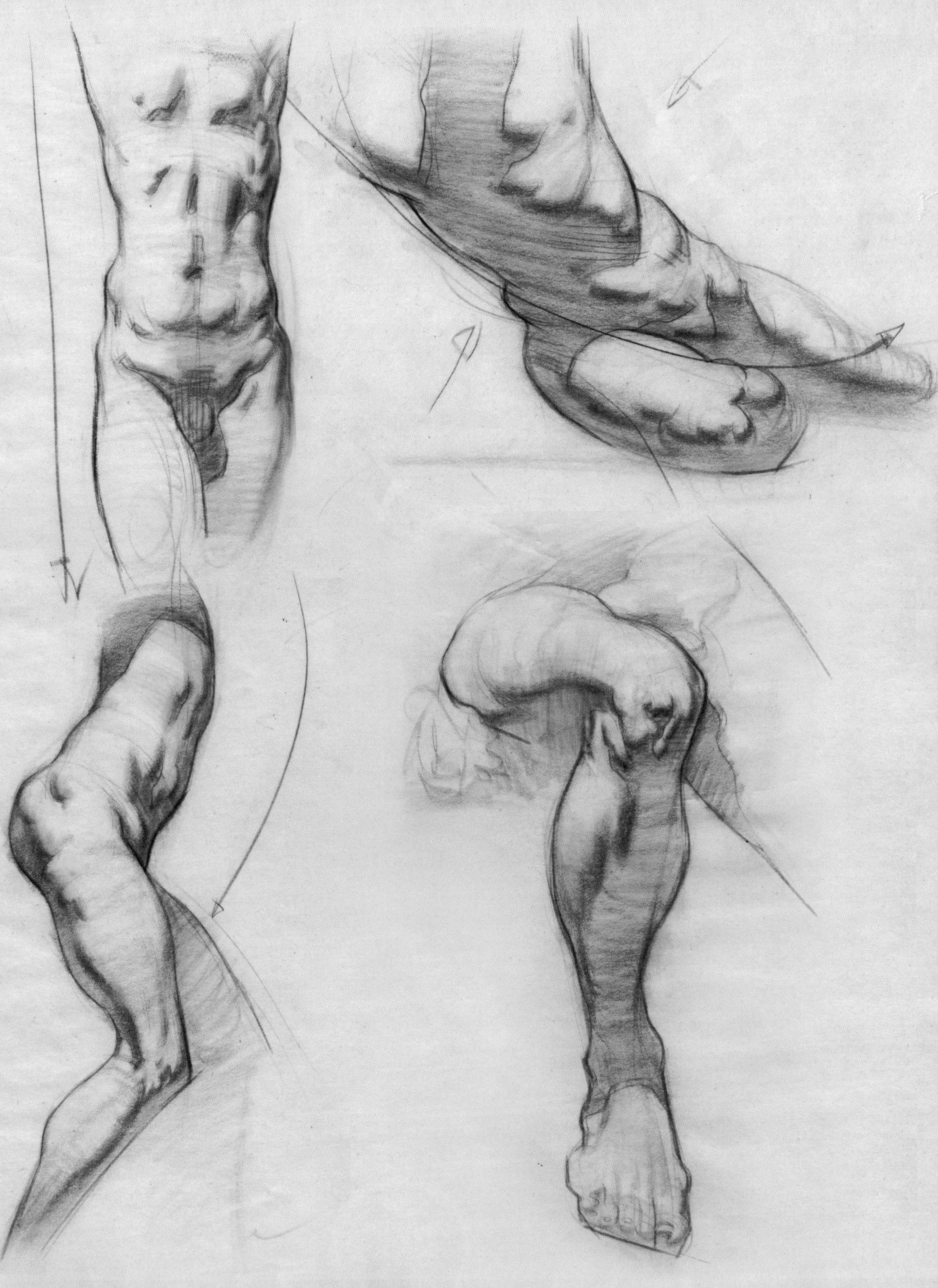

Ein- und Zwei-Minuten-Posen

Nachdem wir uns ausführlich mit Kopf und Rumpf befasst haben, geht es nun mit dem ganzen Körper weiter. Zeichensitzungen beginnen oft mit sehr kurzen Posen, manchmal nur 30 Sekunden, meist aber mit einer oder zwei Minuten. Viel mehr als eine gestische Skizze kann man in so knapp bemessener Zeit kaum zu Papier bringen.

Ein- und zweiminütige Posen sind ein guter Anfang für eine Zeichensitzung, vergleichbar mit den Aufwärmübungen eines Sportlers. Die Posen sind so kurz, dass wenig Zeit bleibt, um komplexe Elemente oder Details hinzuzufügen. Darüber hinaus bieten kurze Posen viele verschiedene Gelegenheiten zum Üben, Experimentieren und Fehler machen. Diese Vielzahl an Aufgaben befreit den Geist von dem Druck, perfekt zu sein, es richtig zu machen oder eine Zeichnung fertigzustellen.

Das ist in jeder Phase des Zeichnens sehr wichtig. Das Ziel ist nicht, eine Zeichnung fertigzustellen. Dafür reicht eine Minute nicht aus, aber auch 10 oder 20 Minuten sind dafür zu wenig. Die Ziele sind stattdessen:

1. Bewegung oder Haltung vermitteln
Wenn ich Posen gestisch zeichne, frage ich mich immer, was das Modell tut. Diese Frage soll meine Zeichnung möglichst klar beantworten.

2. Grundlagen für den nächsten Arbeitsschritt schaffen
Bei Ein- oder Zwei-Minuten-Posen wären das Konstruktion, dreidimensionale Formen und vereinfachte Anatomie.

Ein-Minuten-Posen, mit Kugelschreiber auf getöntem Papier gezeichnet.

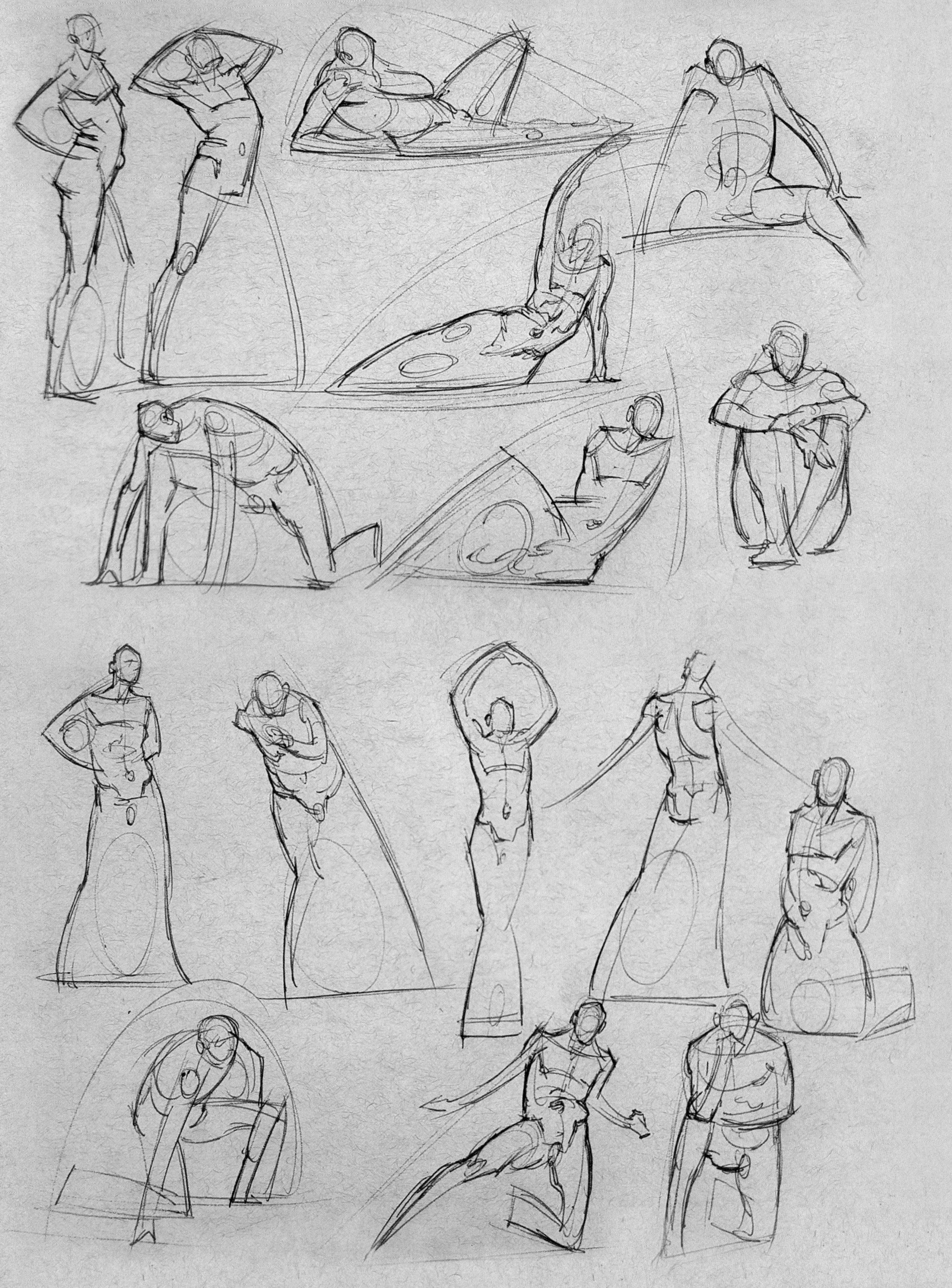

TIPPS AUS DER PRAXIS

Tipp 1: Die Haltung übertreiben
Die Haltung des Modells vermittelt Bewegung und Lebendigkeit. Je mehr man übertreibt, desto dynamischer wirkt eine gezeichnete Pose. Durch das Ausarbeiten von Details und Anatomie dagegen kann sie steifer werden. Darum ist es wichtig, die Dynamik schon frühzeitig zu schaffen. Die Übertreibung kann man an kurzen Posen am besten üben.

Tipp 2: Lange, flüssige Striche
Zeichnen Sie alle Striche möglichst lang. Um das zu erreichen, achten Sie auf Extremitäten oder außen liegende Punkte, und versuchen Sie, die Striche von einem Ende der Figur zum anderen in einem Zug zu zeichnen – beispielsweise vom ausgestreckten Arm bis zum Fuß oder vom Oberkopf bis zu den Zehen. Ich achte auch auf Rhythmen, um Orientierungspunkte zu verbinden oder meine gestischen Striche zu verlängern.

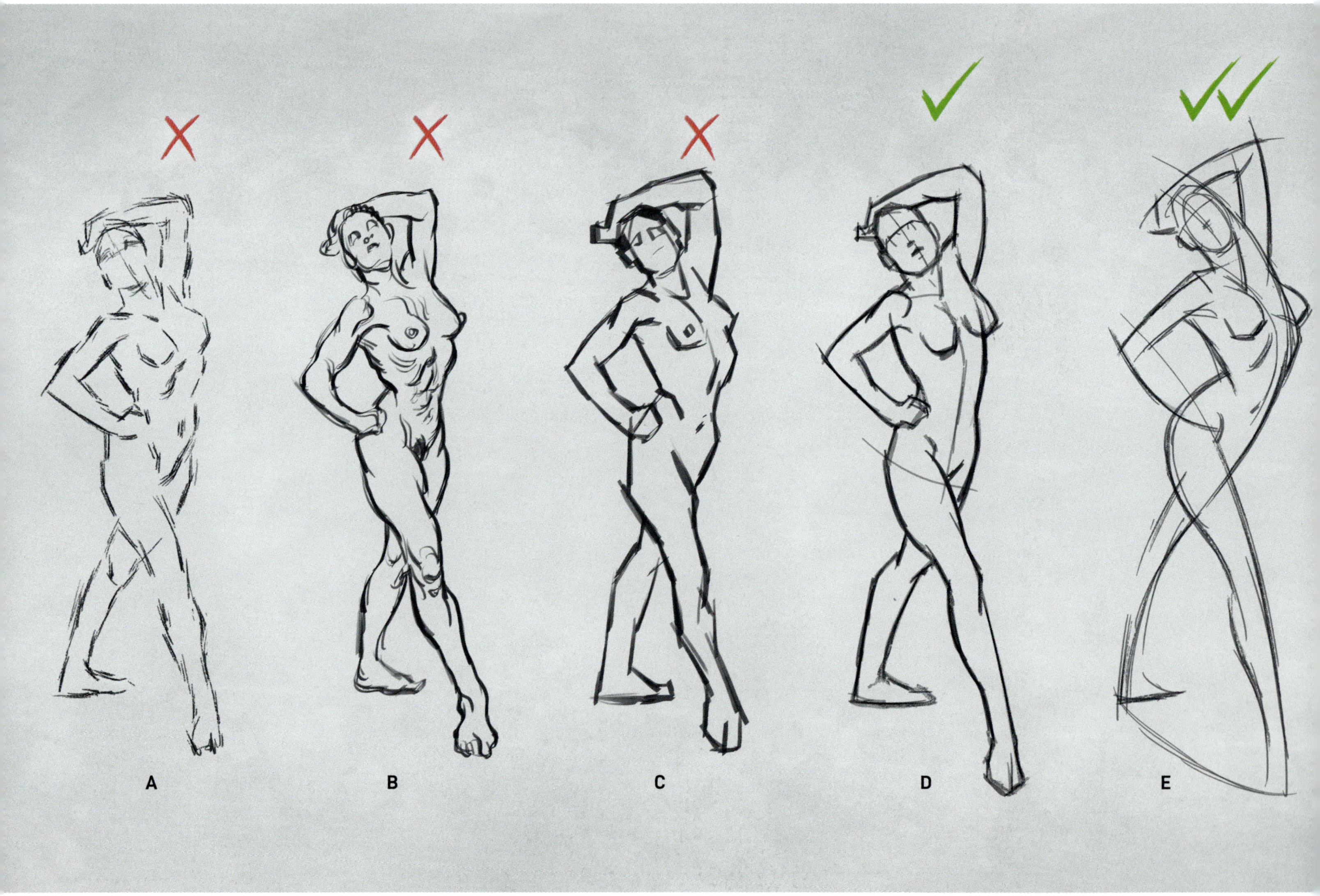

Tipp 3: Mit dem ganzen Körper zeichnen
Das mag vor allem Anfängern seltsam erscheinen. Weil man normalerweise nur Hand und Handgelenk zum Zeichnen (und Schreiben) bewegt, gewöhnt man sich leicht an, mit kurzen, abgehackten Strichen zu arbeiten. Bewegt man aber den ganzen Arm oder Körper, drückt sich diese Bewegung auch in den Strichen aus. Und dynamische Striche lassen eine Zeichnung lebendiger wirken.

Die Abbildung gegenüber zeigt Beispiele zu diesen Tipps.

(A) Beim Zeichnen aus dem Handgelenk entstehen kurze, abgehackte, skizzenhafte Striche.

(B) Konzentriert man sich zu stark auf die Anatomie und die vielen kleinen Details, kann die Zeichnung ungelenk oder steif wirken.

(C) Auch viele gerade Striche lassen eine Zeichnung steif wirken. Gerade Striche haben ihre Berechtigung, müssen aber in einem ausgewogenen Verhältnis zu weicheren Kurven stehen.

(D) Diese Zeichnung ist auf den richtigen Weg. Sie zeigt flüssige Kurven, nicht zu viele Details und ein schön ausgewogenes Verhältnis der Striche. Etwas Übertreibung würde ihr aber gut tun.

(E) Die Kurven in dieser Zeichnung sind lang und fließend. Die Kontur zeigt nur wenig Brüche. Anatomie und Formen sind vereinfacht, aber dennoch gut lesbar. Am wichtigsten ist die gestische Übertreibung. Brustkorb und Rippen sind nach vorn verlagert, die Hüfte ist nach hinten geschoben und die Stauchung im Rücken sehr markant.

Dies ist nicht die einzige Herangehensweise an gestische Zeichnungen, aber die Tipps werden Ihnen helfen, dynamischere Zeichnungen zu Papier zu bringen. Wenn man eine Aktzeichnung mit guter Gestik und ausdrucksvollen Strichen beginnt, sind gute Grundlagen für die weitere Ausarbeitung gelegt.

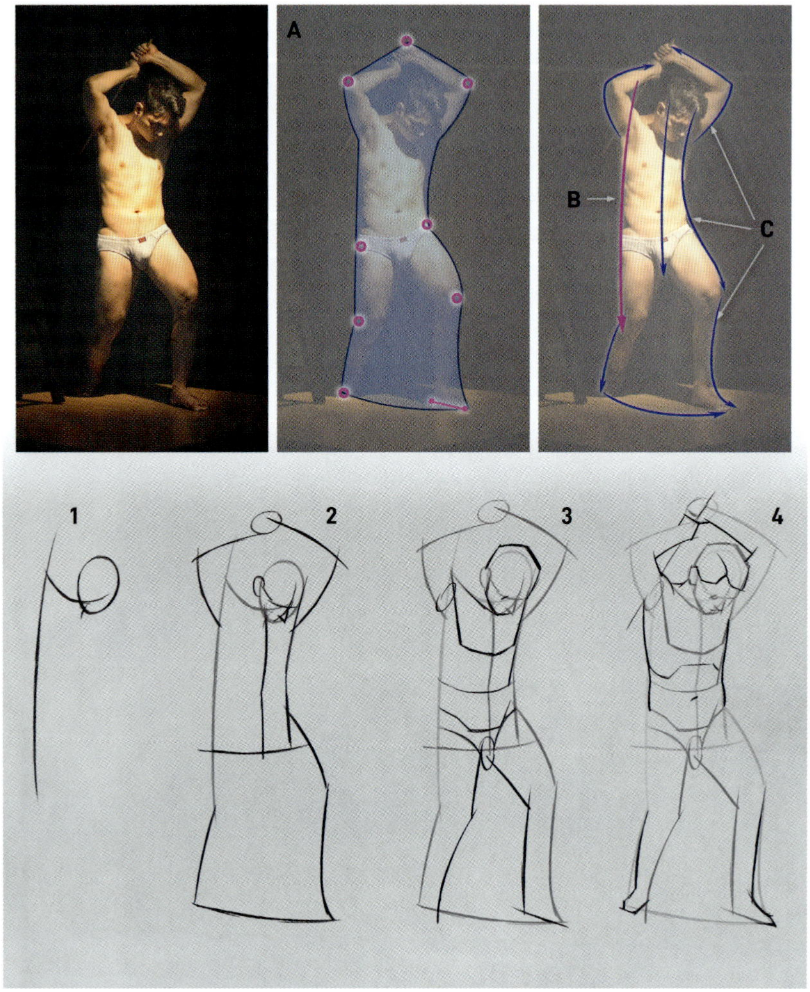

Beispiel 1: Frontalansicht, Mann

Beobachtung
Zuerst fallen die Dramatik und die interessante Silhouette auf. Um die Silhouette zu erkennen, auf die äußeren Punkte achten: obere Hand, Ellenbogen, Hüften, Knie und Füße **(A)**. Die Bewegungslinie verläuft an der gestreckten Körperseite **(B)**. Rhythmik und Dynamik werden erkennbar, indem man der Kontur von einem Orientierungspunkt zum anderen folgt **(C)**.

Zeichnen
1. Die Bewegungslinie zeichnen, dann Kopfform und Schulterlinie hinzufügen.

2. Den Rumpf mit der Hüftlinie begrenzen. Die Mittellinie einfügen. Der äußeren Kontur folgen, um die Silhouette und die Gliedmaßen festzuhalten. Hilfslinien im Gesicht zeichnen und die Blickrichtung festlegen.

3. Den Rumpf gliedern und die vereinfachte Anatomie einzeichnen. Die Kopfform verfeinern. Form und Stellung der Beine hinzufügen.

4. Arme und vereinfachte Hände zeichnen. Die Konturen von Rumpf, Unterschenkeln und Füßen überarbeiten.

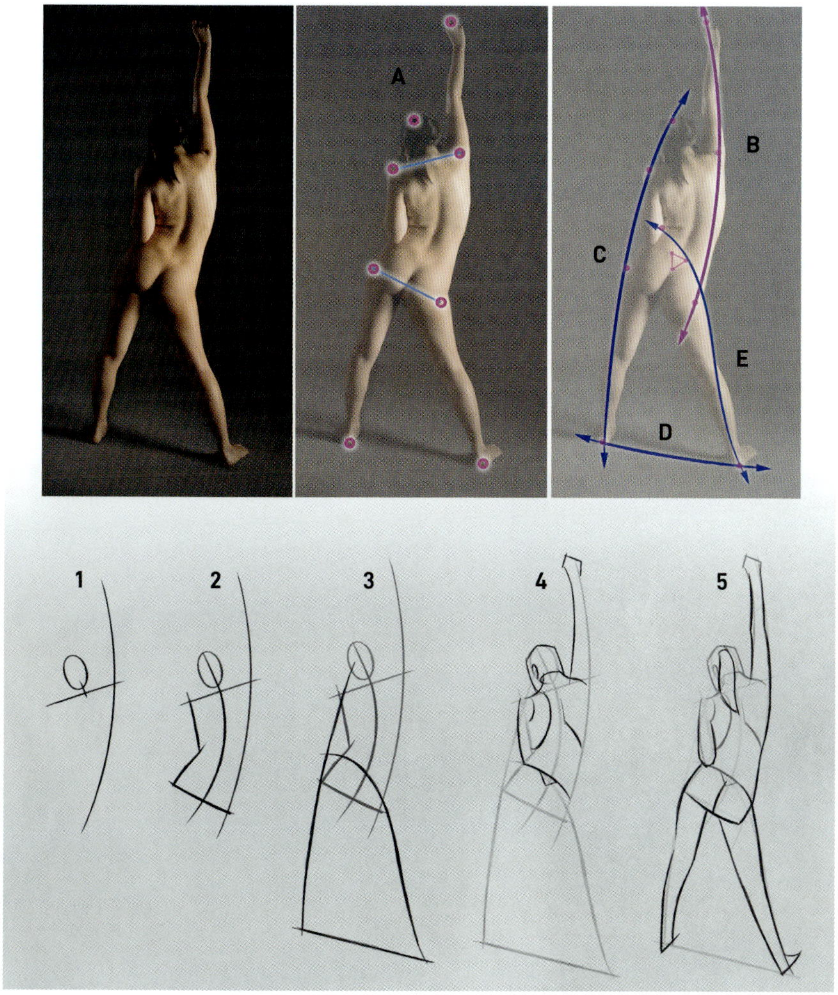

Beispiel 2: Rückenansicht, Frau

Beobachten

In dieser Pose fallen Hand, Kopf, linke Hüfte und Fersen sofort ins Auge. Außerdem auf die Schulter- und Hüftlinie achten **(A)**. Orientierungspunkte helfen dabei, die Bewegungslinie zu finden **(B).** Weitere lange, fließende Linien finden sich an der linken äußeren Kontur **(C)**, auf Bodenniveau **(D)** sowie im Rhythmus des rechten Beins und der Hüften **(E)**.

Zeichnen

1. Die Bewegungslinie zeichnen, die Kopfform und die Schulterlinie hinzufügen.

2. Den Rumpf durch die Hüftlinie begrenzen. Die Stauchung der linken Seite und die Mittellinie einzeichnen.

3. Mit langen, fließenden Strichen die äußeren Konturen der Beine festlegen.

4. Die Anatomie des oberen Rückens andeuten. Die Hüften einzeichnen, dann die Formen von Kopf, Armen und Hand hinzufügen.

5. Gesäß und Hüften deutlicher ausarbeiten. Die Gliedmaßen als lange Rechtecke darstellen, die sich zu den Enden hin verjüngen. Die Hand- und Fußenden schließen.

Beispiel 3: Seitenansicht, Frau

Beobachtung
An dieser Pose fallen zuerst die dynamischen Bewegungen der Arme und die Spannung des Körpers auf. Die Bewegungslinie folgt der vorderen Kontur des Rumpfs, kann aber bis zum Kopf und zum rechten Fuß verlängert werden **(A)**. Andere hilfreiche Orientierungspunkte sind die Hüft- und Schulterlinien **(B)**, die den Rumpf nach unten und oben begrenzen.

Zeichnen
1. Zuerst die Bewegungslinie als langen, fließenden Bogen zeichnen. Den Kopf andeuten und die Schulterlinie festlegen.

2. Den gestauchten Rücken und die Hüftlinie einzeichnen, um den Rumpf zu schließen. Die Stellung des vorderen Beins skizzieren, um den Fuß hinzufügen, und den Boden zu definieren.

3. Die Gesichtszüge andeuten, dann Form und Haltung der restlichen Gliedmaßen skizzieren. Brüste und Hände mit vereinfachten Formen darstellen.

4. Die Haare als vereinfachte Form zeichnen und den Kopf weiter ausgestalten. Die Konturen verfeinern, dabei mit dem Rumpf beginnen, dann mit Beinen und Füßen fortfahren.

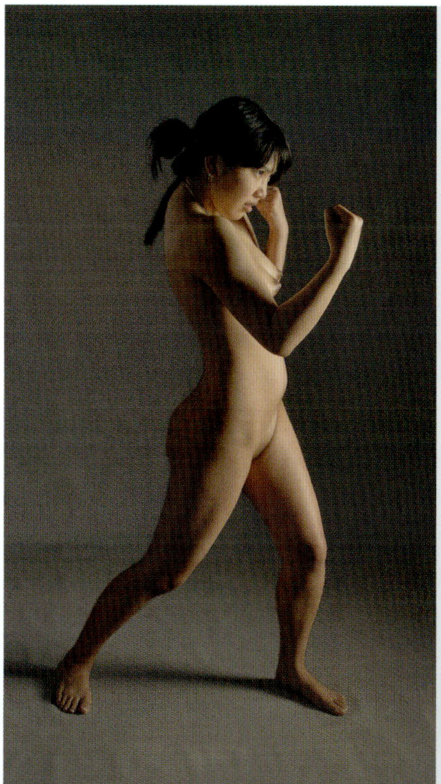

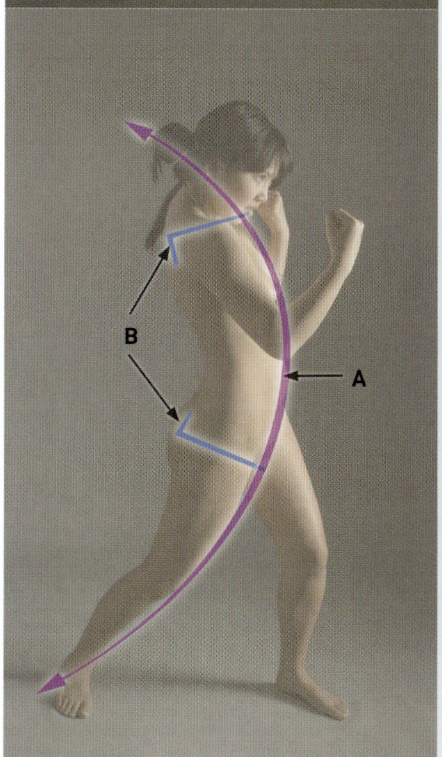
B
A

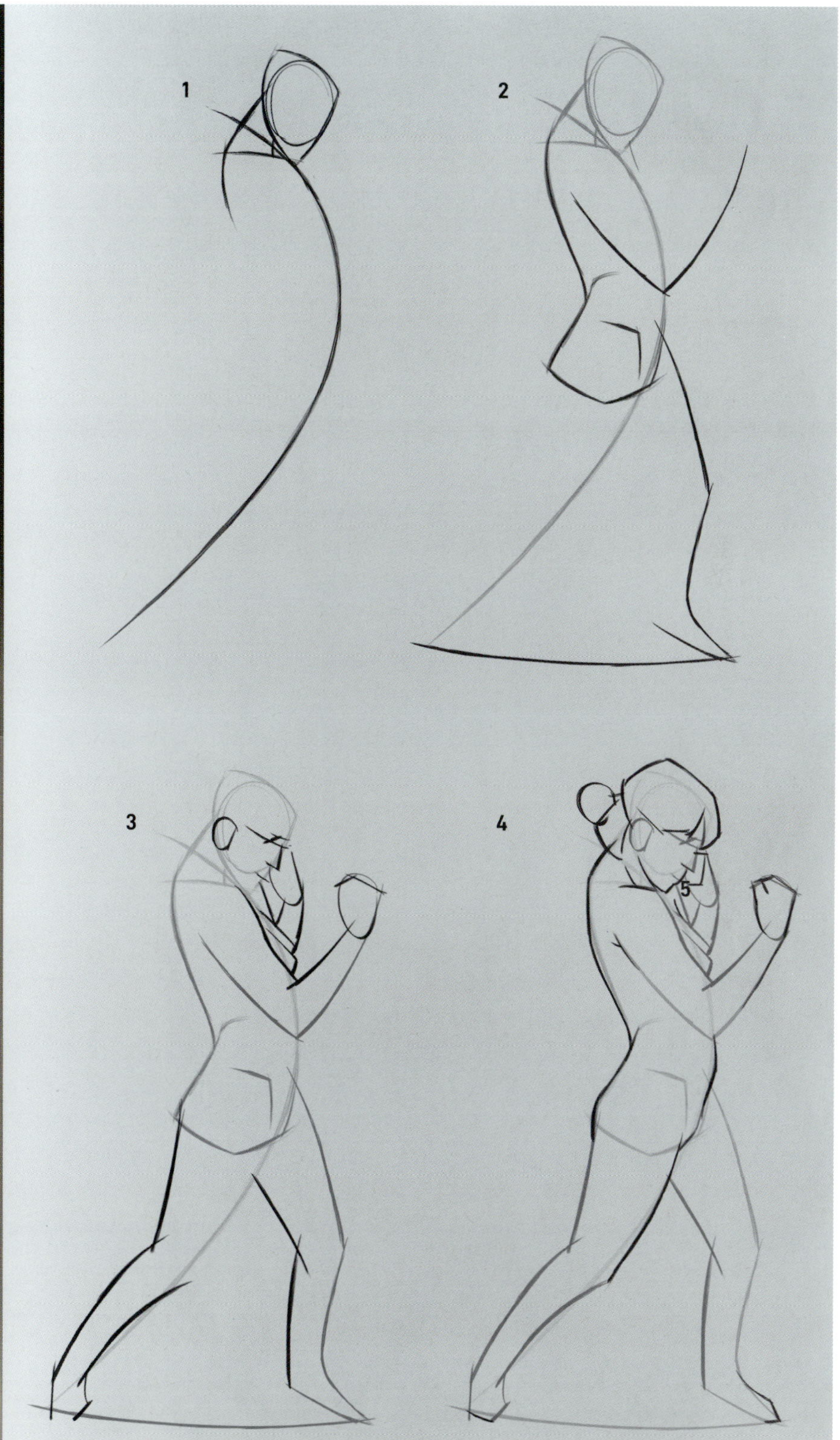
1
2
3
4

Drei- und Fünf-Minuten-Posen

Nach den Aufwärmübungen folgen Drei- und Fünf-Minuten-Posen. Letztere mag ich am liebsten, weil sie mir gerade genug Zeit lassen, die Figur zu konstruieren, ihre Struktur zu entwickeln und mit dem Schattieren zu beginnen. Die Zeit genügt aber nicht, um sich in Details zu verlieren oder eine »fertige« Zeichnung zu schaffen. Durch diese Spannung zwischen Zeitlimit und ausreichend Zeit bleiben meine Zeichnungen frisch und spontan, und die Arbeit macht viel Spaß.

WORAUF KONZENTRIEREN?

Auch bei Fünf-Minuten-Posen ist das Hauptziel, die Dynamik zu vermitteln und genug Information festzuhalten, um zur nächsten Phase des Zeichenprozesses überzugehen. Sie skizzieren zuerst die Pose und wandeln dann Ihre Striche in Formen und geometrische Körper um. Wo es nötig ist, fügen Sie Strukturlinien, Ecken und Querschnitte hinzu, damit die Formen plastischer wirken. Bei Bedarf können Sie auch anatomische Details hinzufügen, um der Zeichnung mehr Aussagekraft zu geben. Wenn die Pose relativ einfach ist und nicht allzu viele Informationen enthält, haben Sie wahrscheinlich genug Zeit, um mit dem Schattieren zu beginnen, indem Sie die Schattenformen umreißen und einige Tonwerte festlegen.

TIPPS AUS DER PRAXIS

Tipp 1: Weglassen lernen

Gerade bei Fünf-Minuten-Posen kann man das Weglassen lernen. Versuchen Sie nicht, alles zu zeichnen, was Sie sehen, sondern konzentrieren Sie sich auf das, was notwendig ist, um die Pose überzeugend darzustellen. Verschwenden Sie keine Zeit mit überflüssigen Details. Nutzen Sie die Zeit lieber, um bewusst zu überlegen, was Sie zeichnen und was Sie weglassen können. Wenn ein Detail oder sogar ein Teil der Anatomie nicht zur Aussagekraft der Pose beiträgt, lassen Sie es weg.

Tipp 2: Keine Eile!

Obwohl drei oder fünf Minuten nicht viel sind: Lassen Sie sich Zeit. Anfänger beeilen sich oft, um zur nächsten Phase fortzuschreiten oder die Zeichnung sogar fertigzustellen. Bei Drei- oder Fünf-Minuten-Posen möchten viele Einsteiger unbedingt die Phase des Schattierens erreichen. Gehen Sie es lieber langsam an, und fällen Sie durchdachte Entscheidungen. Umso effizienter werden Sie Striche, Formen und Details zu Papier bringen. Durch die Effizienz steigt die Qualität Ihrer Zeichnung, und letztlich sparen Sie Zeit.

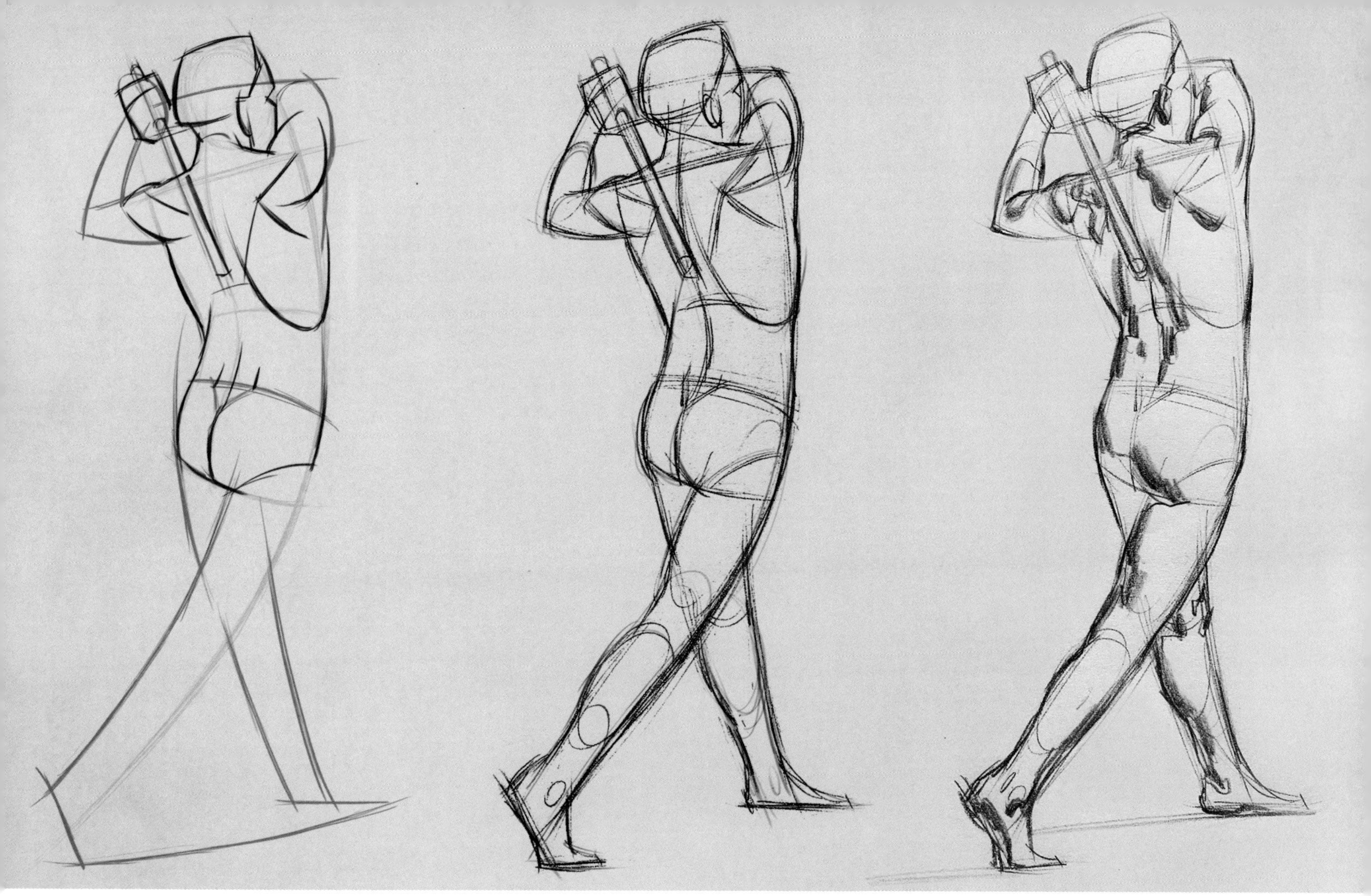

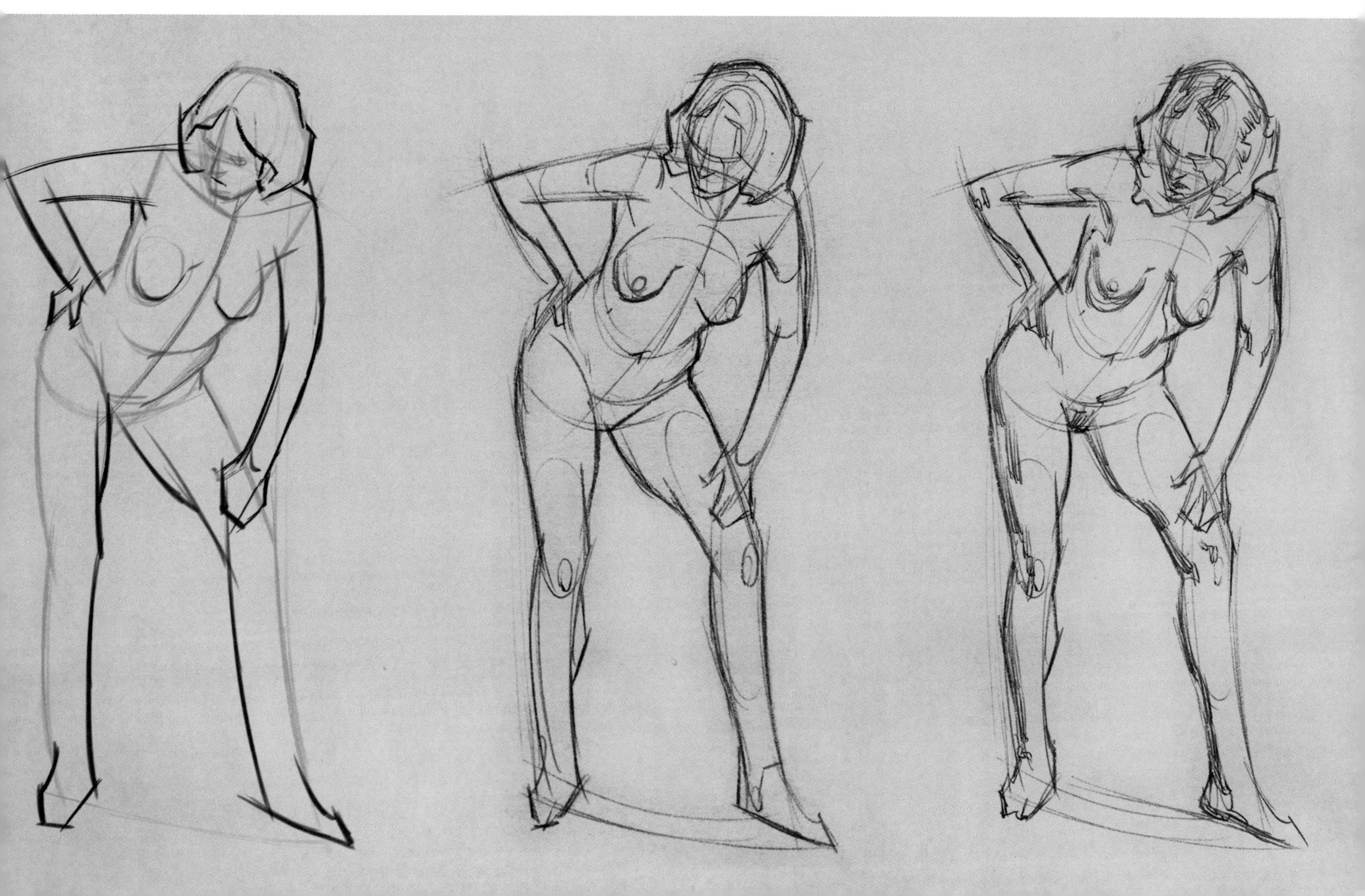

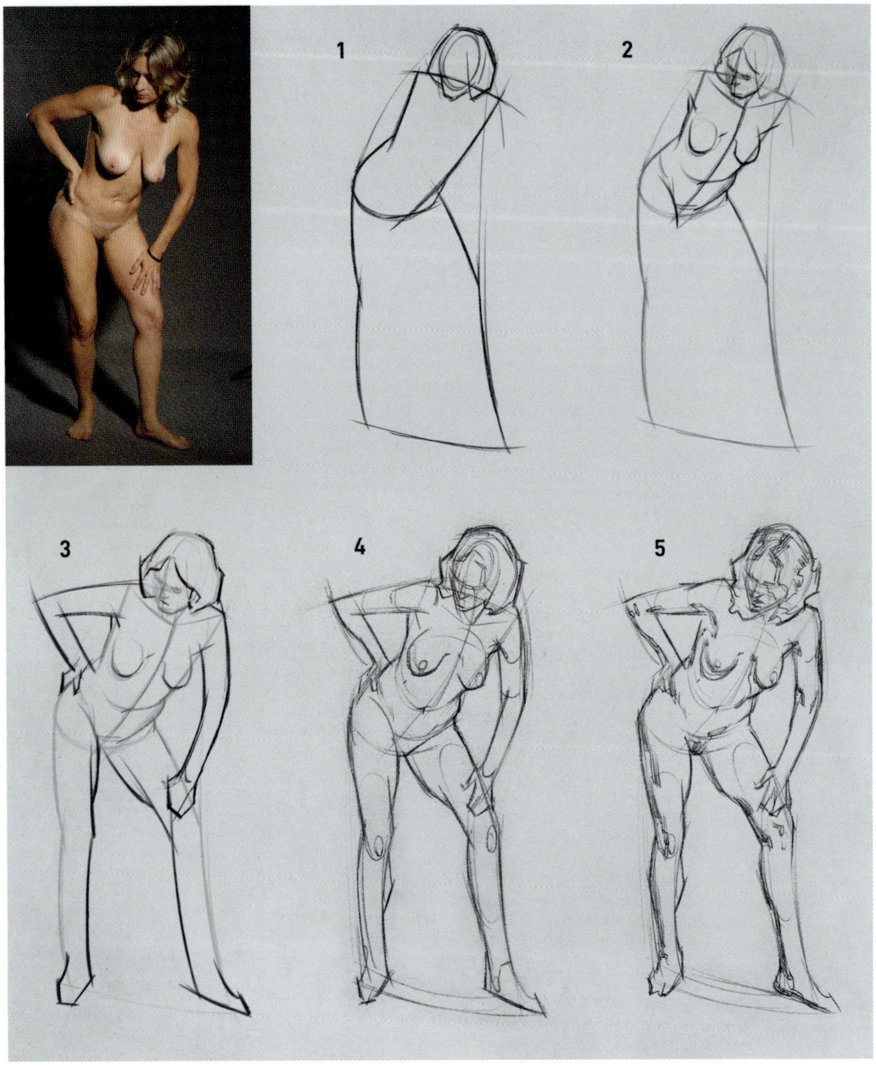

Beispiel 1: Frontalansicht, Frau

Zeichnen

1. Zuerst die Gesamtpose gestisch skizzieren, den Kopf andeuten, die Form des Rumpfes und die äußere Kontur und Stellung der Beine bestimmen.

2. Weil der Rumpf perspektivisch verkürzt ist, wird er in Abschnitte geteilt, die sich überschneiden. Die Gesichtszüge andeuten.

3. Die Gliedmaßen mit langen, fließenden Strichen und 2D-Formen einzeichnen.

4. Querschnitte und zusammengesetzte Formen in die Arme und Beine einzeichnen, um ihr Volumen zu verdeutlichen.

5. Die verbleibende Zeit nutzen, um die Formen der wichtigsten Schatten einzufügen.

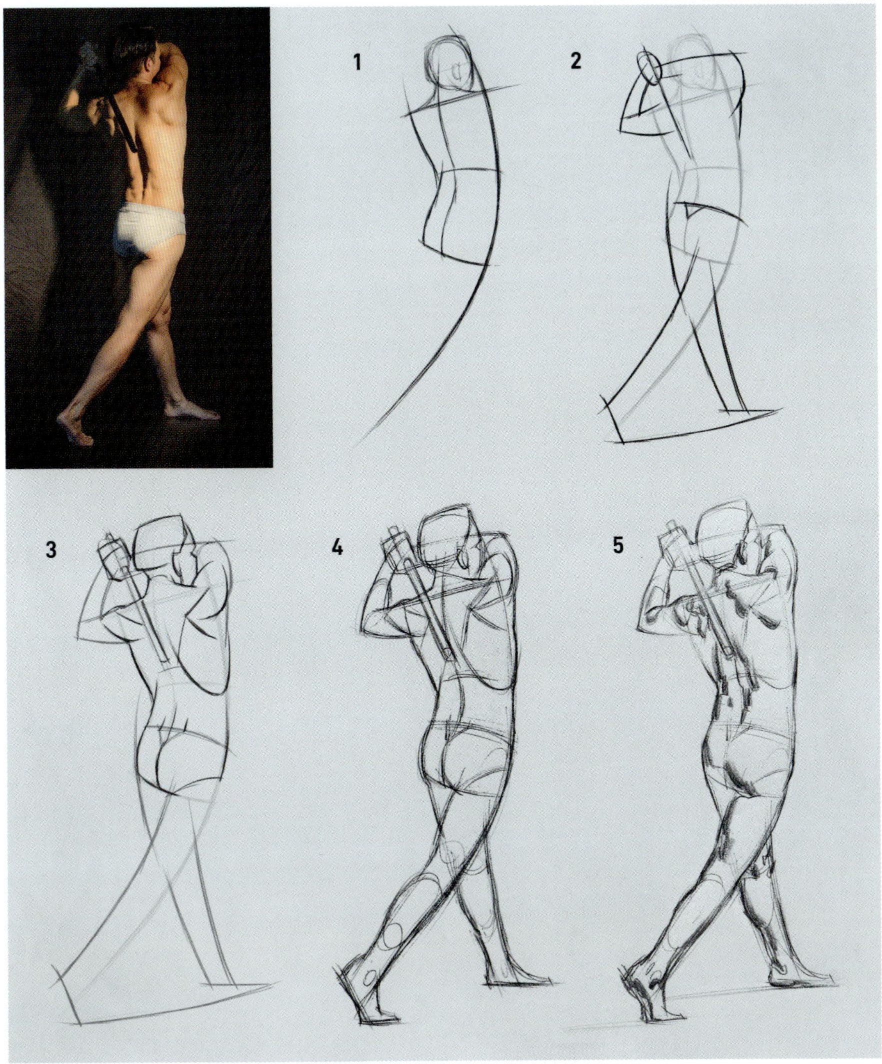

Beispiel 2: Rückenansicht, Mann

Zeichnen

1. Haltung und Bewegung zuerst gestisch skizzieren, dann die äußeren Punkte markieren und mit langen, fließenden Strichen verbinden.

2. Den Rumpf in Abschnitte gliedern, um Überschneidungen zu schaffen. Die Gliedmaßen mit langen Bögen und einfachen Formen darstellen.

3. Jetzt beginnen, für den oberen Rücken und die Gliedmaßen Zylinder zu konstruieren.

4. Querschnitte und zusammengesetzte Formen hinzufügen, um das Volumen der Gliedmaßen herauszuarbeiten.

5. Mit dem Schattieren beginnen, dafür zuerst die wichtigsten Schattenformen einzeichnen.

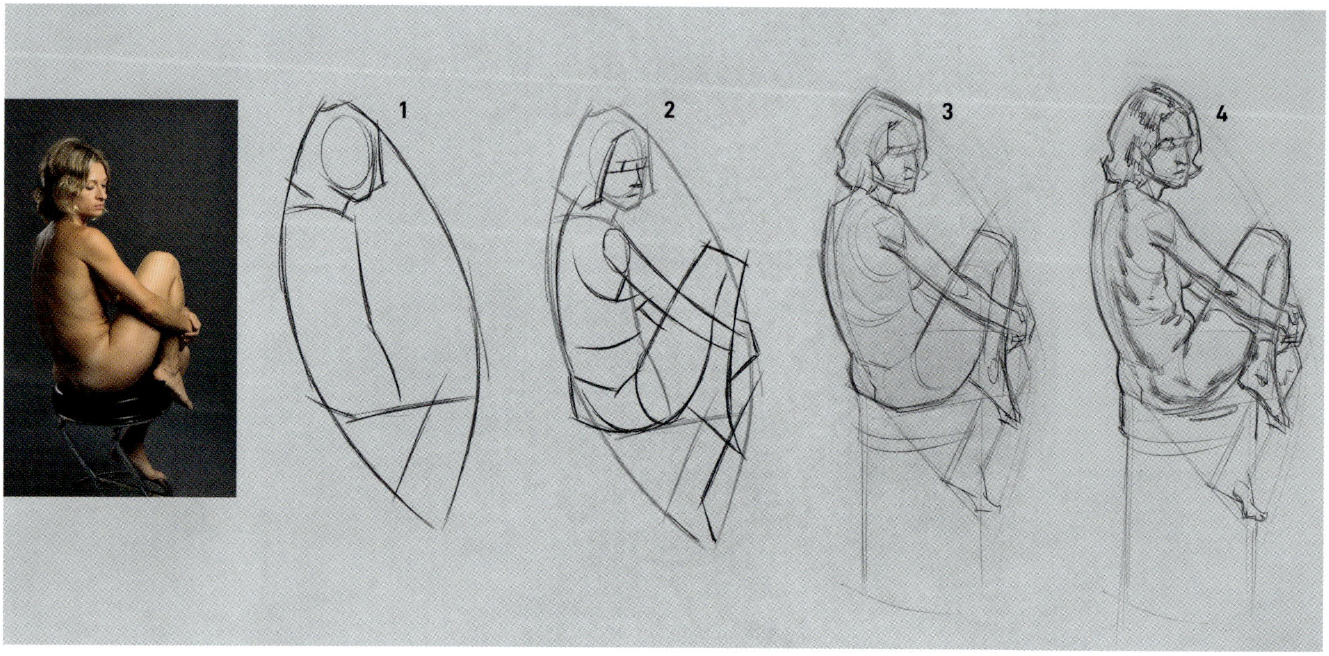

Beispiel 3: Seitenansicht sitzend, Frau

Zeichnen

1. Die Dynamik der Pose erfassen. Dafür Kopf und Rumpfform skizzieren, dann die äußeren Punkte mit langen Bögen verbinden.

2. Den Rumpf in Abschnitte gliedern. Die Gliedmaßen mit einfachen Formen aufbauen. Die Gesichtszüge andeuten.

3. Den Körperbau mithilfe von Ecken, Querschnitten und vereinfachter Anatomie weiter entwickeln.

4. Die Formen der wichtigsten Schatten einzeichnen.

Lassen Sie sich Zeit

Fünf Minuten sind schon eine relativ lange Zeit, wenn man darin geübt ist, visuelle Informationen zu erfassen und zu Papier zu bringen. Anfänger sollten keine zu hohen Erwartungen an sich stellen. Wenn Sie die vollen fünf Minuten brauchen, um den Rumpf überzeugend darzustellen, ist das in Ordnung. Wenn es fünf Minuten dauert, bis Anatomie und Stellung der Beine richtig aussehen, ist das auch in Ordnung. Es ist kein Wettrennen. Nutzen Sie die Zeit, um genau zu beobachten und den Zeichenprozess zu üben.

Die Fünf-Minuten-Skizzen auf dieser Seite zeigen, was entstehen kann, wenn man gute Entscheidungen trifft, effizient zeichnet und den Prozess sorgfältig verfolgt. In diesen Fünf-Minuten-Skizzen konnte ich sogar Schattierungen und Glanzlichter hinzufügen. Dazu mehr im nächsten Abschnitt.

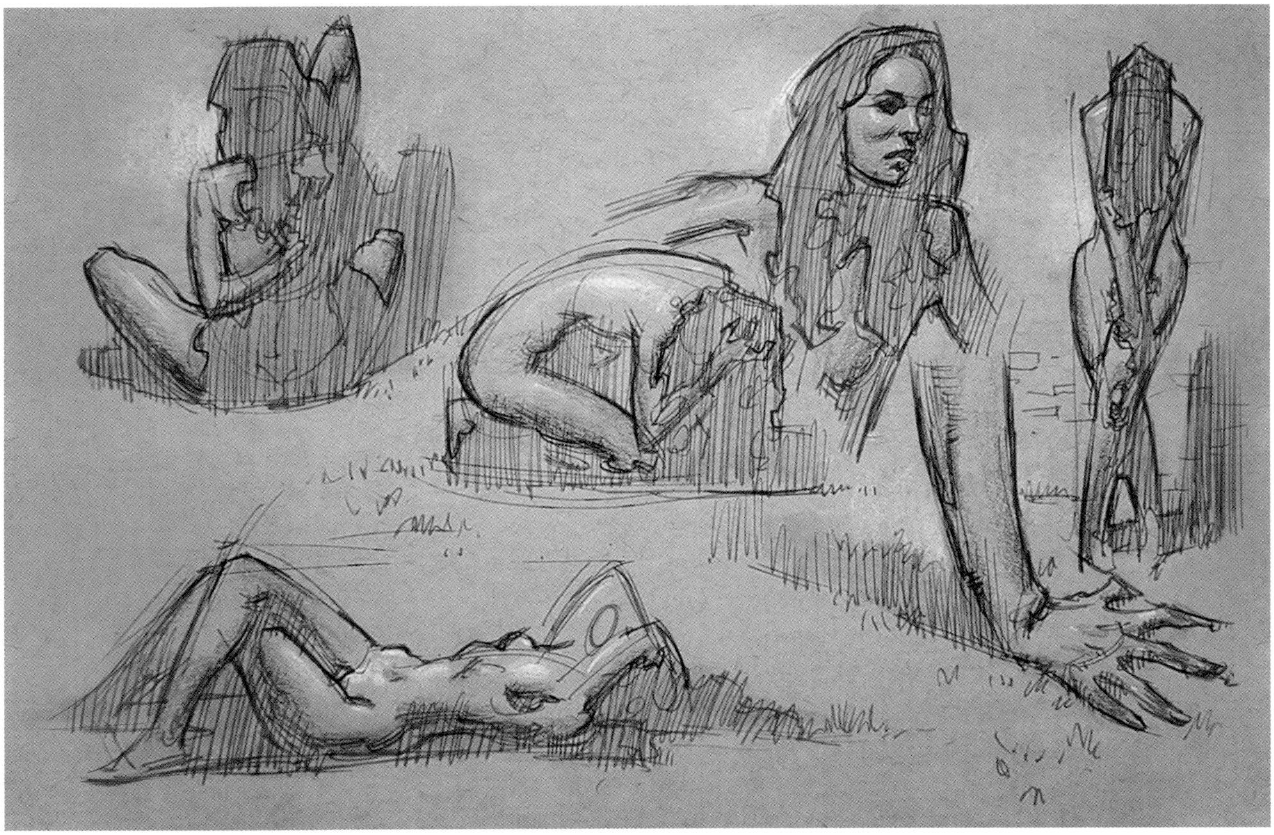

Zehn-Minuten-Posen

Ich mag zehnminütige Posen, weil sie mir etwas mehr Zeit geben, meine Figur zu verfeinern und die Schattierung etwas weiter voranzutreiben. In der Regel bin ich nach der ersten zehnminütigen Pose in einer Sitzung aufgewärmt, fühle mich locker und habe einen guten Zeichenrhythmus.

Ablauf und Zielsetzung ist ähnlich wie bei einer fünfminütigen Pose, aber nun haben Sie Zeit für etwas mehr Sorgfalt. Sie können beispielsweise Proportionen, Winkel, Formen und die Kontur verfeinern. Es kann auch sein, dass man die vollen zehn Minuten braucht, um eine komplexe Pose überzeugend zu erfassen.

Ist die Pose weniger komplex, haben Sie vielleicht mehr Zeit, um die Schattierung zu entwickeln. Zeichnen ist aber kein Wettlauf und das Ziel ist nicht, fertig zu werden. Streben Sie lieber an, dass Ihre Zeichnung nach jeder Phase des Zeichenprozesses eine gewisse Aussagekraft besitzt.

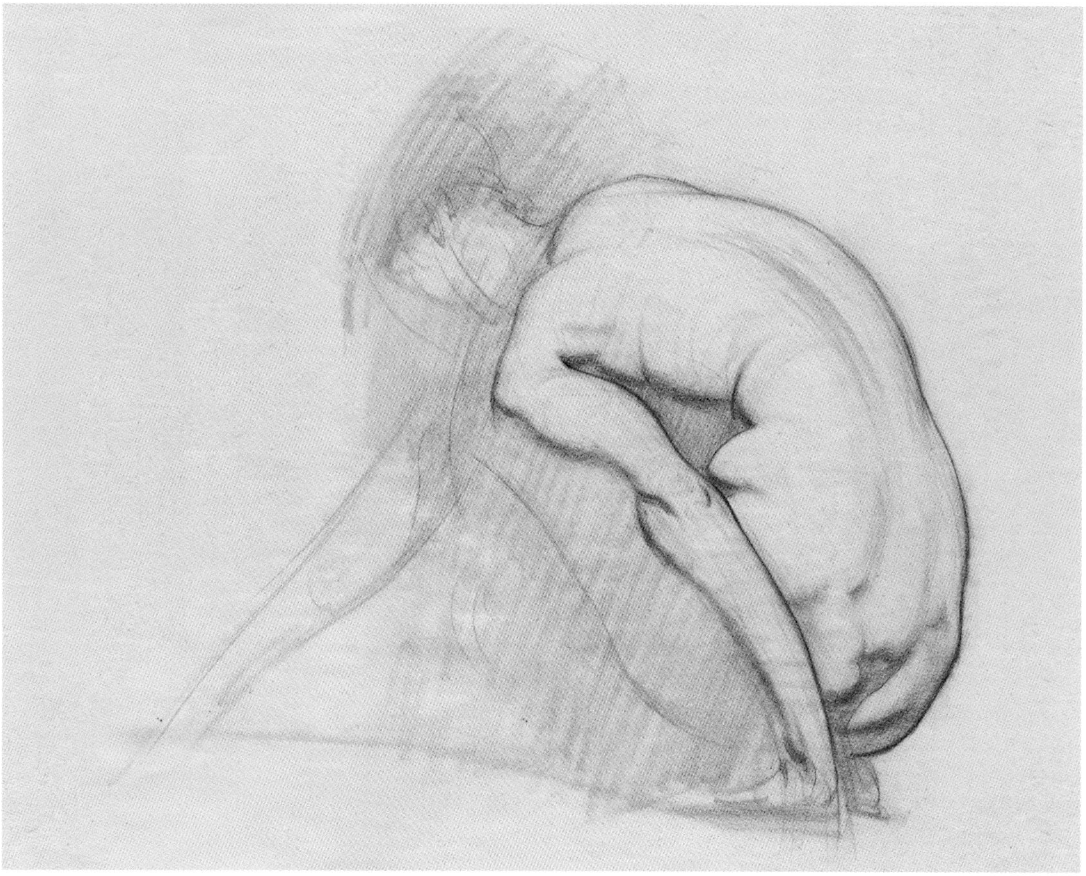

Zehn-Minuten-Pose nach einem lebenden Modell, Pastellstift auf Zeitungsdruckpapier. Die Pose war relativ einfach und ich hatte Zeit zum Schattieren. Um sie optimal zu nutzen, habe ich mich auf die Schattenformen des Rückens konzentriert.

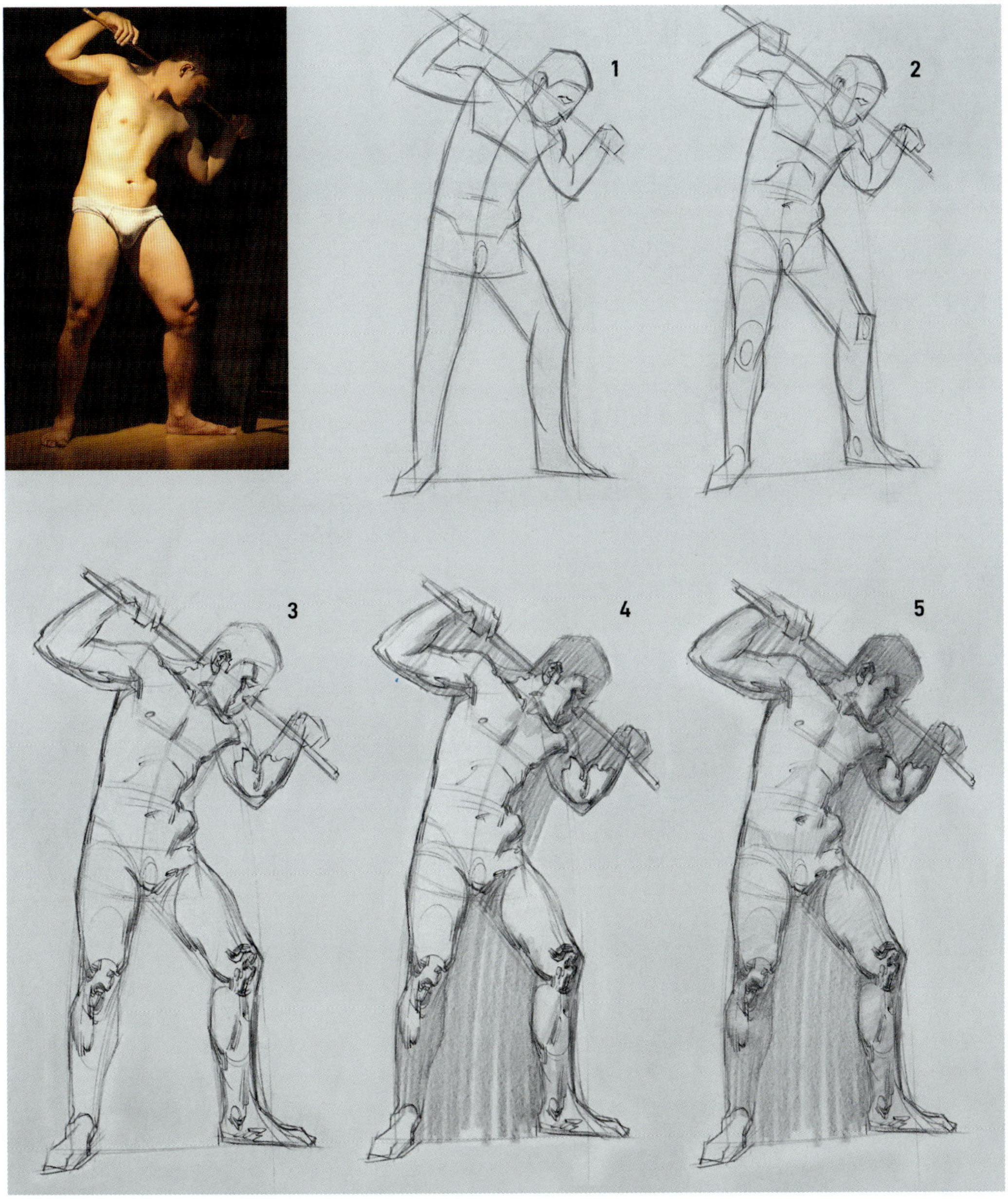

Beispiel 1: Frontalansicht mit interessanten Schatten, Mann

Beobachten

Diese Pose wirkt kraftvoll, und die dramatische Beleuchtung erzeugt klare Schatten mit sehr interessanten Formen. Schön ist auch das Gleichgewicht zwischen hellen und dunklen Formen. Das Gesicht ist verdeckt, aber es gibt trotzdem eine Menge Anatomie zu sehen und zu zeichnen. Wenn Sie nur zehn Minuten Zeit haben, konzentrieren Sie sich auf die Schattenformen, insbesondere auf den Kernschatten, und üben Sie, die Form mit klaren Begrenzungen und wenigen Tonwerten zu vermitteln.

Zeichnen

1. Die Figur mit gestischen Strichen und einfachen Formen skizzieren.

2. 3D-Formen entwickeln, Querschnitte und vereinfachte Anatomie hinzufügen.

3. Die Schattenformen festlegen.

4. Die Schatten mit einem dunklen Grauton schraffieren.

5. Falls noch Zeit bleibt, Mitteltöne einfügen und die Übergänge verfeinern.

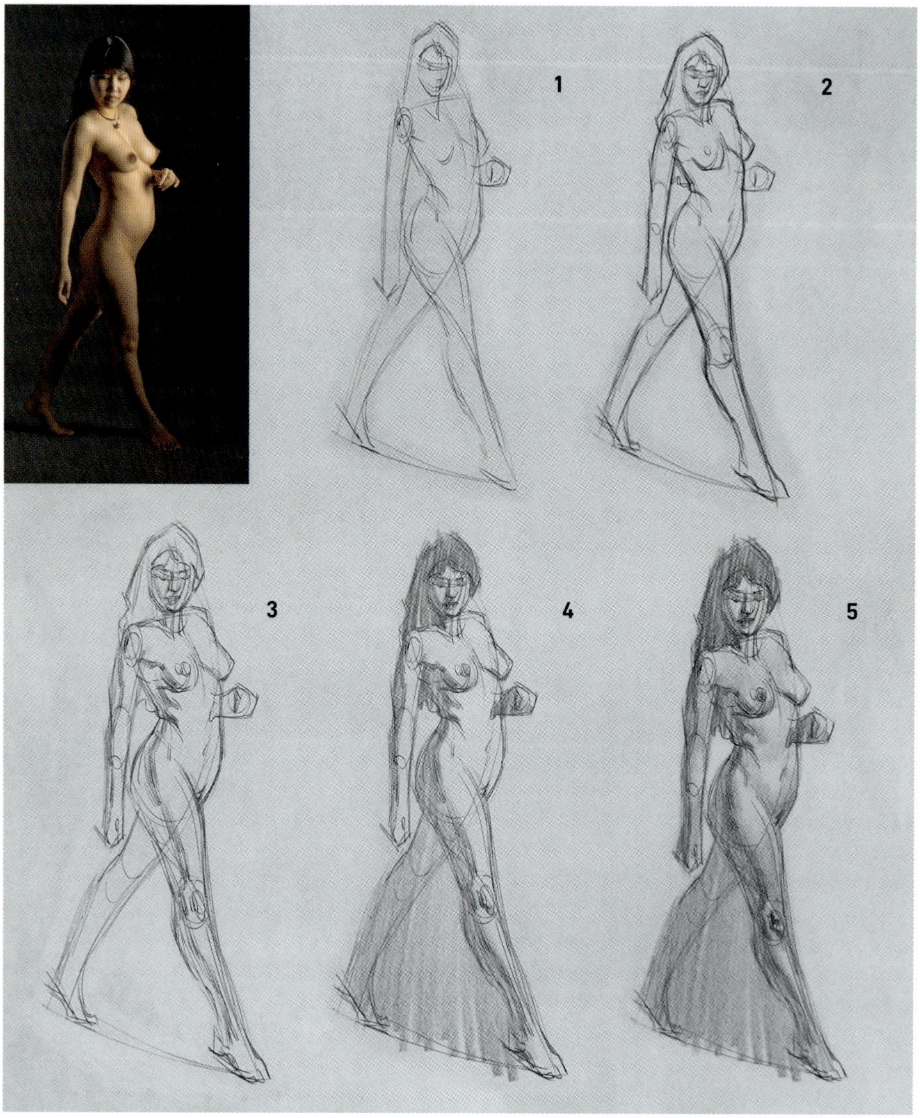

Beispiel 2: Seitenansicht, Frau

Beobachten

An dieser Pose fällt zuerst die graziöse Haltung und Bewegung auf. Die Bewegungslinie verläuft als S-Kurve vom Kopf bis zum linken Fuß. Da das Gesicht und beide Hände sichtbar sind, müssen Sie sich mehr Zeit für die erste Arbeitsphase nehmen. Außerdem ist es wichtig, bei diesem Modell auf den Verlauf des Kernschattens zu achten.

Zeichnen

1. Die langen Kurven übertreiben, vor allem die S-förmige Bewegungslinie, die vom Kopf bis zum Fuß verläuft.

2. Die Gliedmaßen mit Querschnitten konstruieren. Anatomische Details und vereinfachte Gesichtszüge einfügen. Die Kontur verfeinern.

3. Die Schattenformen festlegen.

4. Die Schatten dunkel eintönen, um ein klares Hell-Dunkel-Muster zu etablieren.

5. In der verbleibenden Zeit die Mitteltöne einfügen und weiche Übergänge gestalten.

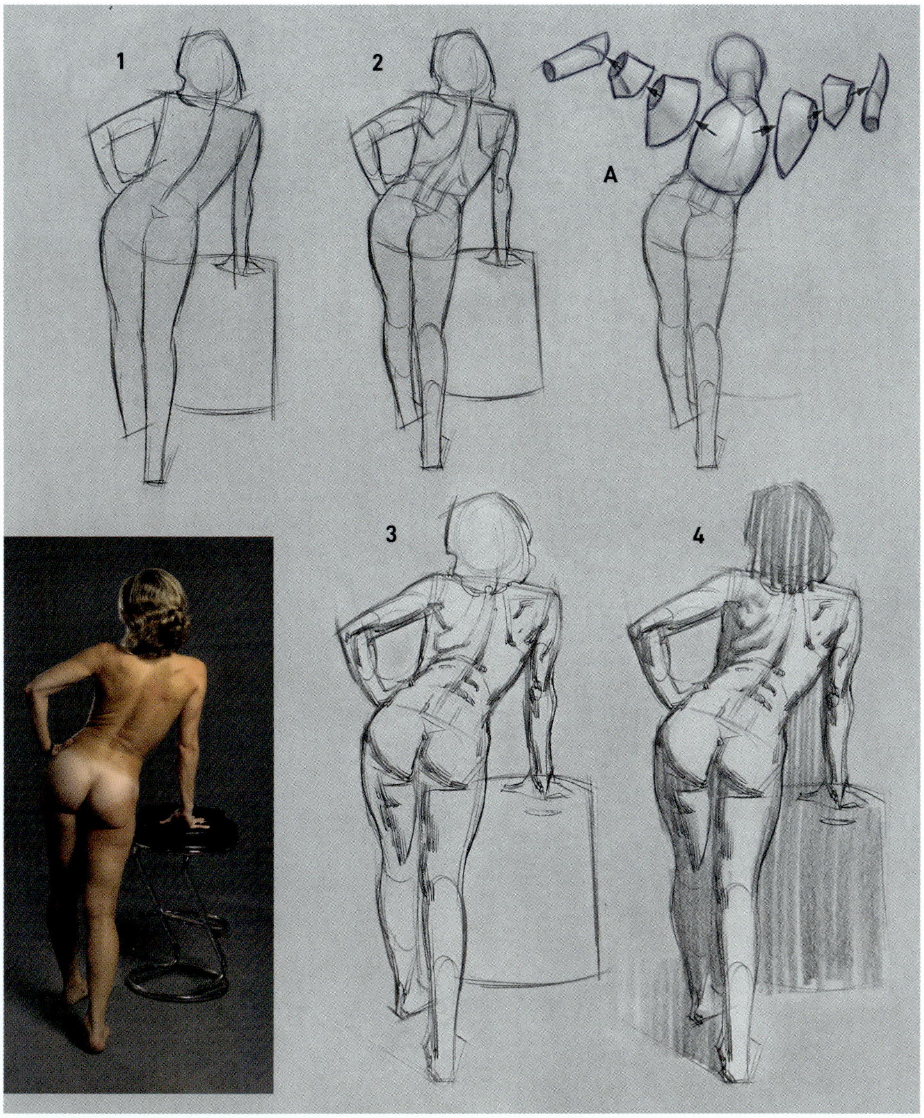

Beispiel 3: Rückenansicht, Frau

Beobachten
Hier fällt die Anatomie von Rücken und Armen ins Auge, darum konzentriere ich mich bei dieser Zeichnung auf sie. Damit die Anatomie überzeugend wirkt, muss ich genau auf die Proportionen achten. Das Entwickeln der Haltung und das Festlegen der wichtigsten Schatten wird die meiste Zeit in Anspruch nehmen.

Zeichnen
1. Haltung und Gliedmaße mit Bögen und einfachen 2D-Formen vorzeichnen. Es sind überwiegend Rechtecke, die später in 3D-Formen umgewandelt werden.

2. Querschnitte einfügen, um Rumpf, Arme und Beine in Zylinder zu verwandeln. Ebenso Schulterblätter und obere Rückenmuskeln andeuten **(A)**. Den Rumpf in Abschnitte gliedern und auf die Überschneidungen achten.

3. Schattenformen so einzeichnen, dass sie die Merkmale der Anatomie verdeutlichen.

4. Die Schatten mit einem dunklen Tonwert ausfüllen, um ein klares Hell-Dunkel-Muster zu etablieren.

20-Minuten-Posen

Eine typische zwei- oder dreistündige Zeichensitzung endet normalerweise mit zwei oder drei 20-Minuten-Posen. Anfängern kann diese Zeitdauer manchmal sehr lang vorkommen.

20-minütige Posen können für Einsteiger eine große Herausforderung sein. Je mehr Zeit zur Verfügung steht, desto größer wird der Erwartungsdruck, eine Zeichnung »fertigzustellen«.

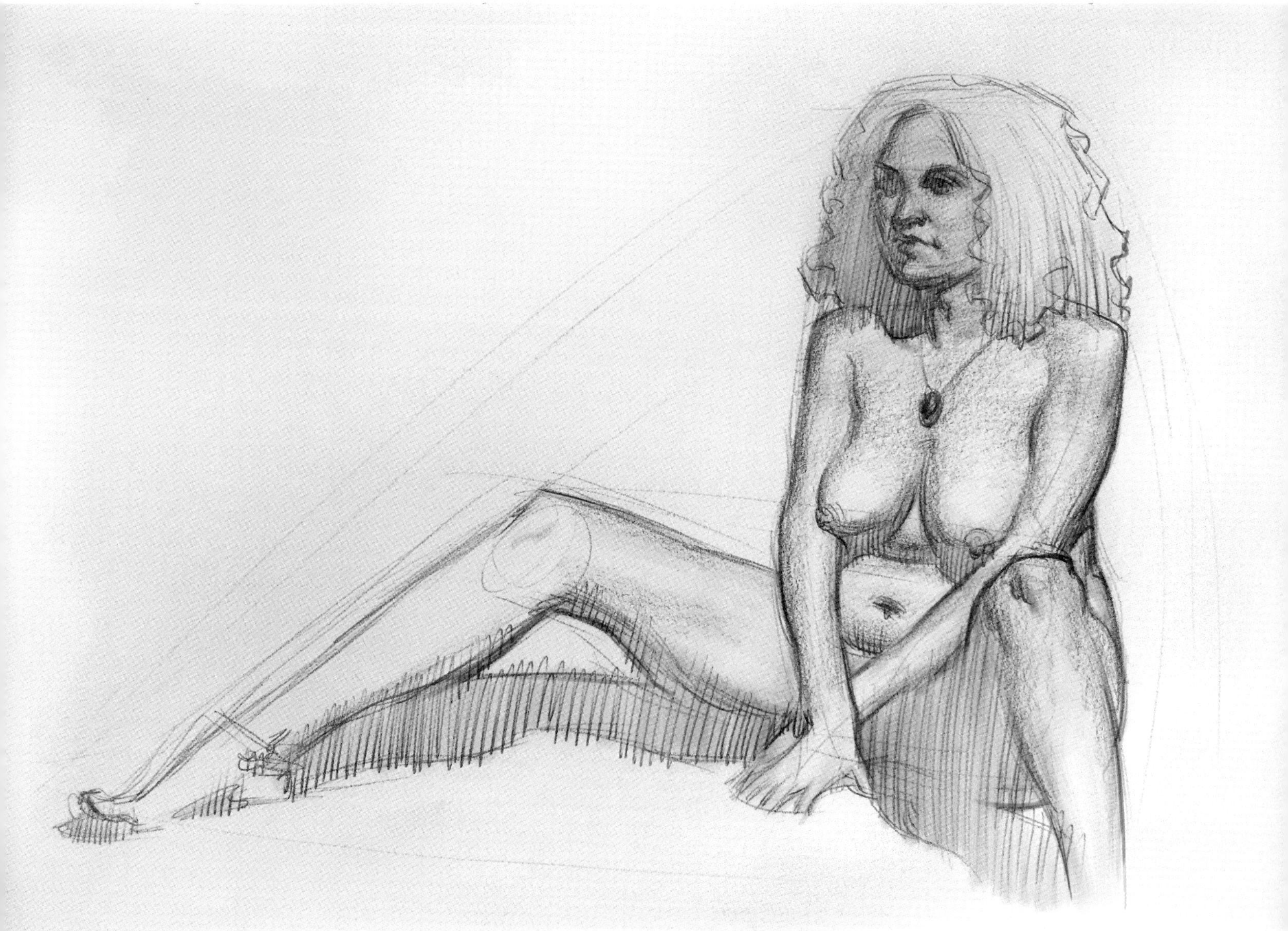

20-Minuten-Pose, gezeichnet mit Kugelschreiber und Farbstift auf Papier.

Man will doch seinen Freunden oder seiner Familie Resultate zeigen können ...

Ich mag 20-minütige Posen, weil ich mir die Zeit nehmen kann, genauer nachzudenken und jeden Strich mit besonderer Aufmerksamkeit zu setzen. Als hilfreich empfinde ich es, mir von Anfang an ein Ziel für die jeweilige Zeichnung zu setzen.

TIPPS AUS DER PRAXIS

Tipp 1: Ein Ziel setzen
Entscheiden Sie sich vor dem Zeichnen, worauf Sie sich konzentrieren wollen. Sie könnten beispielsweise den Schwerpunkt auf gute Proportionen und Strukturen legen, oder Sie könnten sich auf die Anatomie konzentrieren. Unabhängig von Vorkenntnissen und Zeichenerfahrung ist es hilfreich, sich auf ein Ziel zu konzentrieren, um die zur Verfügung stehende Zeit produktiver zu gestalten.

Tipp 2: Besserer Blickwinkel

Wenn Ihre Sicht auf das Modell ungünstig ist oder wenn die Pose nicht attraktiv oder interessant ist, wechseln Sie den Platz und verändern Sie Ihren Blickwinkel. Natürlich setzen die Größe des Raums und die Anzahl der Zeichner der Bewegungsfreiheit Grenzen. Manchmal ist es möglich, an eine Seite des Raums oder weiter weg in die letzte Reihe zu gehen, um einen besseren Blickwinkel zu bekommen, ohne die anderen Künstler im Raum zu stören.

Den Ablauf einhalten

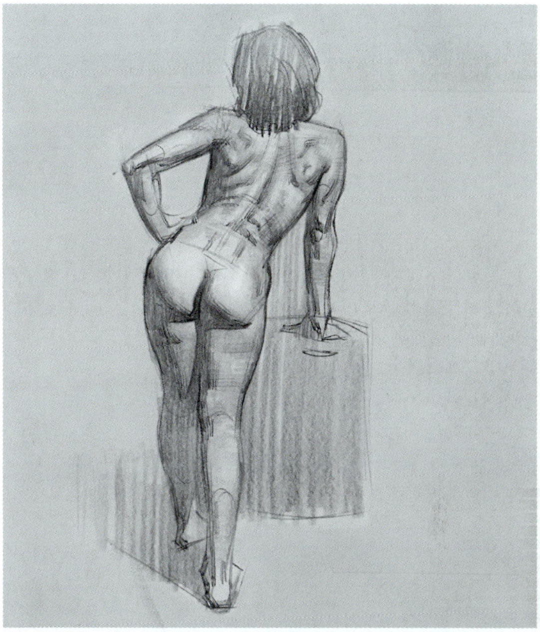

Beim vorherigen Beispiel war die Zeit abgelaufen, bevor ich die Schattierungen vollenden konnte. Das ist nicht schlimm. Es ist sehr verlockend, die Zeichnung zu überstürzen und Schritte zu überspringen, um zu den Schattierungen zu kommen oder zu versuchen, die Zeichnung so schnell wie möglich fertigzustellen. Aber denken Sie daran: Zeichnen ist kein Wettlauf. Das Ziel sollte immer sein, die Wirkung der Pose zu vermitteln und genügend Informationen festzuhalten, um mit der nächsten Phase des Zeichenprozesses fortzufahren. Je mehr Zeit Sie mit den einzelnen Phasen des Prozesses verbringen, desto größer ist der Übungseffekt.
Wenn Ihnen eine Zeichnung wirklich gefällt, können Sie sie nach der Sitzung weiter ausarbeiten. Am Beispiel oben habe ich nach Ablauf der zehn Minuten noch die Schatten und Halbtöne ausgearbeitet und die Übergänge weicher gestaltet.

Tipp 3: Auf den Prozess konzentrieren

Ob Anfänger oder Könner: Die Zeit vor dem Modell sollten Sie nutzen, um den Zeichenprozess zu üben. Einsteiger sollten sich nicht scheuen, 20 Minuten lang an der gestischen Grundskizze zu arbeiten. Wenn Sie 20 Minuten brauchen, um eine gute Konstruktionszeichnung mit genauen Proportionen und der richtigen Positionierung der Formen anzufertigen, ist das ein Erfolg. Nur weil die Pose 20 Minuten oder länger dauert und die Person, die neben Ihnen sitzt, ihre Zeichnung schon schattiert, sollten Sie nicht das Gefühl haben, selbst auch so weit sein zu müssen. Nutzen Sie die Zeit mit dem Modell, um das zu üben, was Ihren Bedürfnissen entspricht.

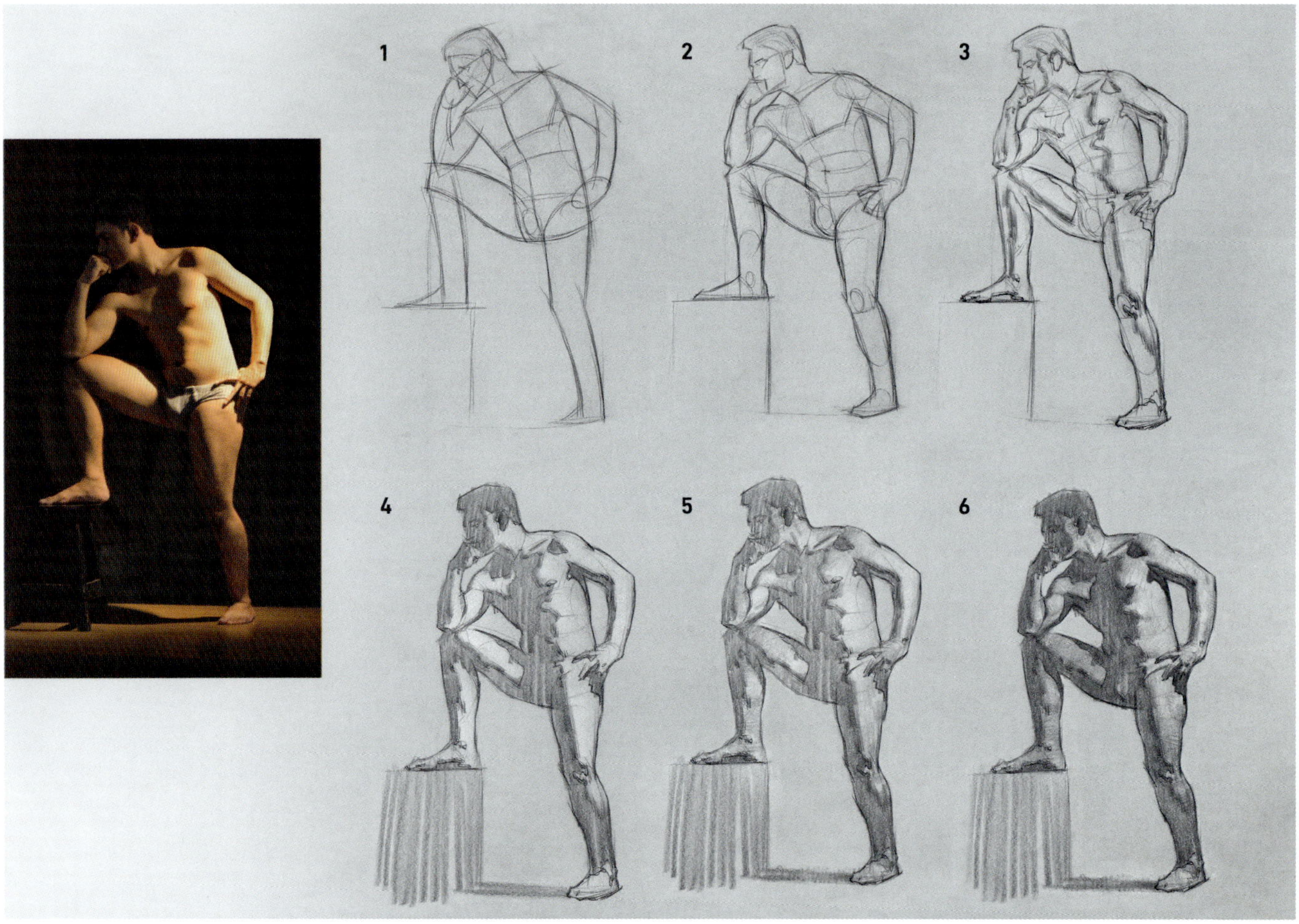

Beispiel 1: Frontalansicht, Mann

Bei diesem Beispiel sorgt die Beleuchtung für sehr interessante Licht- und Schatteneffekte. Als Ziel definiere ich gute Handwerksarbeit. Das bedeutet, alle Striche und Tonwerte so sauber wie möglich zu zeichnen und das Schattenmuster sorgfältig zu definieren.

Teil 1: Die Haltungszeichnung

Der Zeichenprozess beginnt mit der Haltungsskizze. Sie bildet die Grundlage für alle anderen Arbeitsschritte, darum ist ihr in diesem Buch so viel Raum gewidmet. Bei 20-Minuten-Posen hat man ausreichend Zeit, diese Haltungsskizze so genau wie möglich zu zeichnen.

1. Mit gestischen Strichen und 2D-Formen beginnen. Mit langen, flüssigen Strichen zeichnen, damit die Zeichnung möglichst dynamisch wirkt. Auf Proportionen und Winkel braucht man sich in dieser Phase noch nicht zu sehr zu konzentrieren.

2. Beim Einzeichnen der Konstruktionslinien werden die Proportionen genauer festgelegt. Zuerst Querschnitte, 3D-Formen und anatomische Elemente in Kopf und Rumpf einzeichnen, dabei bei Bedarf die ursprüngliche Skizze korrigieren. In diesem Fall habe ich die Neigung des Kopfs verändert und die Formen verfeinert **(A)**. Die Arme konstruieren und die Hände verfeinern. Die Finger der linken Hand des Modells mit einem Rechteck andeuten **(B)**.

3. Querschnitte in die Beine einzeichnen und durch zusammengesetzte Formen ihr zylindrisches Volumen herausarbeiten. Die Füße ausarbeiten, dabei Zehen, Fersen und Knöchel einzeichnen. Ich habe hier noch das rechte Knie und den rechten Arm des Modells korrigiert **(C)**. Zuerst habe ich die Länge des Oberschenkels verkürzt und den Winkel der Kniescheibe berichtigt. Dann habe ich die Form und Länge des Oberarms verfeinert, insbesondere die Spitze des Ellbogens und den Übergang zum Unterarm.

Wenn man sich so viel Zeit wie nötig nimmt, um eine gute Haltungszeichnung zu erstellen, erhält man eine solide Grundlage, auf der man die Zeichnung aufbauen kann.

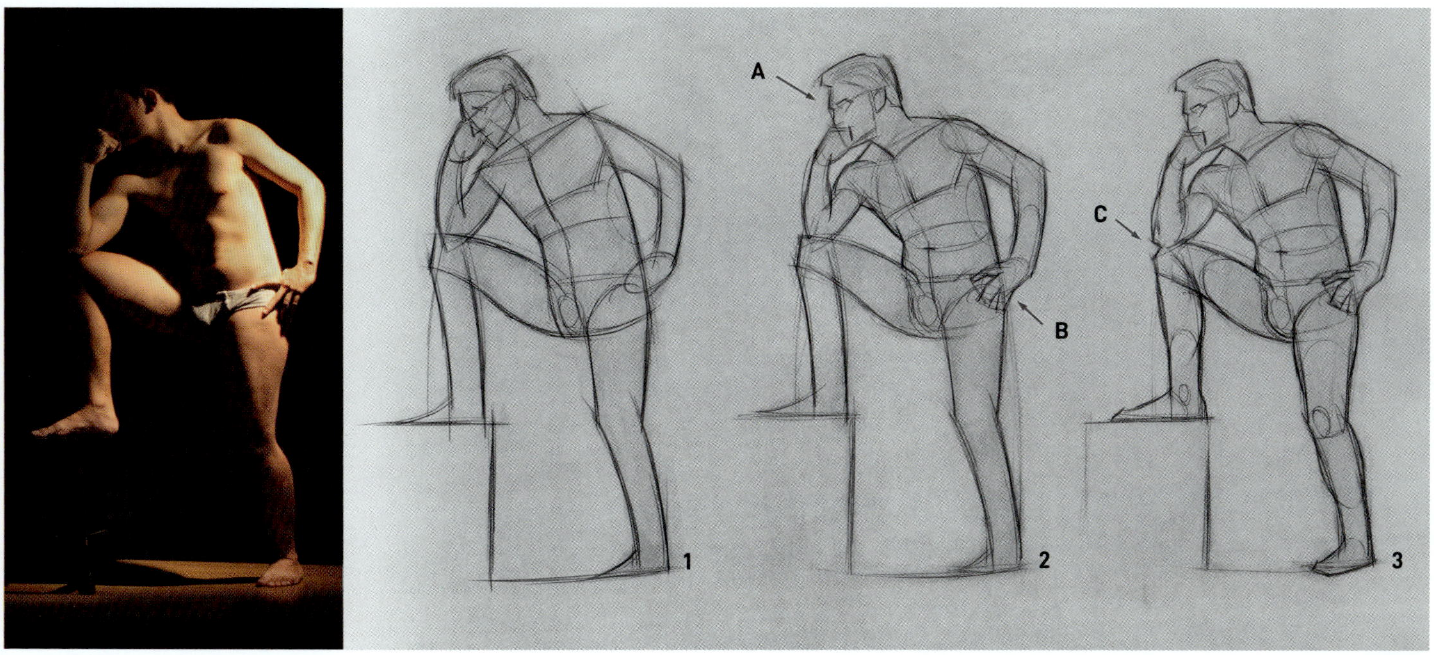

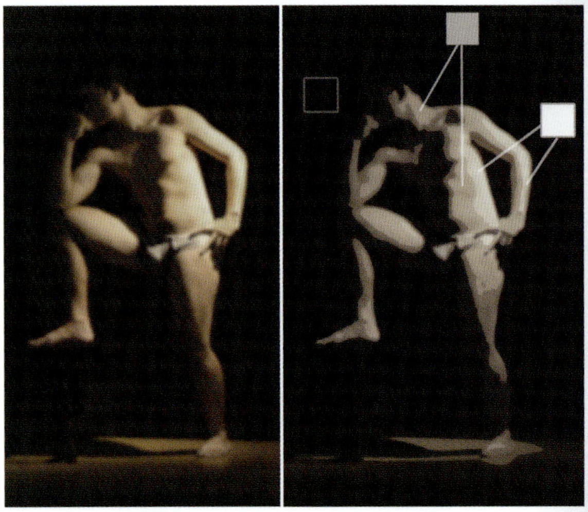

(A) blinzeln (B) Tonwerte

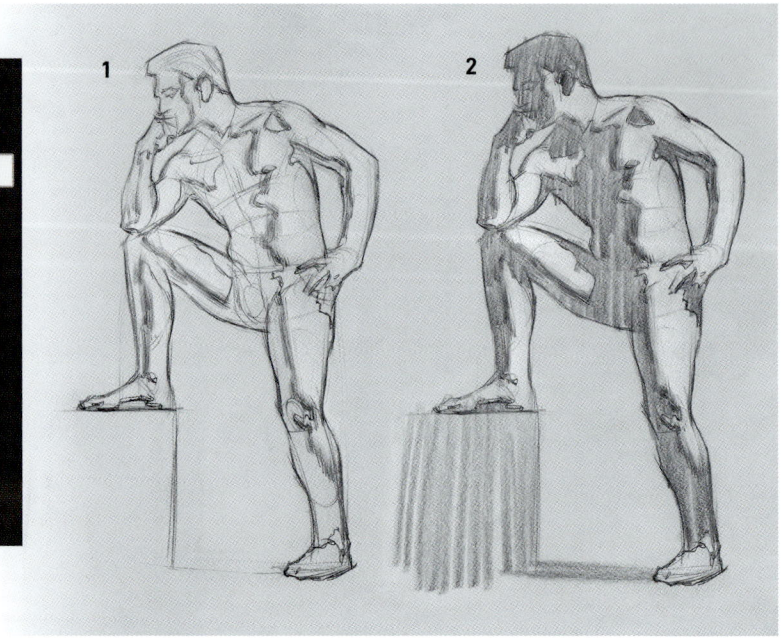

Teil 2: Erste Schatten

Beobachten

Nehmen Sie sich vor dem Schattieren Zeit, Licht und Schatten zu studieren, indem Sie das Modell mit zusammengekniffenen Augen betrachten **(A)**. Weil das Modell gut ausgeleuchtet ist, sind die Licht- und Schattenformen klar erkennbar. Um die Tonwerte zu analysieren **(B)**, zuerst auf die linke Seite der Figur achten. Sie liegt komplett im Schatten und stellt den dunkelsten Tonwert dar. Brustkorb und Arm werden direkt angestrahlt und stellen den hellsten Tonwert dar. Zwischen diesen beiden Tonwert-Extremen liegen die Mitteltöne.

1. Zuerst die Schattenformen definieren. Weil kaum Licht reflektiert wird, sind ihre Grenzen klar erkennbar. Beim Einzeichnen der Schattenformen die Anatomie der jeweiligen Körperteile beachten.

2. Die Schatten mit einem dunkleren Grau ausfüllen, um Licht und Schatten klar abzugrenzen. Die Zeichnung wird sauberer, wenn Sie sich Mühe geben, den Grauton einheitlich zu gestalten.

Teil 3: Schattieren und verfeinern

1. Jetzt überall – außer auf Brustkorb und Arm – die Mitteltöne einfügen. Beim Schraffieren den Bleistift sehr flach aufsetzen und auch die Ränder der Kernschatten etwas weicher gestalten.

2. Die Mitteltöne auf der ganzen Figur ausarbeiten. Im unteren Beriech, etwa auf den Beinen und der Hand, sind sie etwas dunkler. Auf dem Brustkorb und dem Arm die Form mit ganz zarten, blassen Schraffuren herausarbeiten. Dabei bleiben die Highlights weiß.

3. Die restliche Zeit nutzen, um Tonwerte und Übergänge zu verfeinern. Alle tiefen Schatten nochmals abdunkeln, vor allem nahe der Schulter und rechts vom Brustkorb, um den Kontrast zu verstärken und einen Blickfang in der Zeichnung zu schaffen. Die Mitteltöne an Beinen, Füßen und Armen etwas abdunkeln.

Zuletzt die Okklusionsschatten unter den Achseln und unter den Fingern der linken Hand in tiefem Schwarz einfügen. Die Schlagschatten auf Brust, Schulter und Armen verstärken.

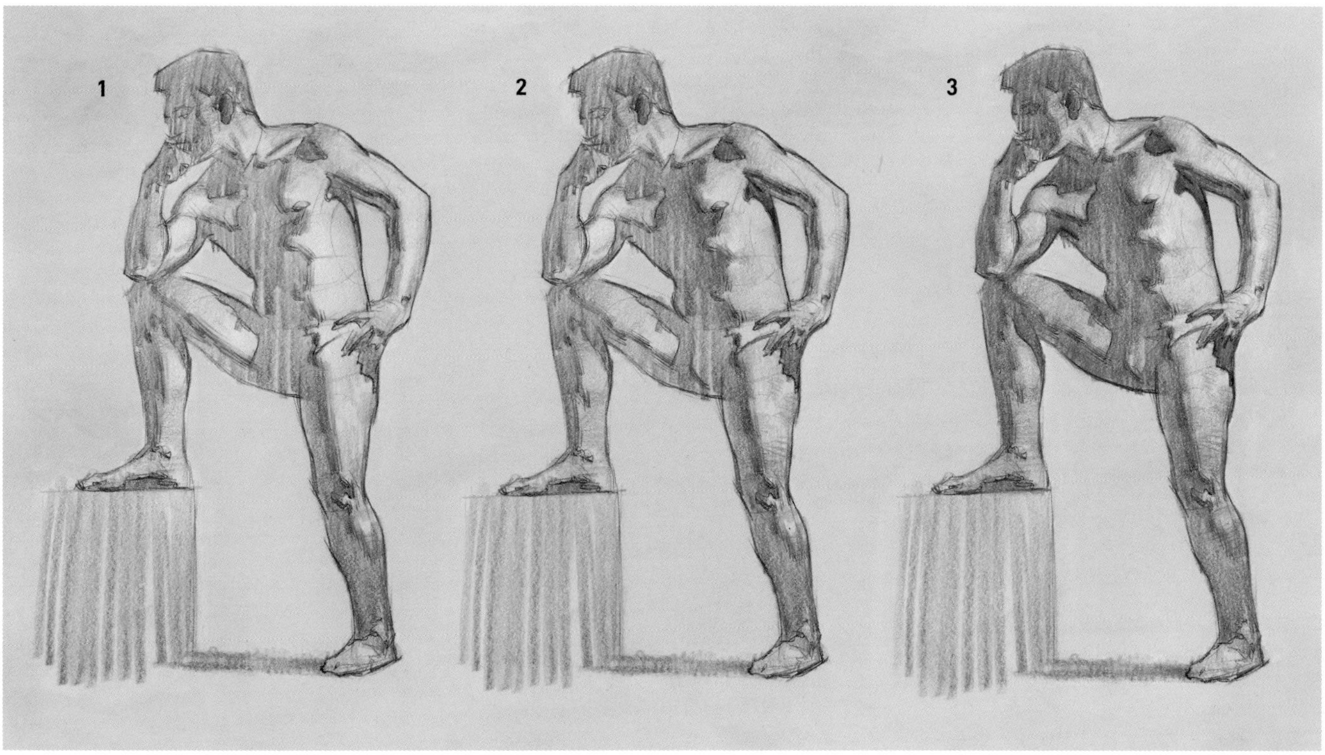

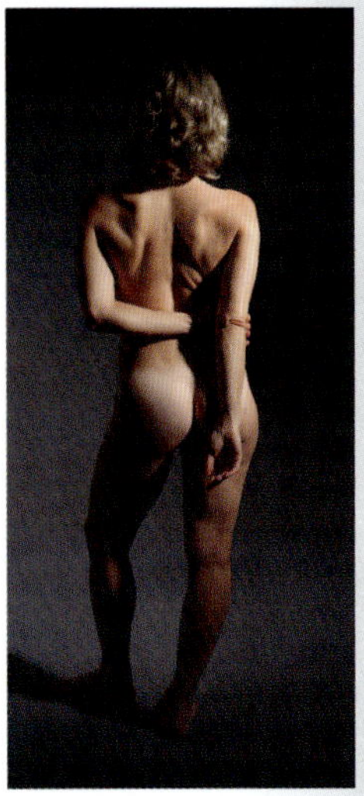

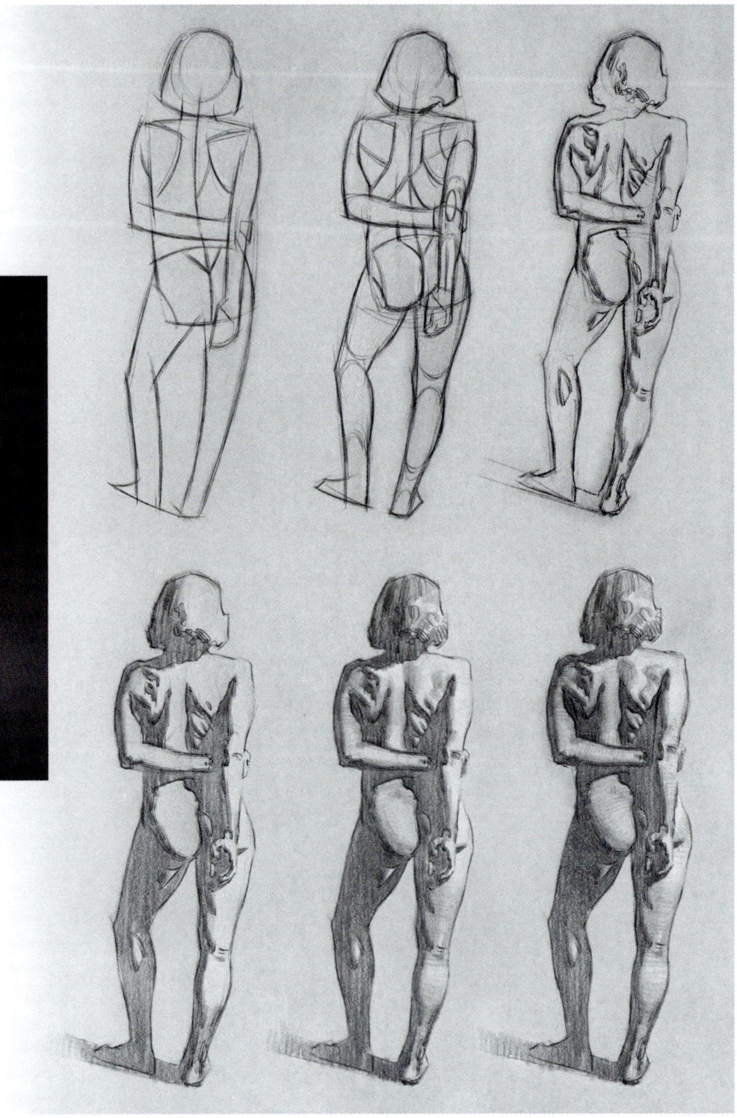

Beispiel 2: Rückenansicht, Frau
Auch bei diesem Beispiel sorgt die Beleuchtung für klar umrissene Licht- und Schattenformen. Im oberen Rücken sind viele interessante Formen zu sehen. Bei dieser Haltung werde ich mich auf die Anatomie konzentrieren und versuchen, Formen durch Tonwerte und Übergänge zum Ausdruck zu bringen.

Teil 1: Die Haltungszeichnung

1. Mit der Bewegungslinie und langen Bögen beginnen. Dadurch bekommt die Figur eine Grundform und einen Rhythmus. Den Kopf andeuten. Oberen und unteren Rumpf in der Taille unterteilen. Die Winkel der Schulterlinie und der Hüftlinie übertreiben, um die Asymmetrie der Pose herauszustellen. Die Arme mit langen Bögen andeuten, die sich an die Konturen des Rumpfs schmiegen.

2. Die Rumpfform ausarbeiten, Hüftlinie und Mittellinie einzeichnen. Haltung und Form beider Arme hinzufügen. Dreiecke für die Schulterblätter einzeichnen. Auch das Kreuzbein unterhalb der Hüftlinie mit einem kleinen Dreieck andeuten. Die Hände können zu einfachen Vierecken vereinfacht werden.

3. Nun Konstruktionslinien einzeichnen, um die Anatomie deutlicher herauszuarbeiten. Auf dem oberen Rücken werden die Muskulatur und die Wölbung der Schulterblätter durch mehrere angedeutete Zylinder dargestellt (siehe Abbildung nächste Seite). In die Gliedmaßen Querschnitte und Ellipsen einzeichnen, um ihr Volumen erkennbar zu machen.

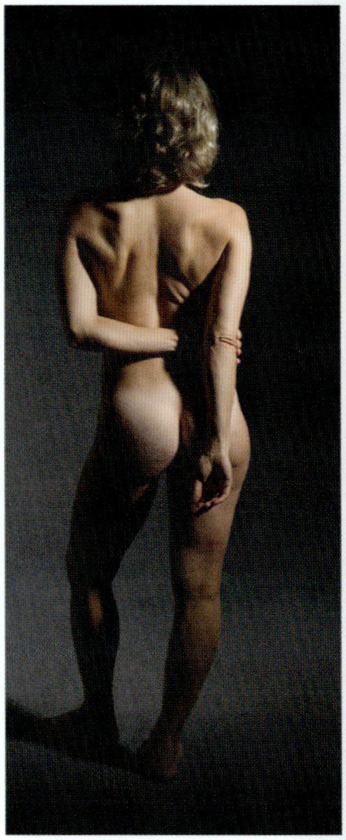

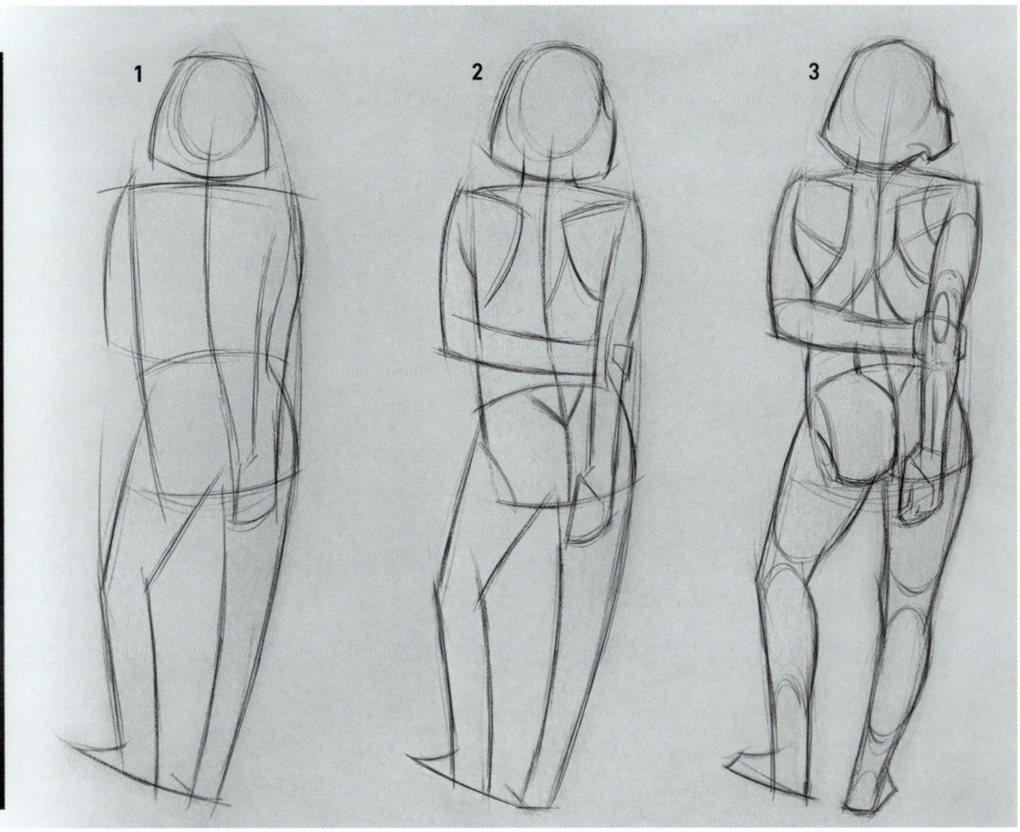

Konstruktion des oberen Rückens

Der obere Rücken ist wegen seiner vielschichtigen Anatomie interessant, aber nicht ganz einfach zu zeichnen. Hier erkläre ich ein Verfahren, mit dem Sie es sich einfacher machen können.

Beobachten

Genau hinschauen ist hier sehr wichtig. Der wichtigste Orientierungspunkt ist das Schulterblatt (Scapula). Um es besser zu erkennen, achten Sie auf Lichter und Ecken. In dieser Pose verläuft ein langer, dünner Streifen entlang des Rückens des rechten Schulterblatts **(A)**. Die obere Ecke des linken Schulterblatts tritt ebenfalls hervor **(B)**. Die unteren Ecken der Schulterblätter sind im Schatten zu sehen **(C)**.

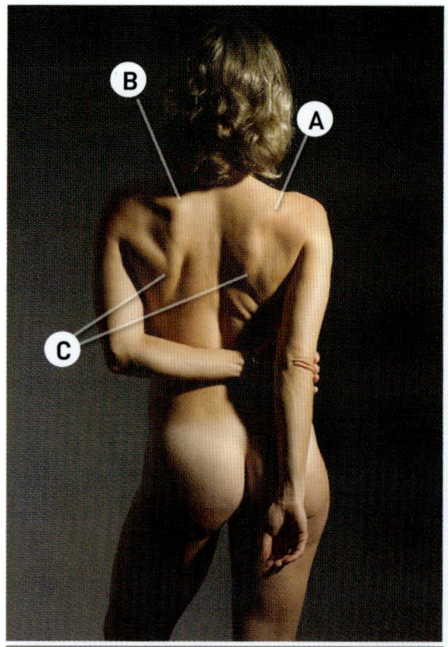

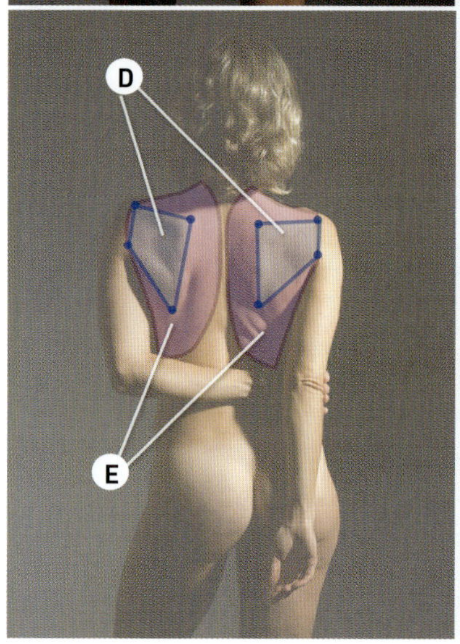

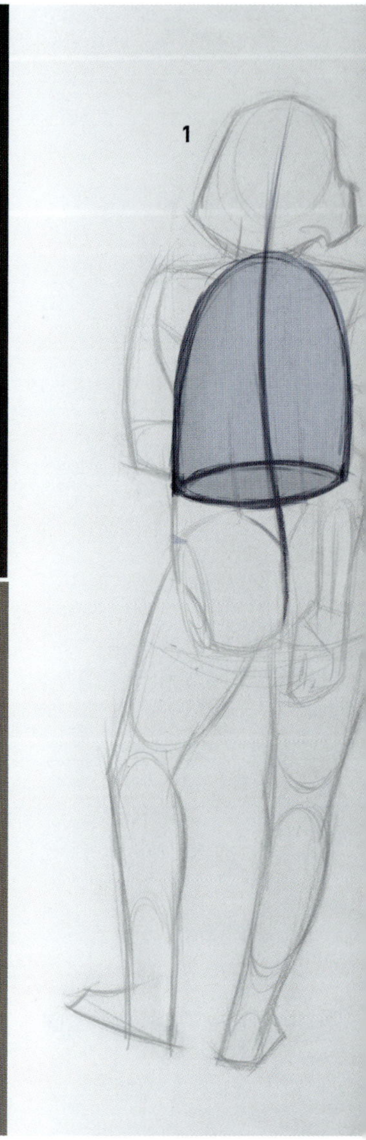

Anhand dieser Ecken können Sie die dreieckige Form des Schulterblatts durch Haut und Muskeln hindurch erkennen **(D)**. Danach die Muskelgruppe suchen, die das Schulterblatt umgibt. Diese Muskeln geben dem Schulterblatt Halt, und sie sind an der Bewegung von Schulter und Oberarm beteiligt **(E)**.

Zeichnen

1. Stellen Sie sich Ebenen vor, um die Anatomie zu vereinfachen. Die erste Ebene ist der Brustkorb. Er kann als zusammengesetzte Form gezeichnet werden, die an einen Vogelkäfig oder eine Haube erinnert.

2. Dann folgen die Muskeln unter dem Schulterblatt. Es sind genau genommen mehrere Schichten großer und kleiner Muskeln, von denen der Trapezmuskel am besten erkennbar ist. Die beiden Trapezmuskeln können zu flachen Trichterformen vereinfacht werden, die Öffnungen für die Arme haben.

3. Die letzte Ebene bildet das Schulterblatt. Es ist mehr oder weniger dreieckig, besitzt aber Ecken und Grate, die sich durch die Haut hindurch abzeichnen. Diese Form trifft auch auf die Muskeln zu, die auf dem Schulterblatt sitzen.

Um diesen komplexen Aufbau wirklich zu verstehen, müsste man sich intensiv mit dem Aufbau des menschlichen Körpers beschäftigen. Man muss kein anatomisches Fachwissen haben, um mit dem Aktzeichnen zu beginnen, aber gewisse Grundkenntnisse der Anatomie sind nützlich, wenn man realistische Zeichnungen von guter Qualität gestalten möchte. Nachdem ich die Anatomie des Schulterblatts und der wichtigsten Muskeln, die das Schulterblatt und die Schulter umgeben, in einem Buch studiert hatte, konnte ich sie am Modell besser erkennen.

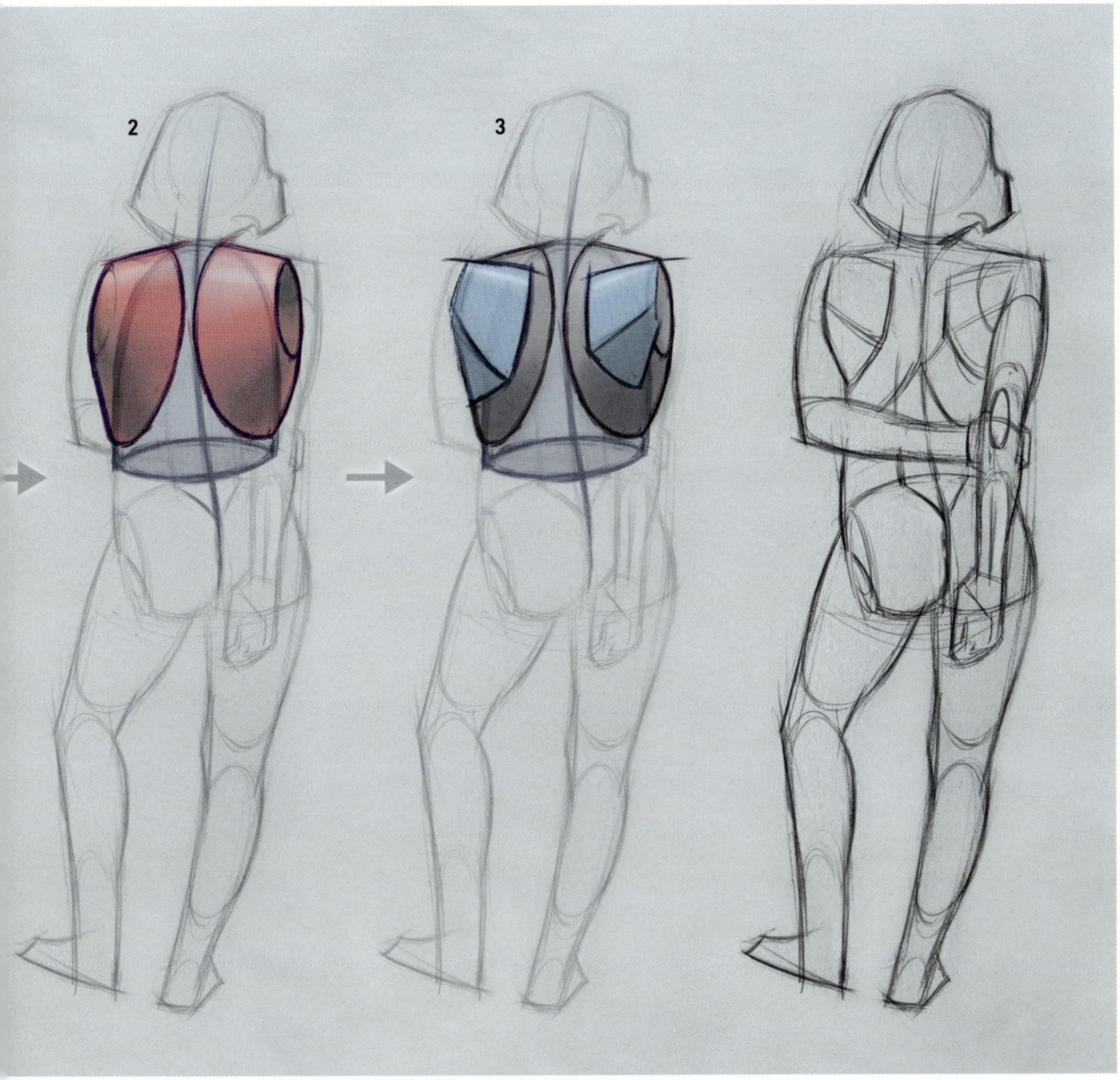

Anfängern empfehle ich, zuerst die Abbildung der Ebenen genau zu betrachten und abzuzeichnen, und danach so oft wie möglich nach dem lebenden Modell zu zeichnen. Sobald Sie etwas Erfahrung gesammelt haben, sollten Sie regelmäßig anatomische Studien zeichnen. Beschäftigen Sie sich dabei zuerst mit dem Skelett, dann mit den Muskeln.

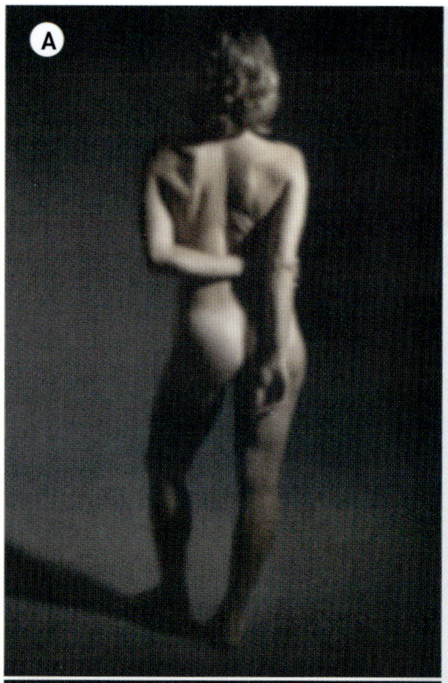
A

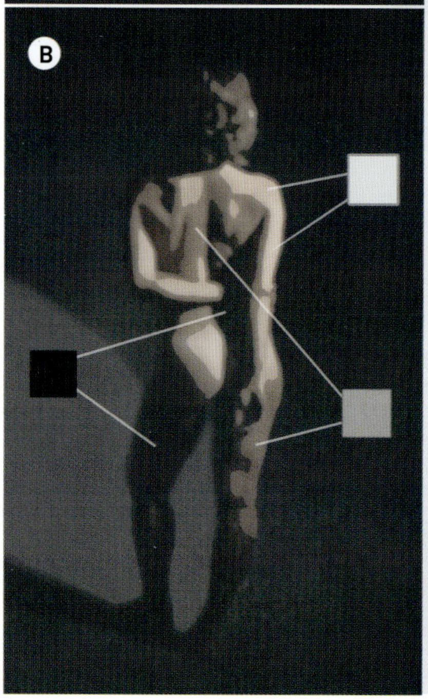
B

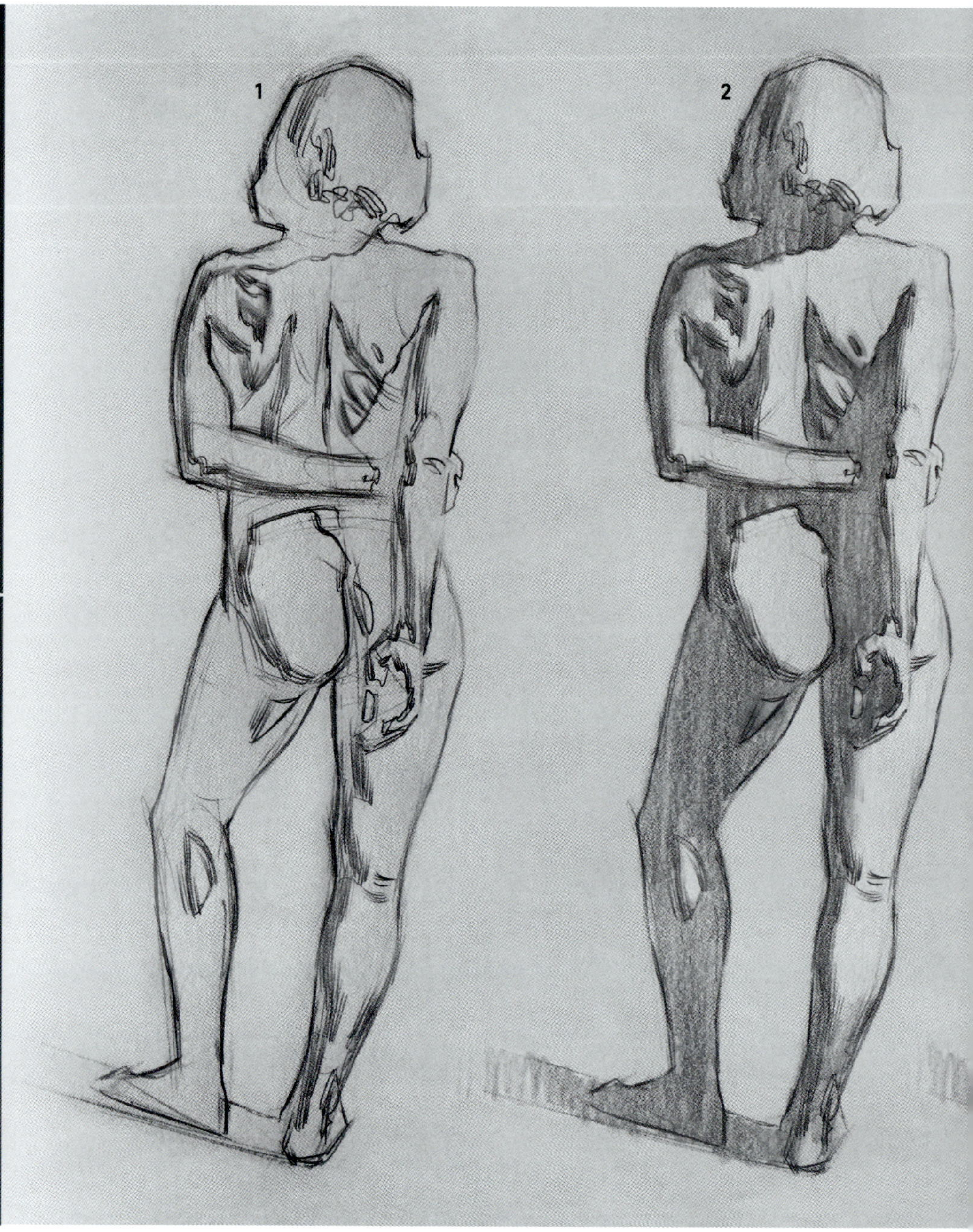
1
2

3

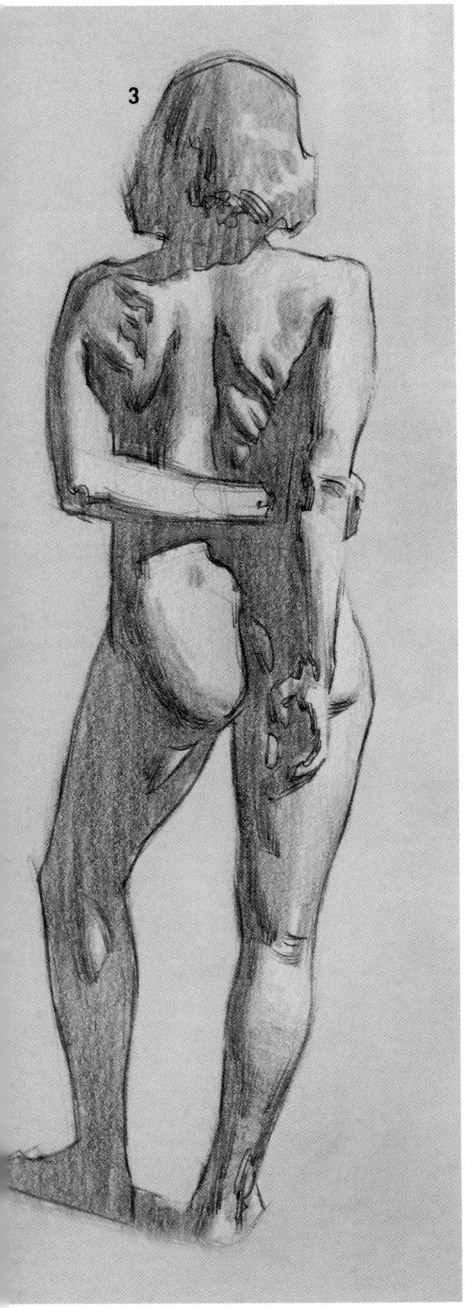

Teil 2: Erste Schatten

Beobachten

Durch die gute Beleuchtung sind die Schatten und Tonwerte gut zu erkennen **(B).** Mit zusammengekniffenen Augen **(A)** sieht man, dass die Schatten große, zusammenhängende Formen bilden. Die hellsten Tonwerte finden sich an der rechten Schulter und am Oberarm, die dem Licht am nächsten sind, sowie auf der linken Gesäßhälfte. Auf dem restlichen Körper sind größtenteils Mitteltöne zu sehen.

Zeichnen

1. Zuerst die Schattenformen einzeichnen und anschließend die Übergänge zum Kernschatten leicht variieren.

2. Die Schattenformen mit einem dunklen Grau ausfüllen, um ein klares Licht-Schatten-Muster zu erhalten.

3. Zuletzt die Mitteltöne einfügen. Mit den Bereichen beginnen, die dem Kernschatten am nächsten liegen oder die weiter von der Lichtquelle entfernt sind, beispielsweise Beine und linke Schulter.

Teil 3: Schattieren und verfeinern

1. Weitere Mitteltöne einfügen, nur die hellsten Bereiche – rechter Arm und linke Gesäßhälfte – aussparen. Die Kernschatten etwas abdunkeln und ihre Übergangsbereiche weich verwischen, um die Formen herauszuarbeiten und den Eindruck von reflektiertem Licht zu erzeugen.

2. Die restliche Zeit nutzen, um die Lichtbereiche mit helleren Halbtönen zu modellieren. Um den Kontrast zu verstärken und die Zeichnung dynamischer wirken zu lassen, können Sie die Schlagschatten abdunkeln. Auch die Okklusionsschatten zwischen Oberarm und Rumpf können abgedunkelt werden.

1

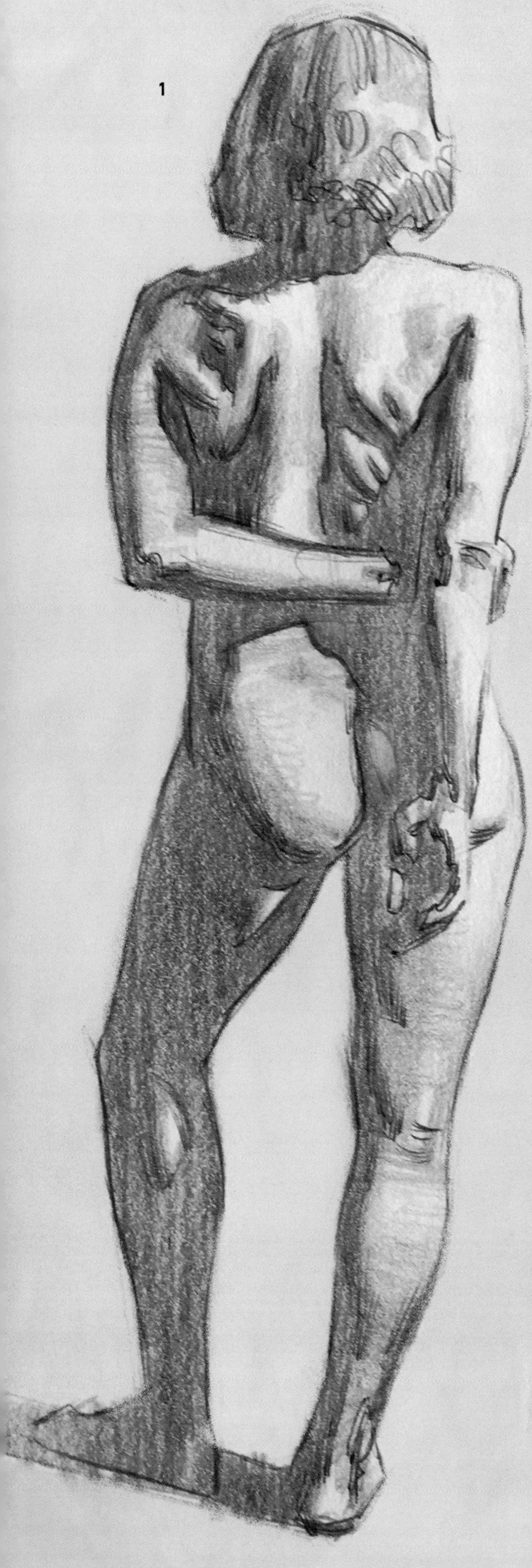

2

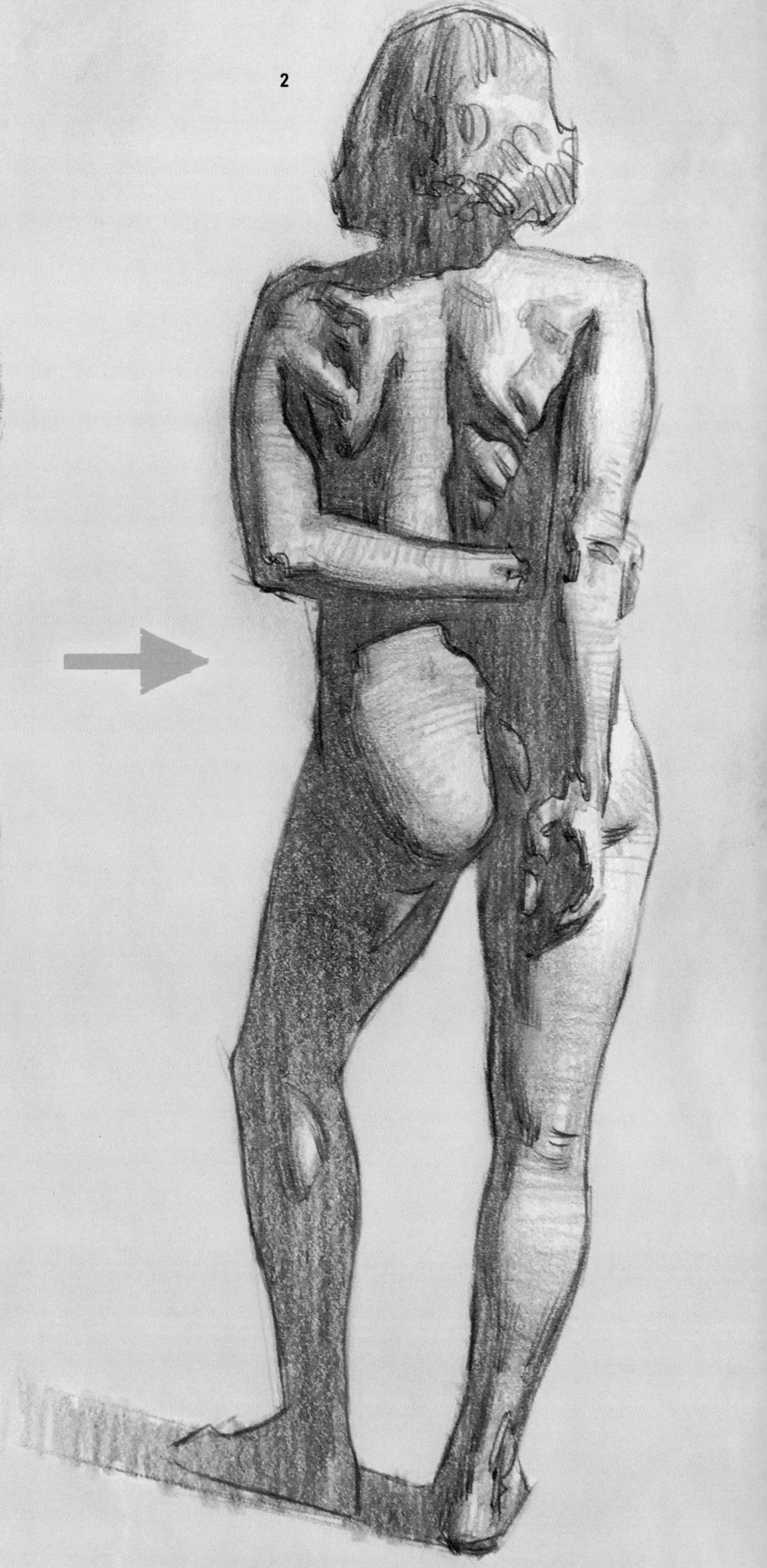

KAPITEL 4

SEITENANSICHT UND PERSPEKTIVE

Techniken und Strategien

Posen in der Seitenansicht sind schwieriger zu zeichnen und sehen manchmal auch etwas uninteressant aus, weil sie weniger visuelle Information über Anatomie und Details enthalten. Diese spärliche Information macht es schwieriger, einen klaren Eindruck der Pose zu gewinnen und diesen zeichnerisch zu vermitteln.

Aus diesem Grund setze ich bei Seitenansichten auf eine Kombination von Herangehensweisen und Techniken.

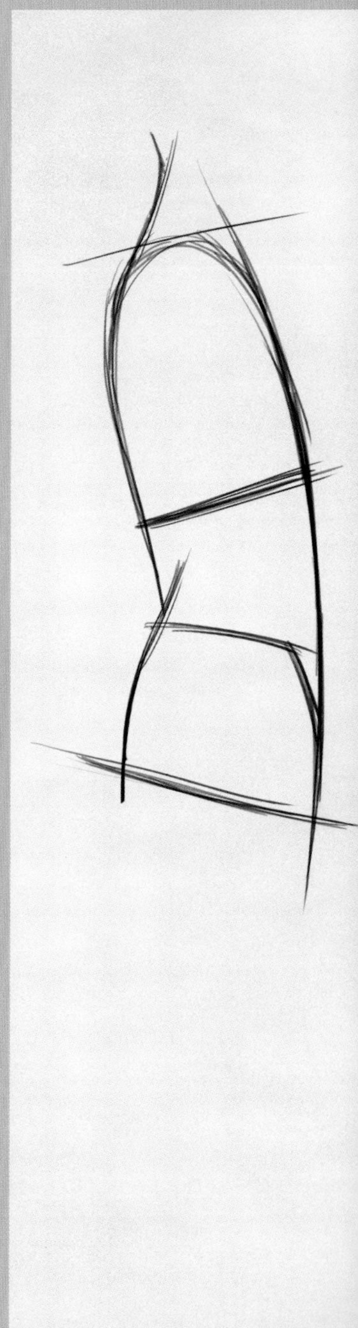

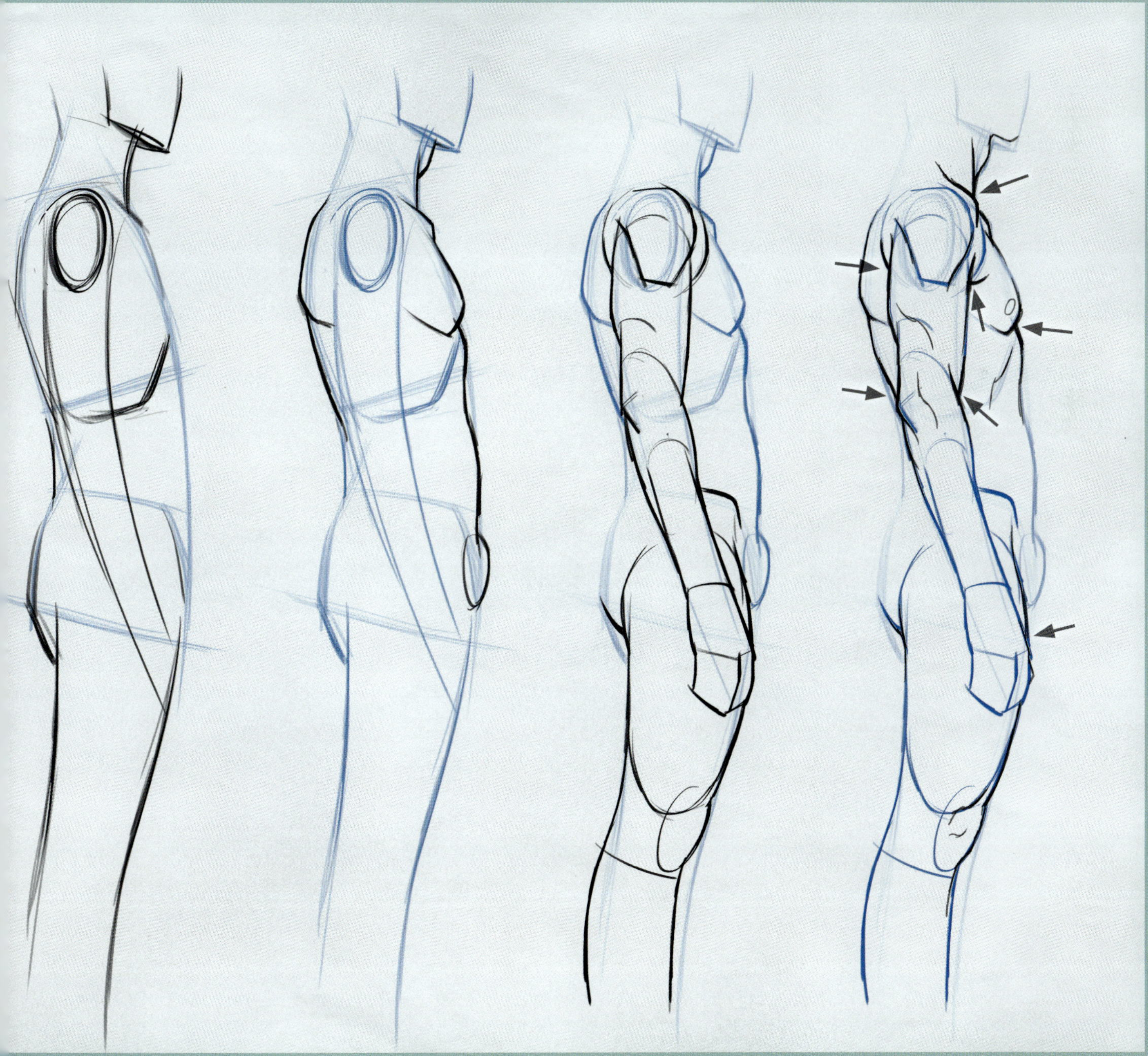

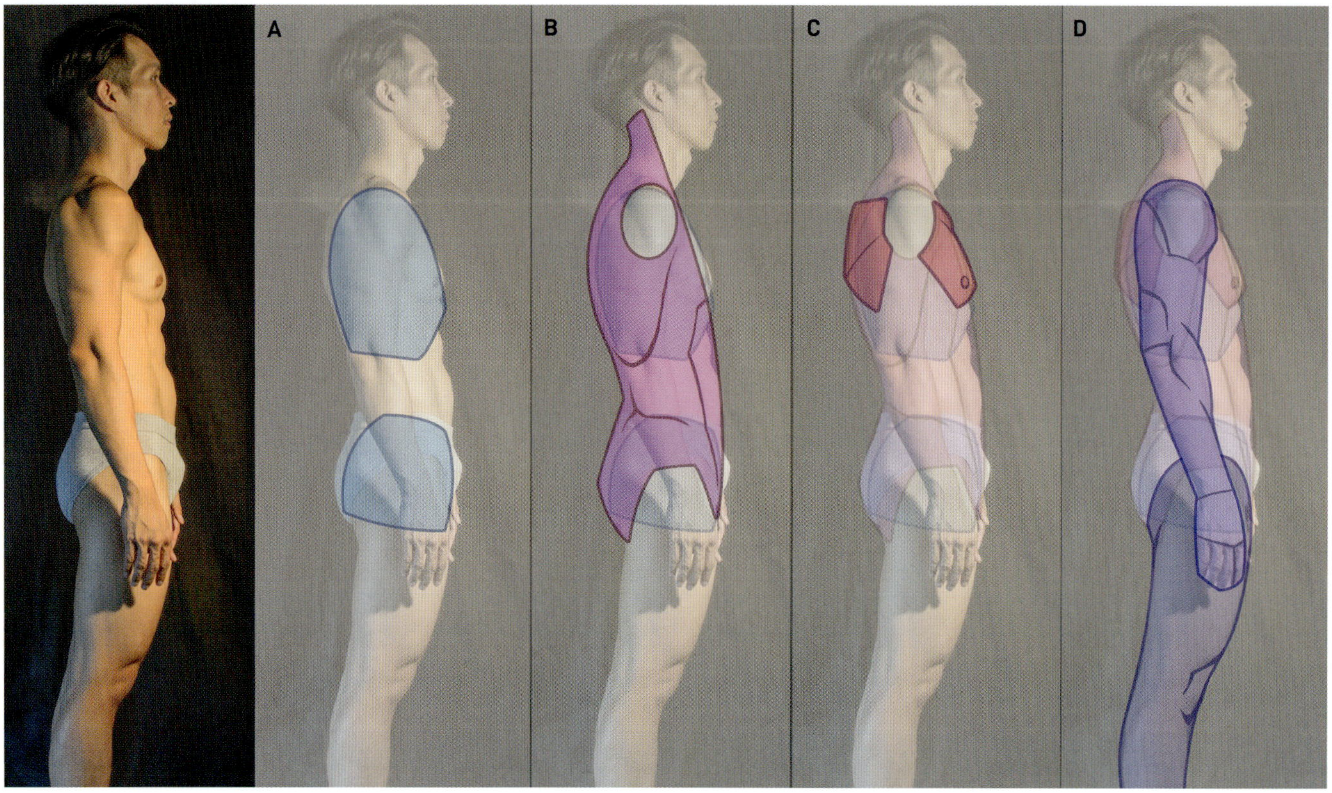

TECHNIK 1: EBENEN

Eine Pose lässt sich anhand der Anatomie in verschiedene Ebenen gliedern. Jede Ebene birgt Möglichkeiten, durch Überschneidungen eine Tiefenwirkung zu erzielen. Die Ebenen sind:

A. Brustkorb und Becken.

B. Tiefe Muskulatur, z. B. Bauchmuskeln, Latissimus dorsi, Trapezmuskel.

C. Schulterblatt und Brustmuskulatur, bei weiblichen Figuren auch die Brüste.

D. Die Gliedmaßen, die bei Bedarf ebenso in Ebenen gegliedert werden können, um weitere Überschneidungen zu schaffen.

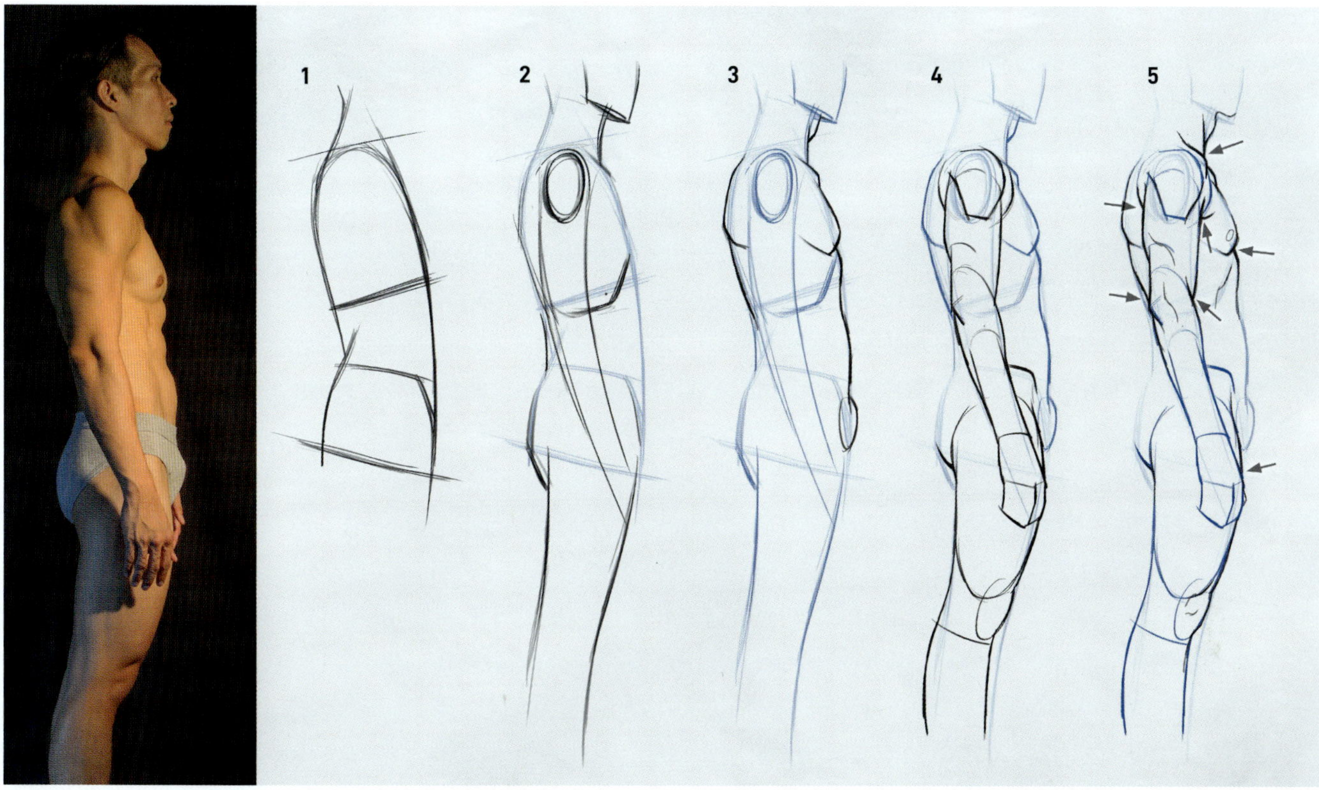

Beim Konstruieren von Form und Anatomie sollten Sie diese Ebenen im Blick behalten.

1. Brustkorb und Becken sowie die Stauchung im Rücken skizzieren.

2. Den Brustkorb verfeinern, die Gliedmaßen gestisch andeuten.

3. Bauchmuskeln, Latissimus, Schulterblatt und Brustmuskeln einzeichnen.

4. Die Gliedmaßen aus Zylindern und zusammengesetzten Formen mit Querschnitten aufbauen.

5. Alle Überschneidungen übertreiben, um die Tiefenwirkung zu verstärken.

TECHNIK 2: ÜBERSCHNEIDUNGEN

Überschneidungen von Formen sollten übertrieben werden, weil sie für eine Tiefenwirkung sorgen. Zeichnerisch kann man sie als T-förmiges Zusammentreffen zweier Formen darstellen. Je mehr Überschneidungen eine Zeichnung enthält, desto plastischer wird sie wirken. Sie dürfen gern auch Überschneidungen erfinden, um die räumliche Wirkung zu verstärken.

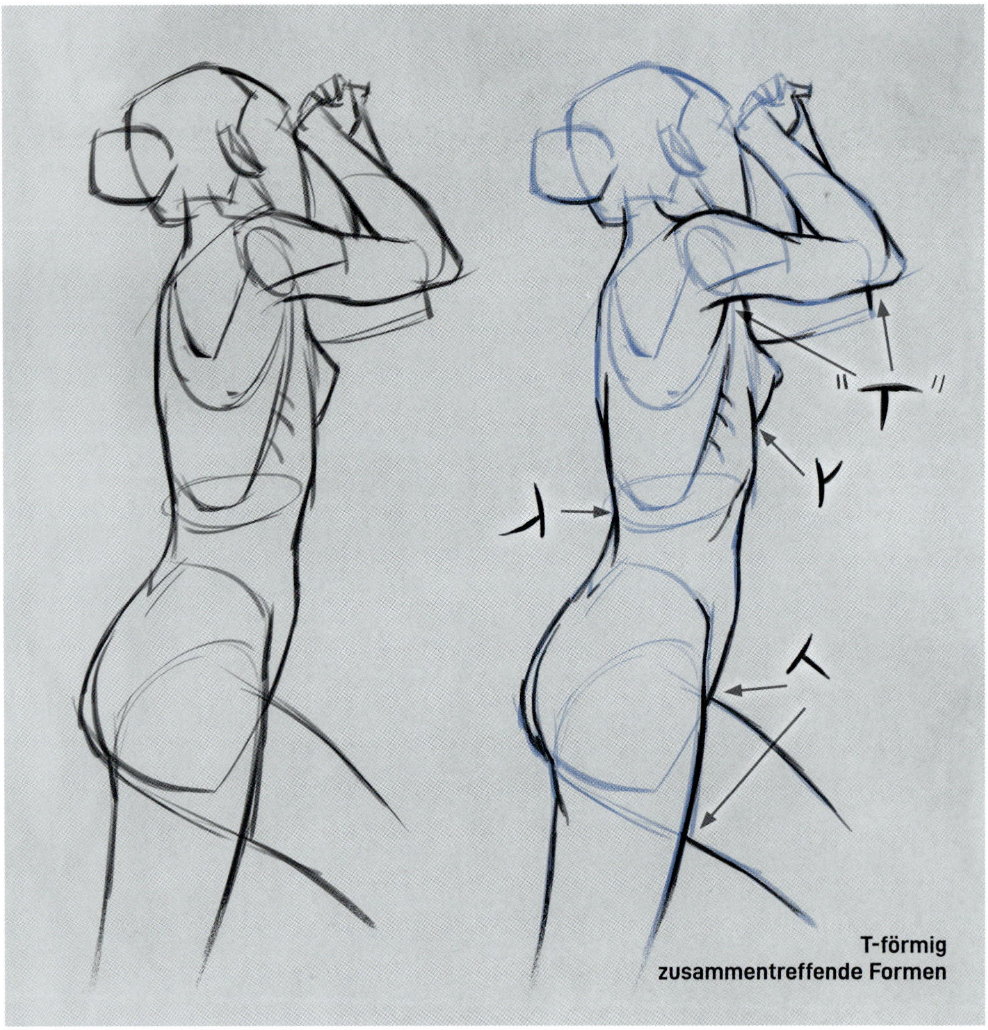

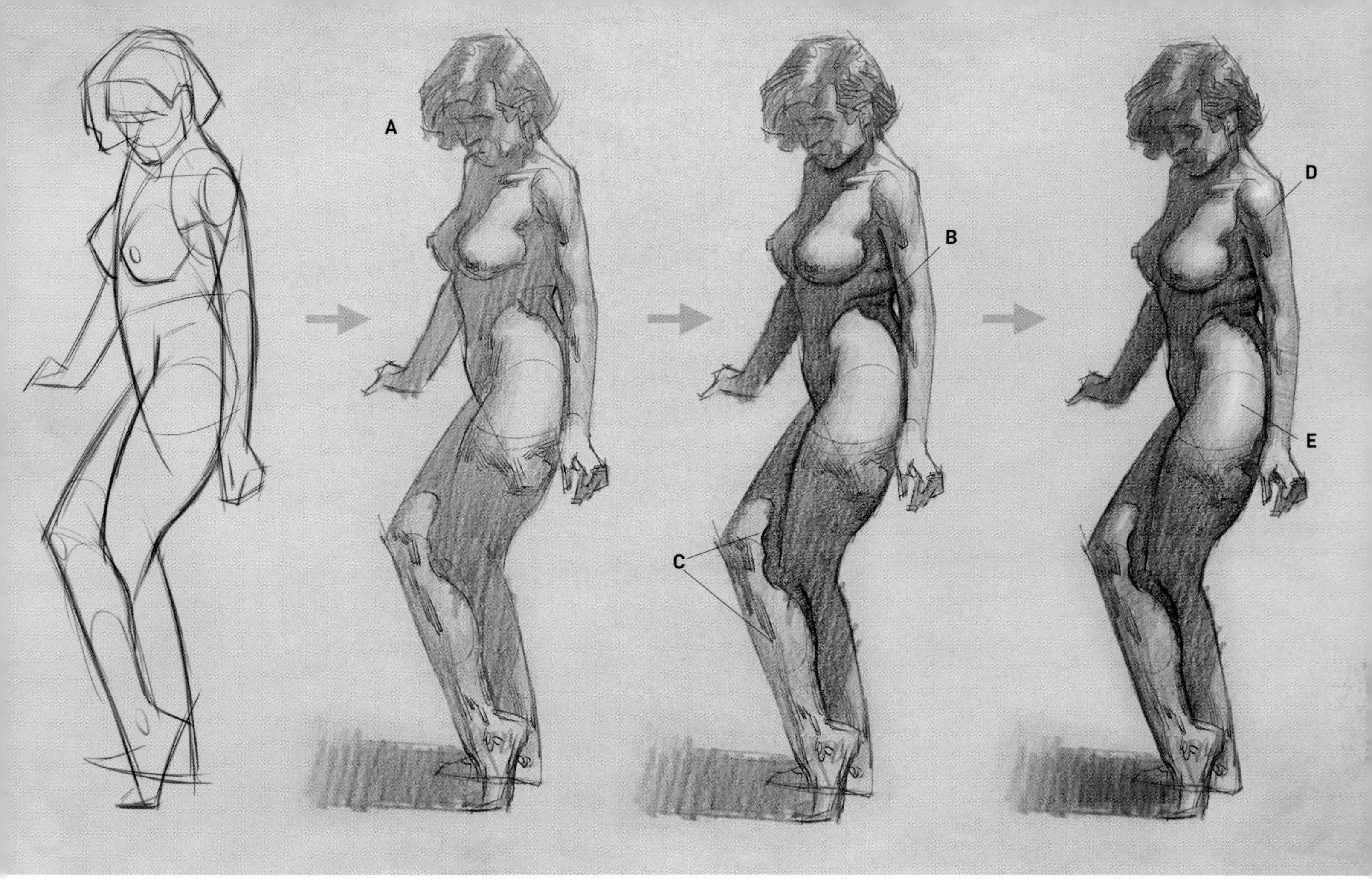

TECHNIK 3: TONWERTE

Bei längeren Posen kann die Tiefenwirkung auch durch Schattierungen erreicht werden. Dunkle Bildelemente treten optisch zurück, helle nimmt der Betrachter als näher wahr. Wenn ich im obigen Beispiel die Schattenformen mit einem Grauton fülle, entsteht ein Hell-Dunkel-Muster mit zwei Werten. Dabei treten die Formen im Schatten zurück und die Formen im Licht treten nach vorn **(A)**. Um die Schatten zu verfeinern, dunkle Akzente hinzufügen, etwa an der Stauchung im Rumpf **(B)**, in der Achselhöhle und dort, wo das rechte Bein das linke Bein überlappt **(C)**. Danach das Tonwertspektrum um die Mitteltöne erweitern, um die Formen noch stärker herauszuarbeiten. Da die Highlights der hellste Teil der Figur sind, scheinen sie optisch hervorzutreten und lassen die Mitteltöne weiter entfernt erscheinen. Durch das Highlight scheint beispielsweise der Schultermuskel nach vorn zu treten und vor dem darunterliegenden Arm und Rumpf zu liegen **(D)**. Am linken Bein bringt das Highlight die Form zum Ausdruck, indem es die Halbtöne und Schatten optisch zurücktreten lässt **(E)**.

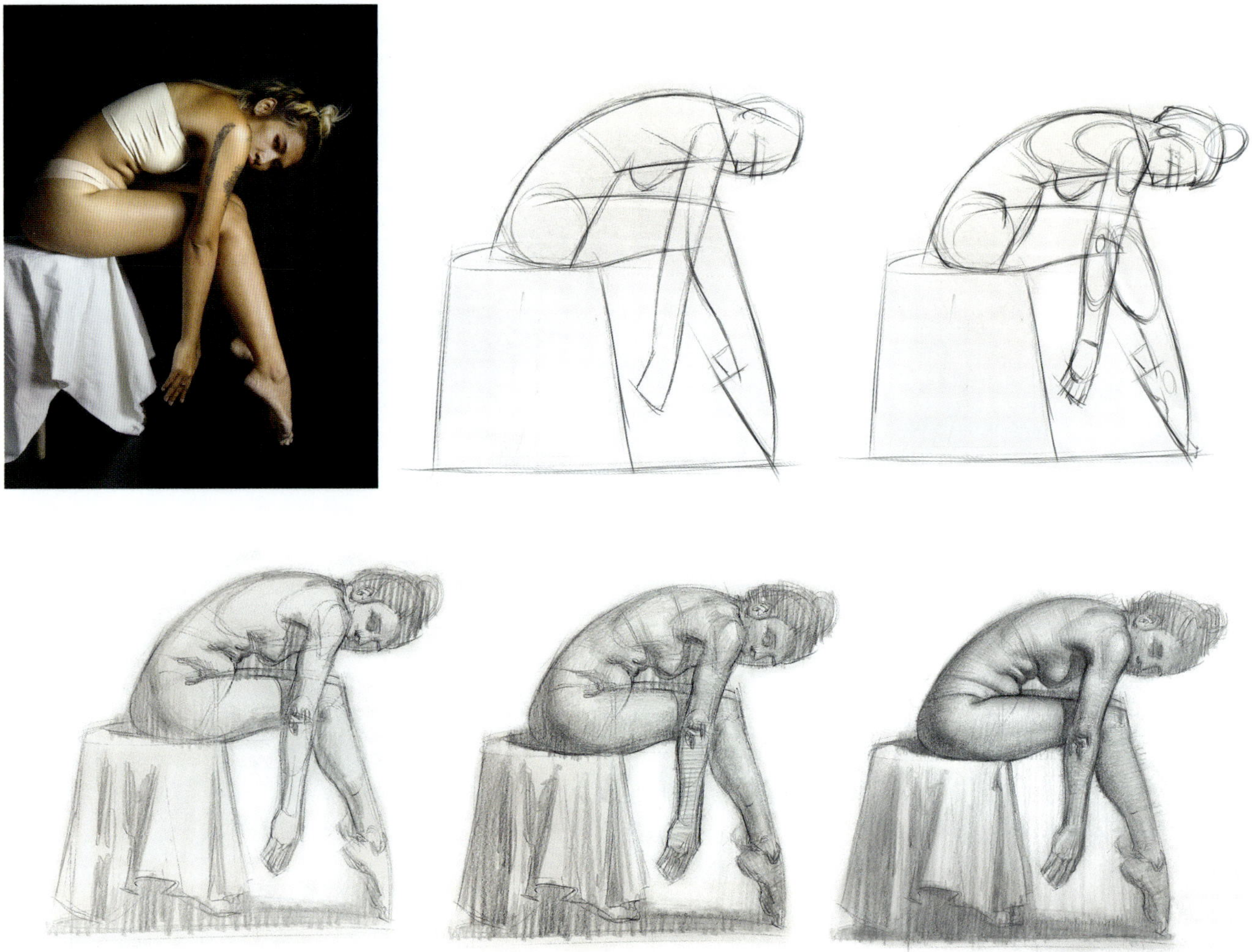

Beispiel 1: Seitenansicht, vorgebeugt, Frau

Beobachtung

Zuerst die Ebenen der Anatomie analysieren (siehe gegenüber). Der obere Teil des Brustkorbs **(A)** ist teilweise sichtbar, darum kann man sich seine Form gut vorstellen. Das Höschen verdeutlicht die Form des Beckens, weil sein Rand der Beckenkontur folgt **(B).** Die nächte Ebene bilden die Muskeln. Der Latissimus **(C)** befindet sich direkt vor dem Brustkorb und zeichnet dessen Form nach. Die Bauchmuskeln **(D)** liegen zwischen Brustkorb und Becken. Der große Gesäßmuskel **(E)** bildet eine Ebene oberhalb von Oberschenkel und Becken.

Die nächste Ebene ist das Schulterblatt mit den umgebenden Muskeln **(F),** darunter befindet sich die Brust **(G)**. Schulterblatt und Schulter überlappen den Kopf **(H)**. Das Bein **(I)** liegt hinter dem Arm, auch diese Überschneidung kann genutzt werden. Der Arm **(J)** ist dem Betrachter am nächsten und liegt visuell über allen anderen Formen des Körpers.

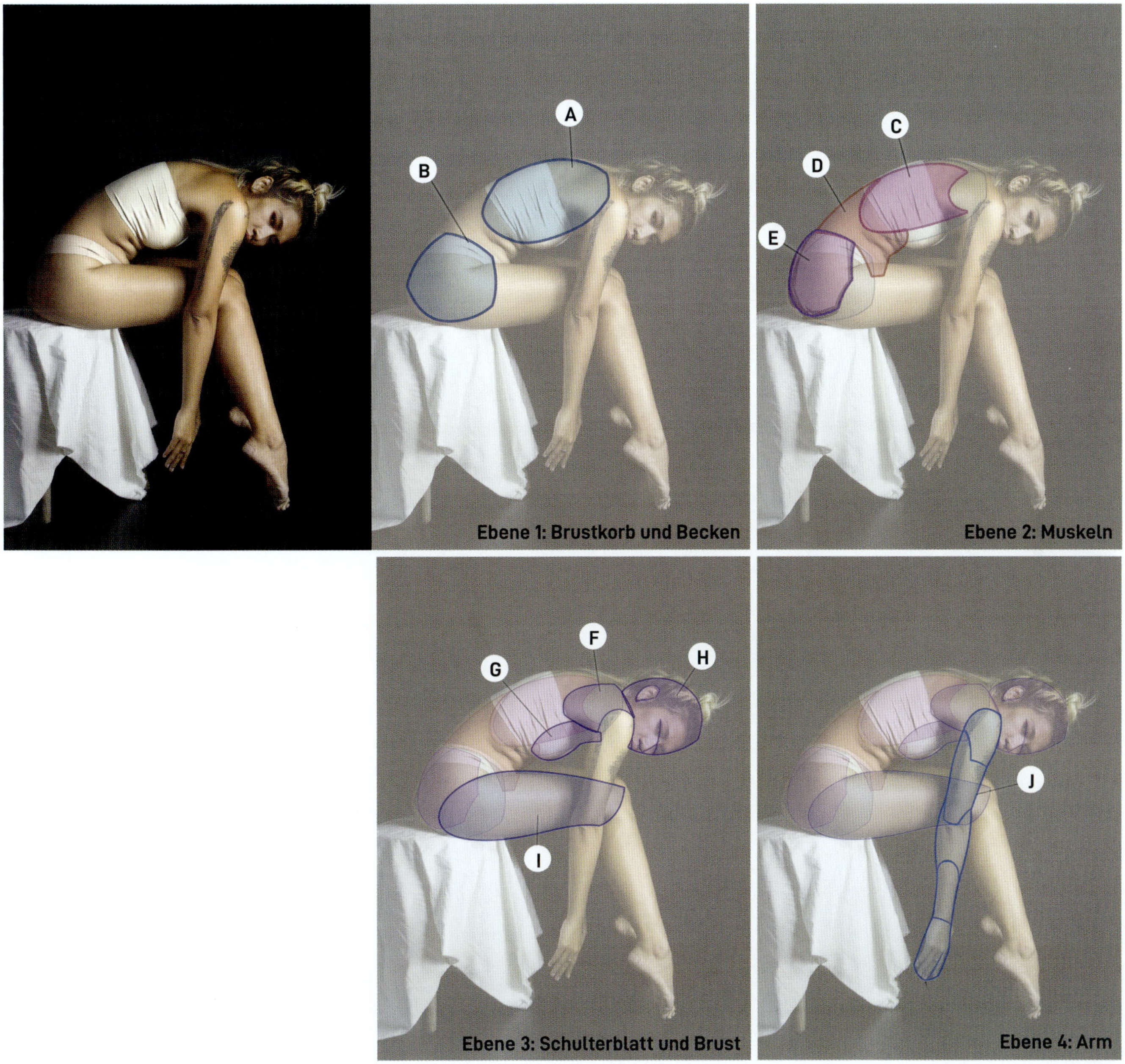

Ebene 1: Brustkorb und Becken

Ebene 2: Muskeln

Ebene 3: Schulterblatt und Brust

Ebene 4: Arm

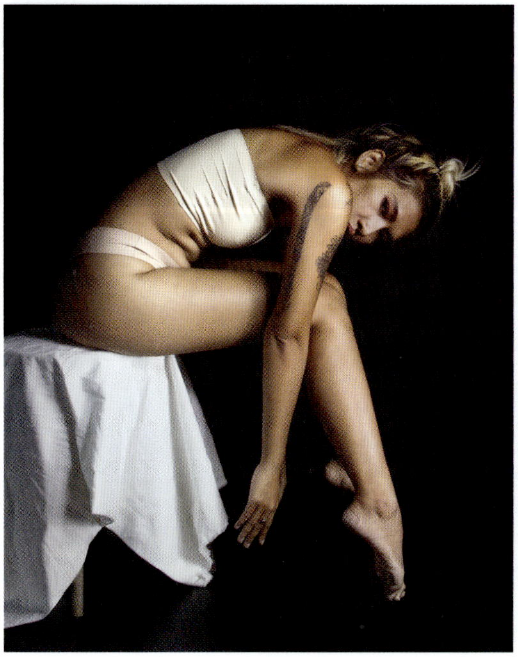

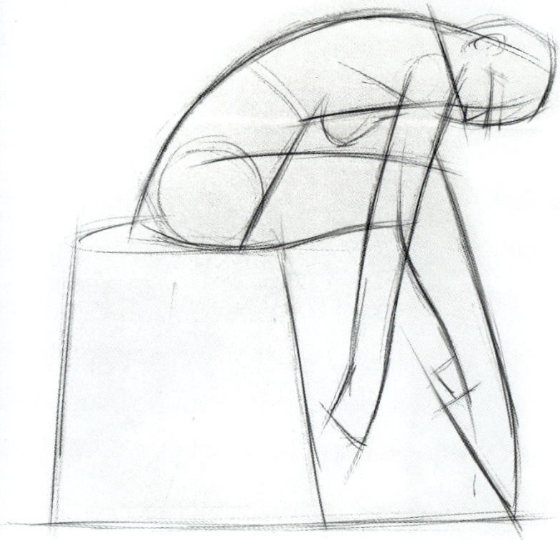

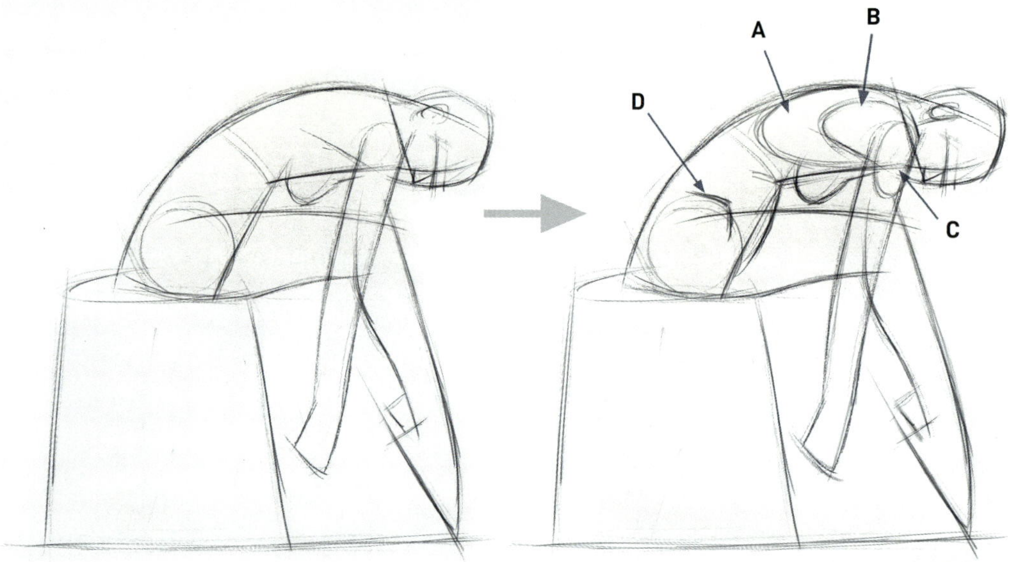

Teil 1: Die Haltungszeichnung

Zuerst Rumpf und Gliedmaßen aus einfachen 2D-Formen aufbauen. Die Formen von Brustkorb, Becken und Bauch herausarbeiten. Die Haltung der Arme und Beine zuerst mit gestischen Strichen andeuten, um schon jetzt Überschneidungen planen zu können.

Die zweite Ebene bilden die Muskeln. Im Oberkörper den Latissimus **(A)** andeuten, dann folgen die Muskeln um das Schulterblatt **(B)**. Den Schultermuskel **(C)** hinzufügen. An der Hüfte den Beckenkamm **(D)** einzeichnen. Er bildet eine separate Ebene zwischen Rumpf und Oberschenkel.

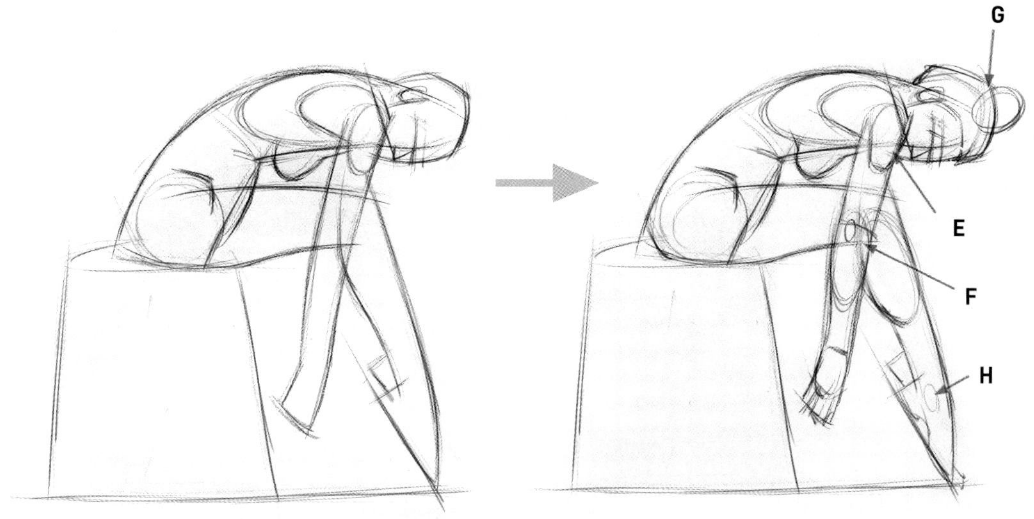

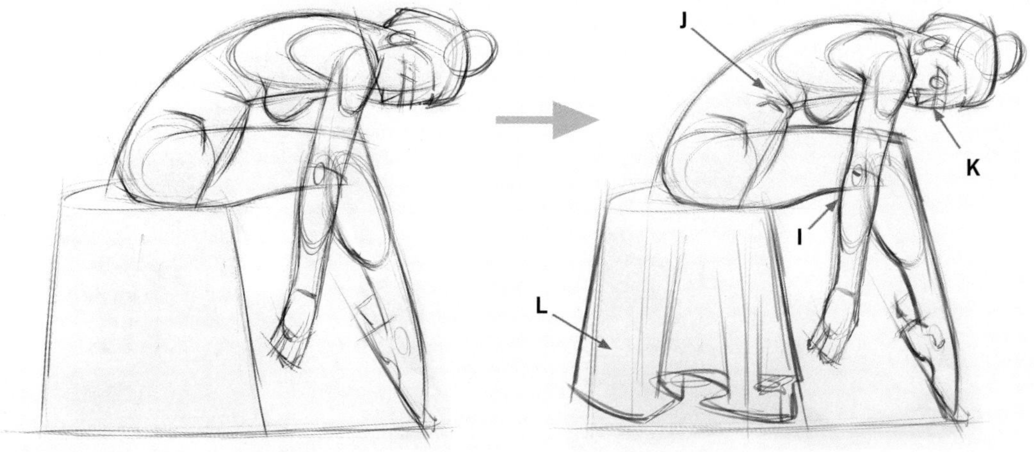

Die Form des Schultermuskels **(E)** verfeinern. Den Unterarm als Oval skizzieren, dann das Ellenbogengelenk einfügen **(F)**. Die Haare skizzieren, um weitere Möglichkeiten für Überschneidungen zu gewinnen **(G).** Fuß und Knöchelgelenk **(H)** verfeinern.

Zuletzt die Form des Arms verfeinern, vor allem dort, wo er vor dem Bein liegt. **(I)**. Details am Bauch andeuten **(J)**. Die Gesichtszüge einzeichnen **(K)**. Formen und Details des Hintergrunds nicht vergessen, beispielsweise den Faltenwurf im Stoff **(L)**.

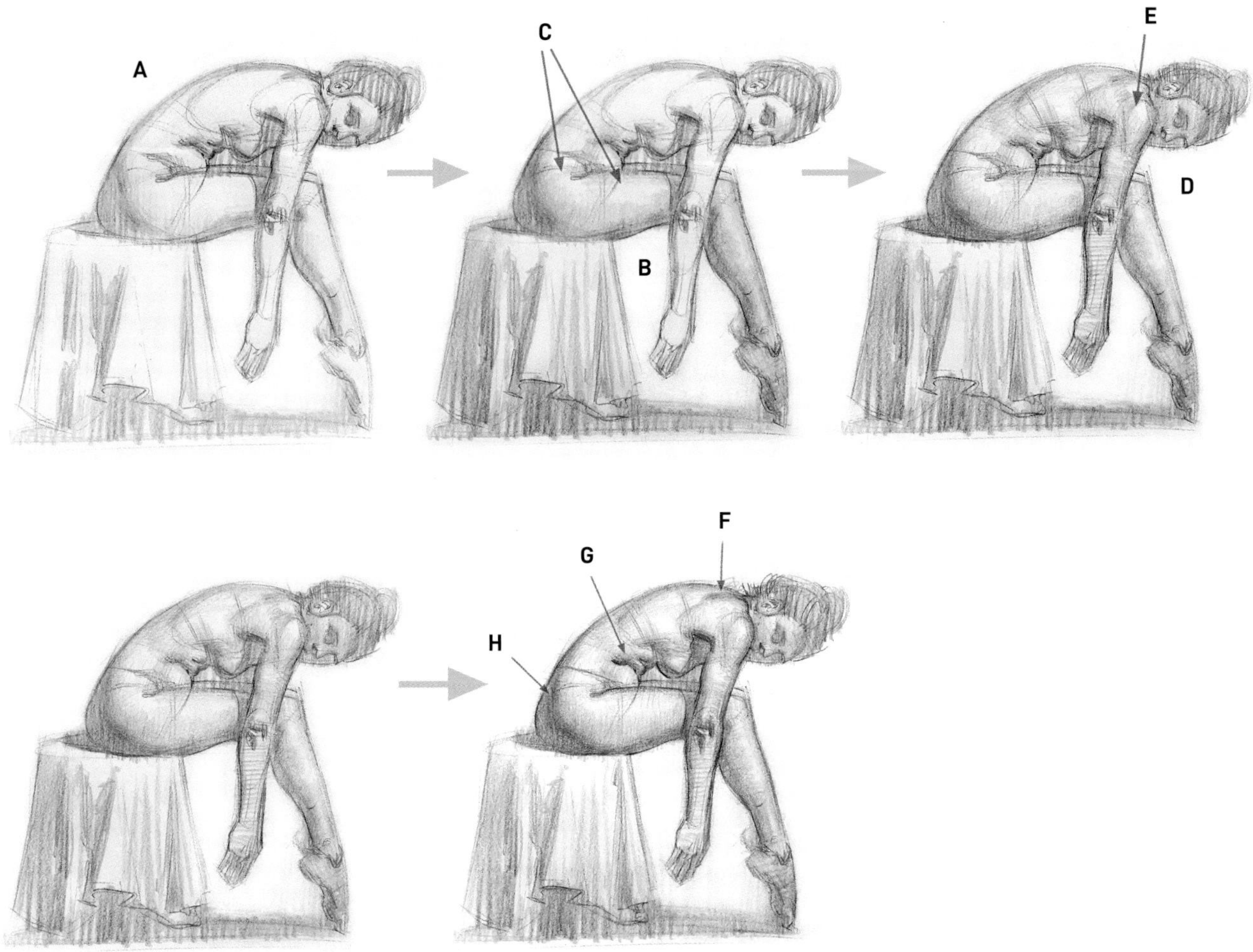

Teil 2: Tonwerte

Durch Einzeichnen der Schattenformen entsteht ein Hell-Dunkel-Muster. Die Schatten treten in den Hintergrund, die hellen Bereiche scheinen vorzutreten **(A)**. Um eine weitere Tonwertebene einzufügen, zuerst die Mitteltöne an Beinen und unterem Rumpf festlegen **(B)**, dabei die Lichtbereiche an der Seite von Bein und Hüfte aussparen **(C)**. Die Tonwerte am Oberkörper, vor allem am Arm, am oberen Rücken und im Gesicht verfeinern **(D)**, aber ein Highlight auf der Schulter weiß lassen **(E)**.

Teil 3: Formen modellieren

Die Kontur des oberen Rumpfs abdunkeln **(F)**, damit Schulterblatt und Schulter optisch vortreten. Details der Anatomie am Bauch einfügen **(G)**. Den Kernschatten um die Hüfte abdunkeln **(H)**, damit Hüfte und Bein vortreten.

Teil 4: Akzente und letzte Feinheiten

Die Schatten an Arm und Brust abdunkeln **(I)**. Die Haut im Grenzbereich zur Unterwäsche schattieren **(J)**, die eine subtile Überschneidung darstellt. Dunkle Akzente an der Kontur des Oberschenkels setzen **(K)**.

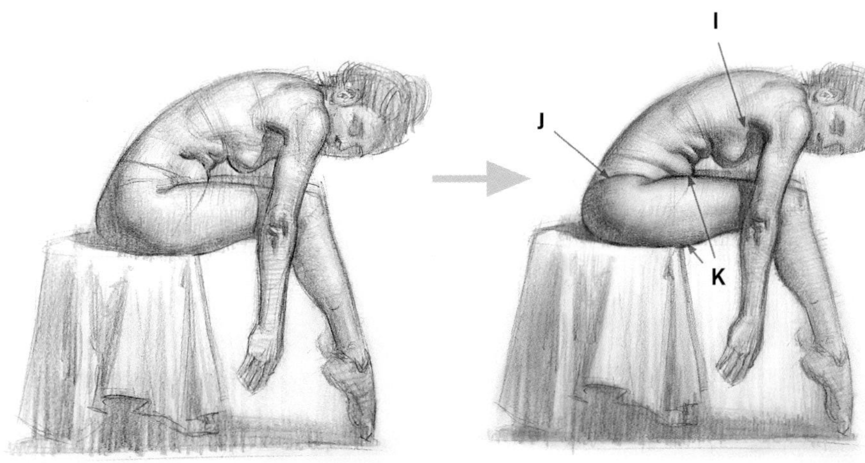

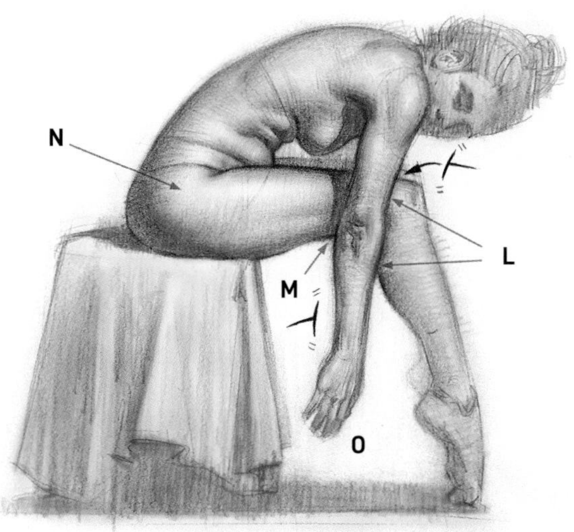

Zuletzt einige dunkle Akzente setzen und die Feinheiten ausarbeiten. Wo Körperteile T-förmig zusammentreffen, etwa an der Überschneidung des Arms mit Knie und Wade **(L)** oder der Überschneidung von hinterem Arm und unterem Oberschenkel **(M)**. An der Hüfte und am oberen Bein Highlights ausradieren **(N),** damit diese Formen vortreten und eine eigene Ebene bilden. Falls noch Zeit bleibt, die Hand detaillierter zeichnen **(O),** um den ganzen Arm stärker vom Bein abzuheben.

Hinweis: Diese Schritte müssen nicht genau in dieser Reihenfolge ausgeführt werden. Sie können beispielsweise die dunklen Akzente auch vor den Lichtern einfügen oder die T-Kreuzungen vor den Schattierungen. Es kommt nicht auf die Reihenfolge der Striche an, sondern darauf, dass die Striche die Zeichnung bereichern und dazu beitragen, das Wesentliche der Pose zu vermitteln.

Figuren perspektivisch zeichnen

Es ist eine Herausforderung, Figuren perspektivisch zu zeichnen. Anfänger haben vor allem mit extremen Verkürzungen oft große Schwierigkeiten. Es ist kein Zufall, dass dieses Thema in meinen Kursen und Workshops so häufig nachgefragt wird.

Das perspektivische Zeichnen ist ein komplexes Thema. Zum Aktzeichnen muss man nicht alle Feinheiten beherrschen, sollte aber mit den Grundlagen vertraut sein. In diesem Abschnitt zeige ich einige Möglichkeiten, wie sich die Perspektive auf den menschlichen Körper auswirkt. Doch zunächst zu den Grundlagen.

POSITION UND AUGENHÖHE

Die Position gibt an, wo sich eine Figur im dreidimensionalen Raum befindet und wie sie ihren Platz ausfüllt. Die Position wird durch die Richtung definiert, in die sich die Form relativ zur Augenhöhe und zum Blickwinkel des Betrachters bewegt. Im Allgemeinen bewegt sich eine Form entweder auf den Betrachter zu oder von ihm weg.

Die Augenhöhe ist eine imaginäre horizontale Linie, die mit der Mitte Ihrer Augen auf gleicher Höhe liegt. Formen können sich über, auf oder unter der Augenhöhe befinden.

Die Figur ist zu unendlich vielen Bewegungen fähig. Beim Zeichnen von Figuren gibt es jedoch nur sechs Positionen, die eine Perspektive erfordern. Diese Positionen sind:

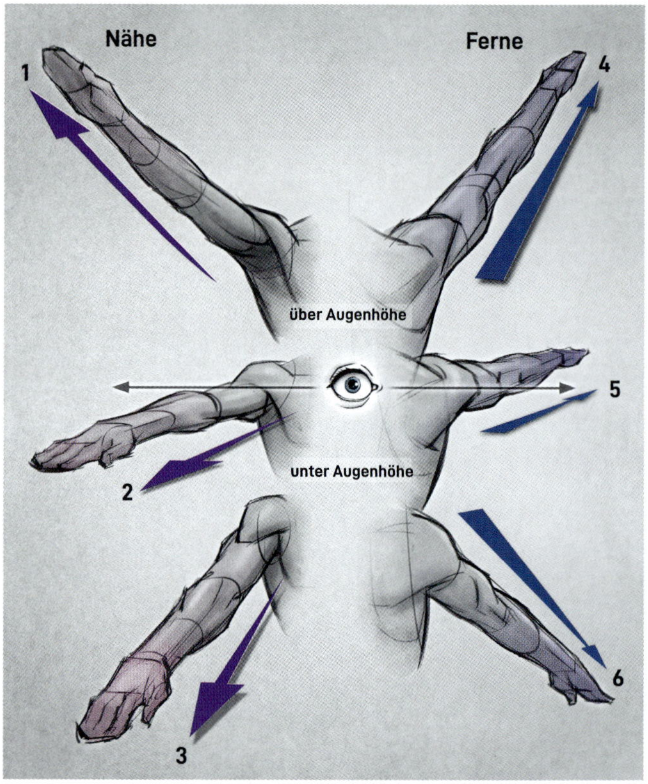

1. Auf Sie zu, aufwärts (über Augenhöhe)
2. Auf Sie zu, waagerecht (auf Augenhöhe)
3. Auf Sie zu, abwärts (unter Augenhöhe)
4. Von Ihnen weg, aufwärts (über Augenhöhe)
5. Von Ihnen weg, waagerecht (auf Augenhöhe)
6. Von Ihnen weg, abwärts (unter Augenhöhe)

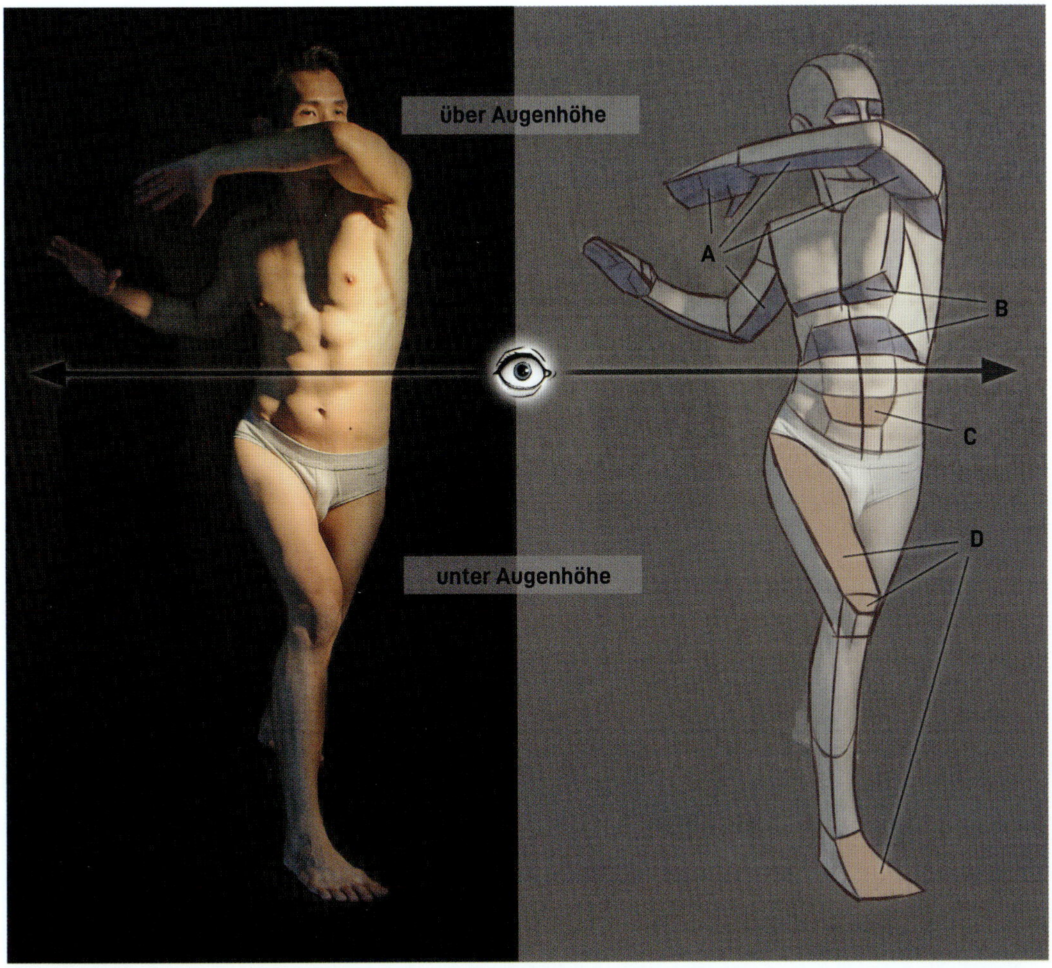

TECHNIKEN FÜR DIE PERSPEKTIVE

Um menschliche Körper perspektivisch korrekt zu zeichnen, setze ich Techniken ein, die schon zur Sprache gekommen sind: Ich reduziere die komplexen Formen der Körperteile auf einfachere 3D-Formen wie Zylinder, Quader oder Kegel.

Technik 1: Kästen
Um die Augenhöhe zu erkennen und zu vermitteln, stelle ich mir die Körperteile als Kästen vor und achte auf ihre Seiten. Sieht man die Unterseite einer Form, befindet sie sich über Augenhöhe. Sieht man ihre Oberseite, befindet sie sich unter Augenhöhe.

Hier befinden sich Arme und Kopf über Augenhöhe, darum sieht man ihre Unterseiten **(A)**. Auch die Unterseiten von Brust und Brustkorb sind noch zu erkennen **(B)**. Liegen Formen unter der Augenhöhe, sieht man ihre Oberseiten. Das gilt hier für den unteren Bauch **(C)**, den Oberschenkel und den Fuß **(D)**.

Technik 2: Querschnitte
Auch der Querschnitt kann etwas über die Position einer Form aussagen. Ein Zylinder hat beispielsweise einen elliptischen Querschnitt, und die Krümmung der Ellipse gibt Auskunft über die Position des Zylinders. Welchen Querschnitt ich verwende, hängt davon ab, welche der sechs Positionen ich vermitteln möchte.

Formen stelle ich mir als Zylinder vor, um ihre Richtung leichter zu erkennen. Hier strebt der Rumpf nach oben und dem Betrachter entgegen. Der Querschnitt ist folglich nach unten gekrümmt **(A)**, weil sich die Form über Augenhöhe befindet. Auch der linke Arm kommt auf den Betrachter zu, strebt aber nach unten, weil er unter Augenhöhe liegt. Der Querschnitt ist nach oben gekrümmt **(B)**. Das linke Bein kommt dem Betrachter fast waagerecht entgegen. Es befindet sich auf Augenhöhe, der Querschnitt ist nach links außen gekrümmt **(C)**. Das rechte Bein befindet sich unter Augenhöhe und ist leicht vom Betrachter weg aufgestellt. Der Querschnitt ist nach unten gekrümmt **(D)**. Auch der rechte Arm strebt vom Betrachter weg, also ist der Querschnitt nach unten gekrümmt **(E)**. Wie Sie sehen, können Querschnitte helfen, Auskunft über die Position und Perspektive von Körperteilen zu geben.

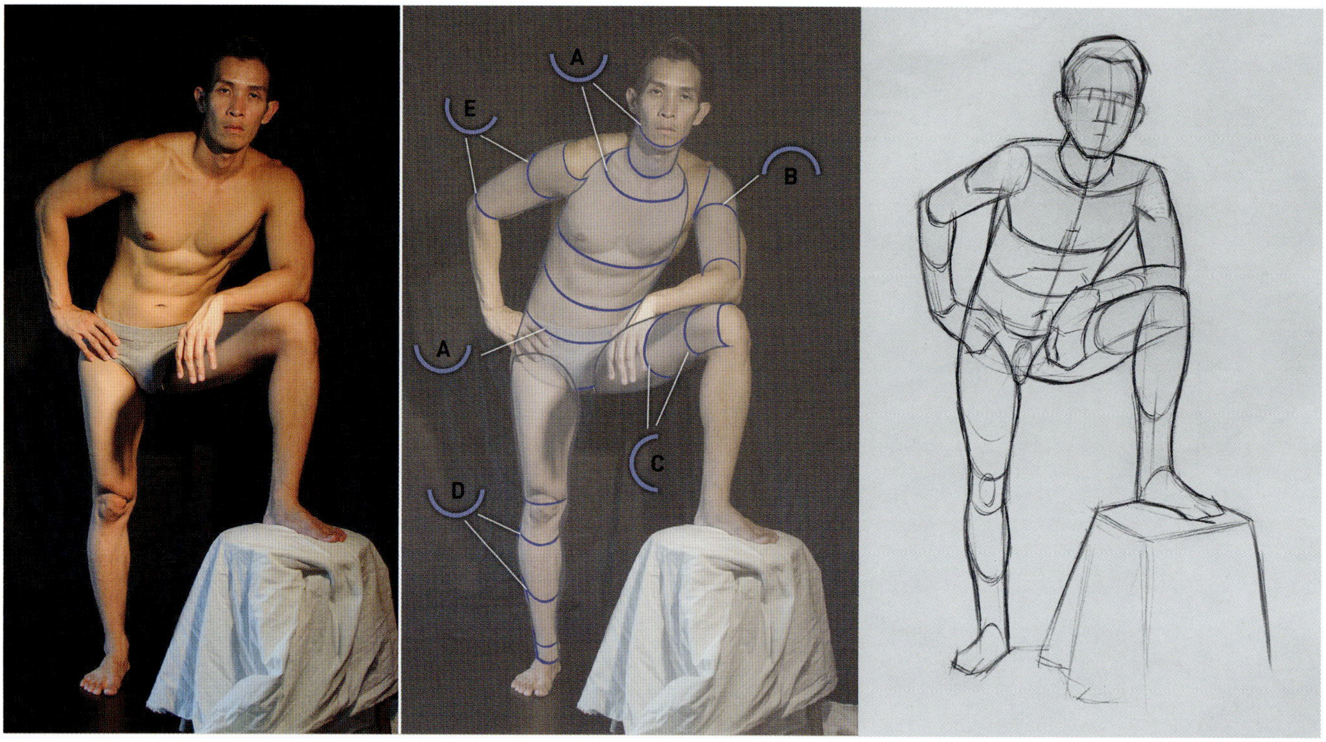

Technik 3: Überschneidungen
Wie bei der Seitenansicht sollten Sie die natürlichen Überschneidungen des Körpers nutzen. Wenn sich das Modell zum Beispiel nach vorne beugt, überlappt der Kopf die Schultern, die Schultern die Brust, die Brust den Bauch und so weiter. Wenn ich verkürzte Posen zeichne, nutze ich so viele Überschneidungen wie möglich und übertreibe sogar. Wenn nötig, erfinde ich auch Überschneidungen, um eine bessere Aussagekraft zu erreichen.

In dieser Pose gibt es viele Überschneidungen, die man nutzen kann, um die Perspektive anzudeuten. Allein im Rumpf überschneiden sich die drei Abschnitte Brustkorb, Bauch und Hüften deutlich **(A)**. Die Brüste fügen eine weitere Überschneidungsebene hinzu **(B)**. Der Kopf liegt deutlich vor dem Hals **(C)**, aber auch die Haare können für Überschneidungen genutzt werden **(D)**. Um verkürzte Posen wie diese zu zeichnen, sollten Sie so viele Überlappungen wie möglich nutzen und bewusst übertreiben. Wie viele Überschneidungen können Sie noch sehen?

Technik 4: Verjüngung
Formen, die sich verjüngen, erwecken den Eindruck, dass sie sich vom Betrachter entfernen. Je dramatischer die Perspektive in einer Pose ist, desto stärker übertreibe ich die Verjüngung.

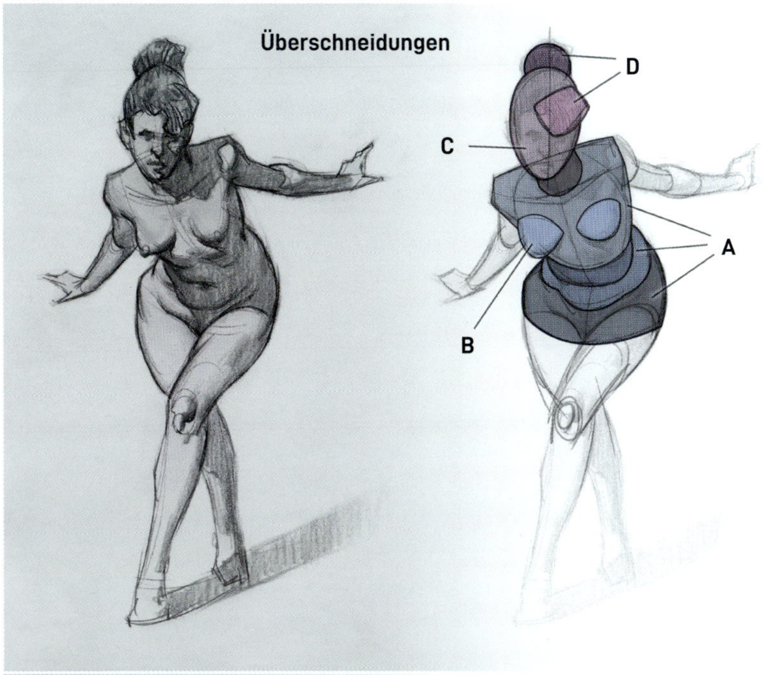

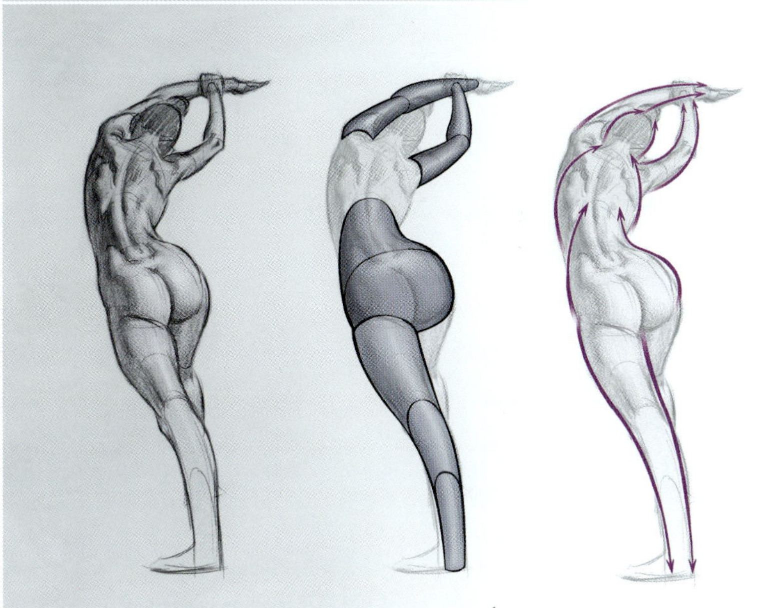

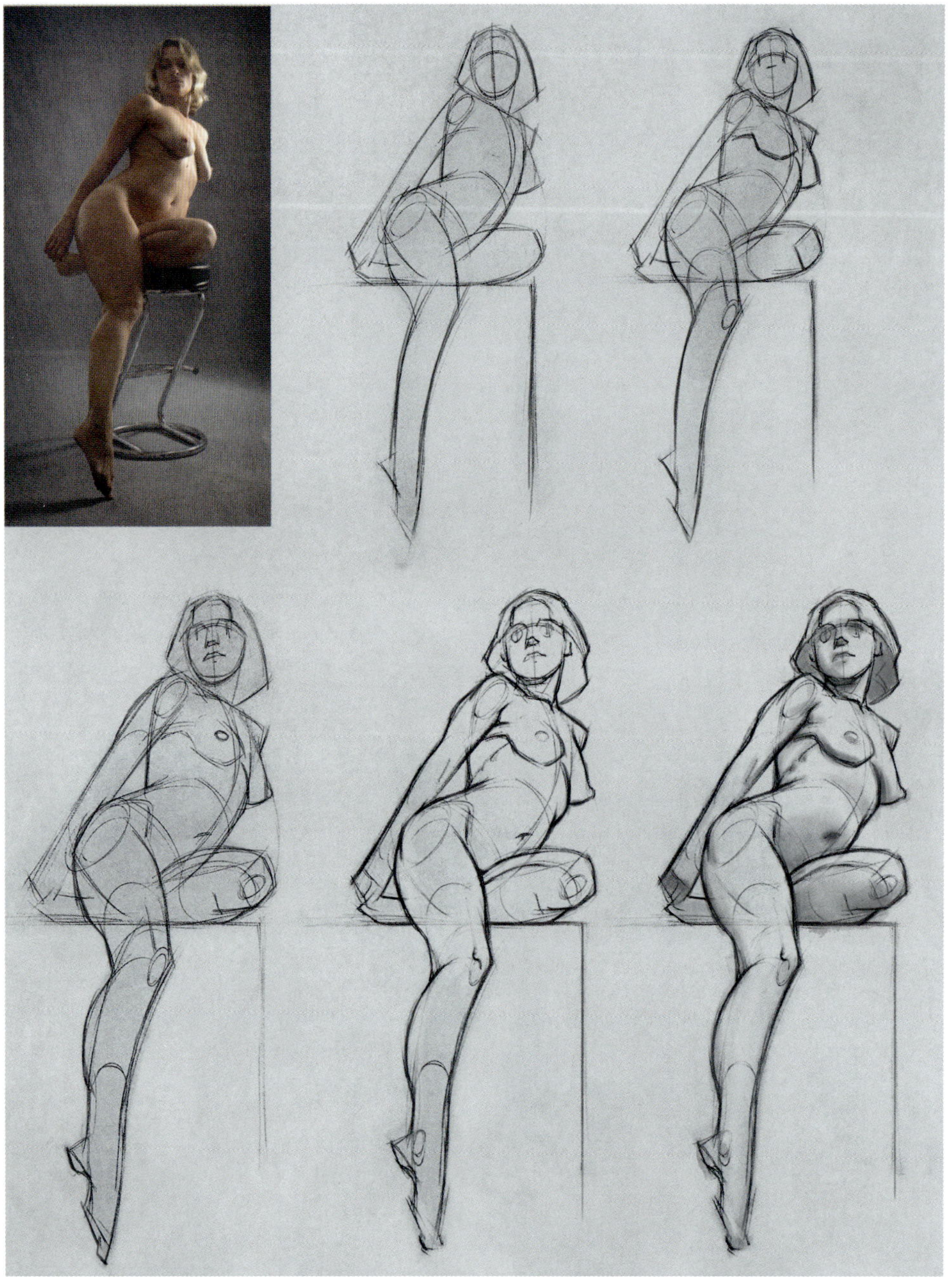

BEISPIEL 1: TIEFER BLICKWINKEL

Mit solchen Blickwinkeln hat man in Zeichenkursen häufiger zu tun, weil das Modell oft auf einer Bühne oder einem Podest sitzt oder steht. Diese Frau sitzt auf einem hohen Hocker und neigt sich vom Betrachter weg.

Beobachtung
Bei schwierigen Blickwinkeln sollte man sich Zeit nehmen, die Pose zu studieren, die Formen zu analysieren und zu überlegen, welche Techniken hilfreich sein könnten, um die Perspektive zu vermitteln. Diese Pose hat eine starke Dynamik. Weil sich das Modell zurücklehnt, weicht der Oberkörper schräg aufwärts vom Betrachter zurück **(A)**.

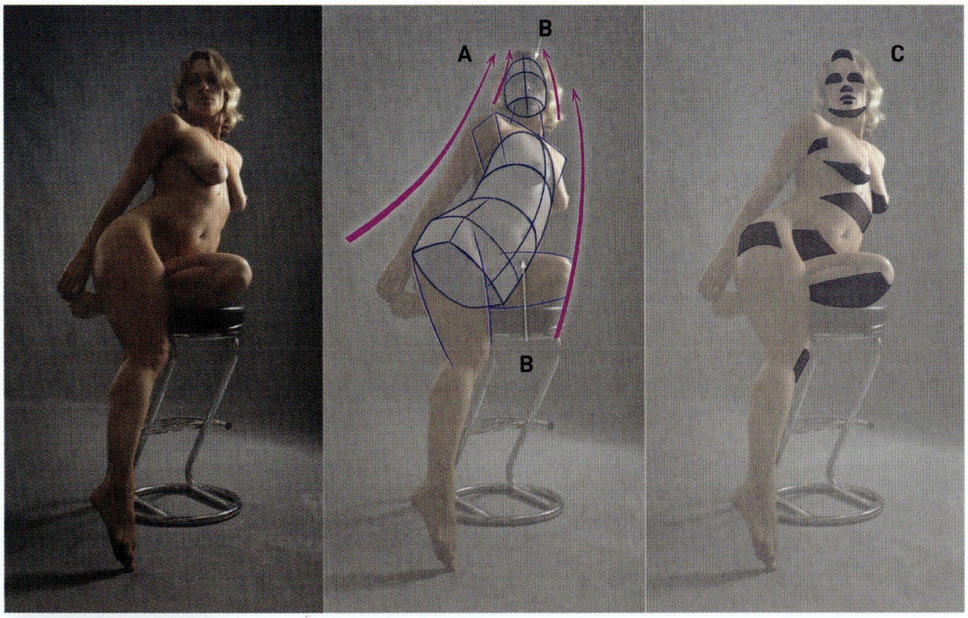

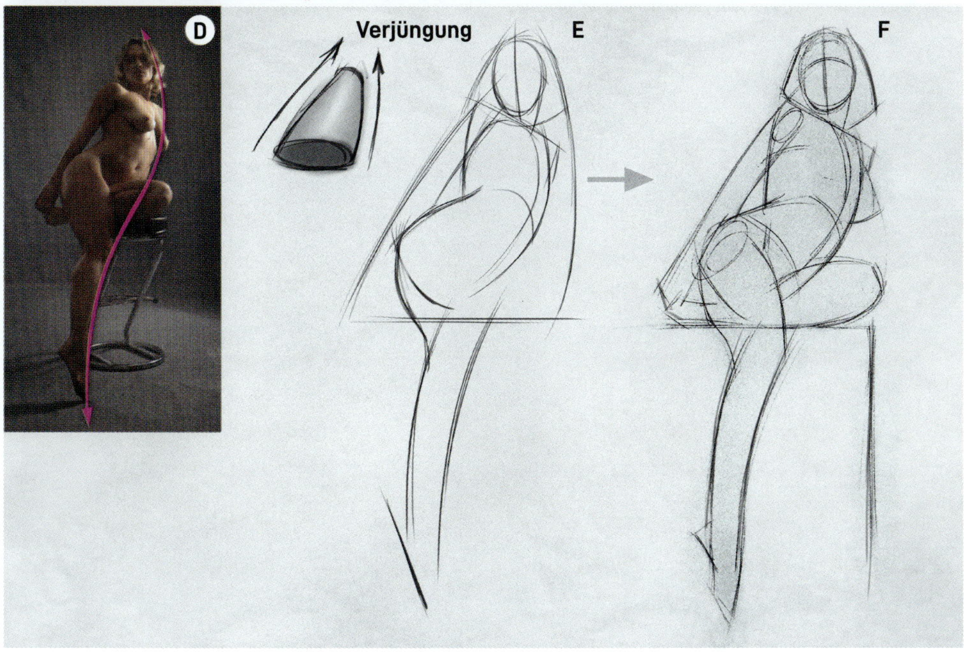

Vor allem für Rumpf und Kopf empfiehlt es sich, mit verjüngten Formen zu arbeiten **(B)**. Achten Sie außerdem darauf, von welchen Formen Sie die Unterseite sehen. Hier sind es vor allem Kopf, Brüste, Bauch und linkes Bein **(C)**.

Teil 1: Haltung und Form

Die Bewegungsachse dieser Haltung ist klar zu erkennen **(D)**. Zuerst die Gesamtform erfassen. Sie erinnert an ein Dreieck **(E)** und gibt den Rahmen für weitere Körperteile vor. Den Kopf einzeichnen, dann den Rumpf skizzieren und in Abschnitte unterteilen. Die Beine zuerst gestisch skizzieren, dann als überlappende Formen zeichnen **(F)**.

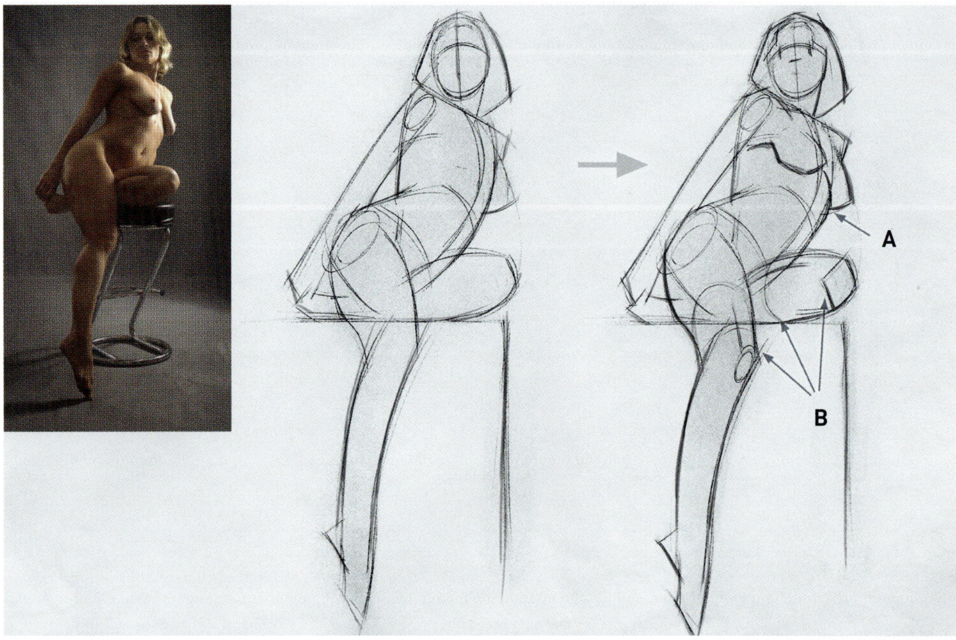

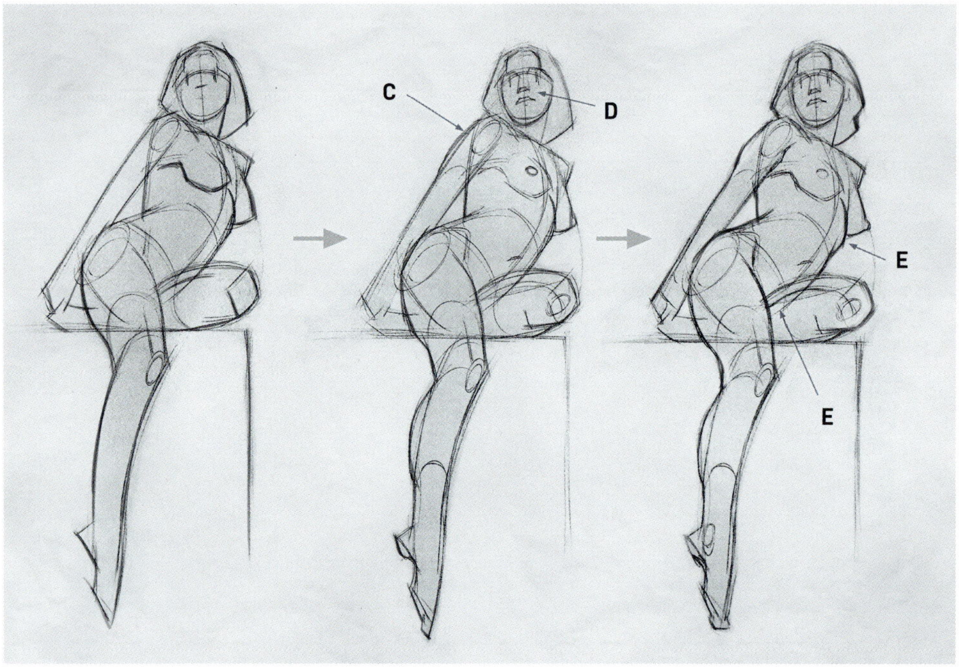

Teil 2: Erste Konstruktion
In Brusthöhe einen Querschnitt auf den Rumpf zeichnen. Er hilft, beim anschließenden Einzeichnen der Brüste die richtige Position zu finden **(A)**. Die Beine aus Zylindern und Ovalen aufbauen. Dicke, Volumen und Querschnitte helfen dabei, ihre Position zu definieren **(B)**.

Teil 3: Weitere Konstruktion
Nun die Arme konstruieren **(C)**. Die Gesichtszüge andeuten. Dabei die Innenseiten der oberen Augenhöhlen, die Unterseite der Nase und der Oberlippe nutzen, um den tiefen Blickwinkel zu verdeutlichen **(D)**. Zuletzt die Konturen von Rumpf und Beinen sauber nachzeichnen **(E)**.

Teil 4: Überschneidungen, Akzente und Tonwerte

Diese Schritte dienen dazu, die Perspektive und den tiefen Blickwinkel noch deutlicher zu vermitteln. Um die Überschneidungen hervorzuheben, dunkle Akzente an T-Schnittpunkten setzen: an den Beinen, der Hüfte und im Bereich von Achselhöhle, Brüsten und Schulter. Ebenso die Überschneidungen von Schlüsselbein, Hals und Kiefer hervorheben, um den Kopf optisch hinter die Brust und den Rumpf treten zu lassen **(F)**.

Zuletzt können Sie die Tonwerte einfügen und die Übergänge zwischen ihnen ausgestalten. Wegen des tiefen Blickwinkels kommen dunkle Tonwerte vor allem im Bereich der Überschneidungen zum Einsatz, wo es Okklusionsschatten gibt, und auf den Unterseiten von Körperteilen **(G)**.

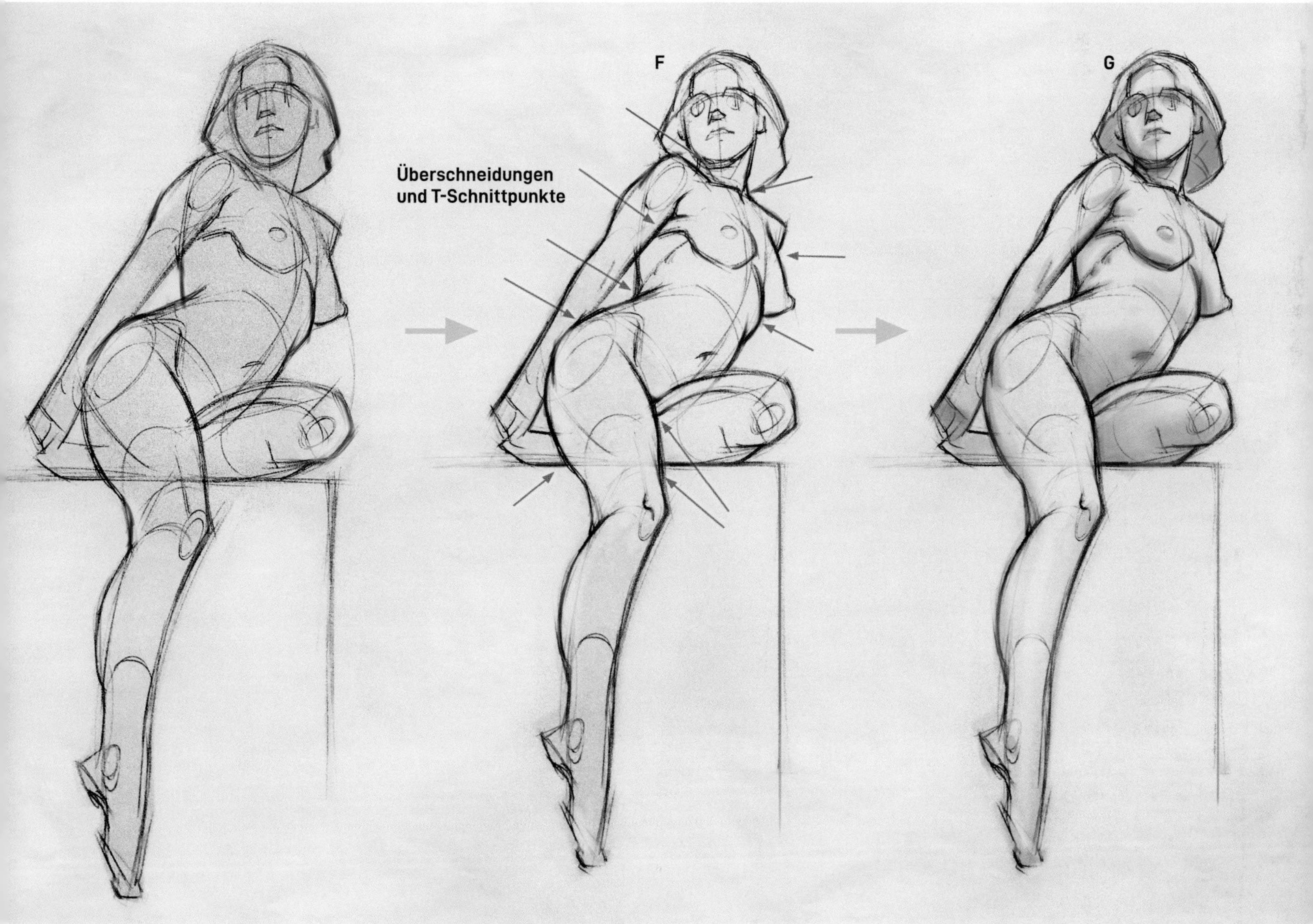

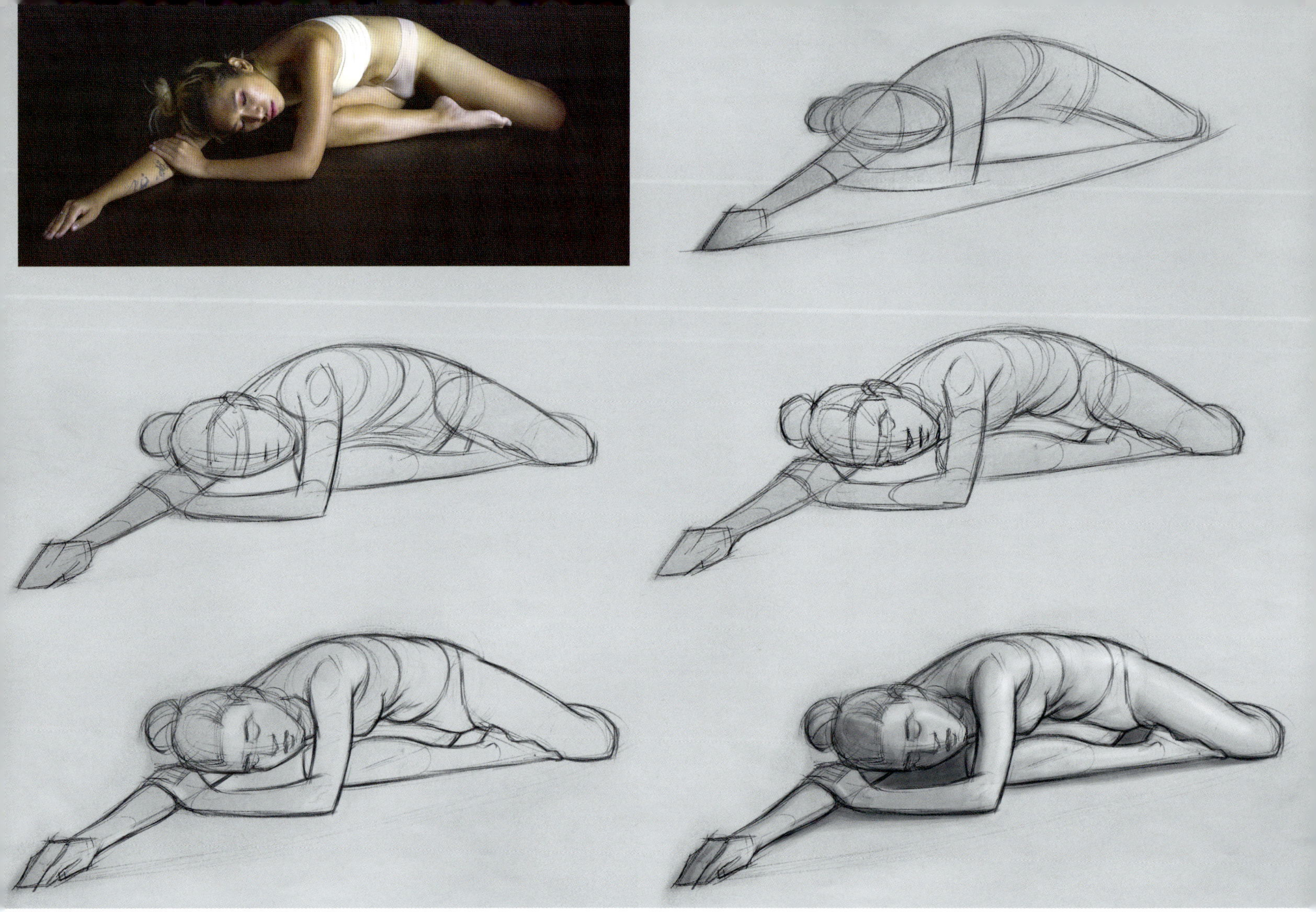

BEISPIEL 2: HOHER BLICKWINKEL

Liegende und sitzende Posen sind für längere Posen üblich, die normalerweise den Abschluss einer Zeichensitzung bilden. Wenn der Kopf und der Oberkörper des Modells auf den Betrachter zukommen (oder sich von ihm entfernen), wird die Perspektive zu einer Herausforderung. Solche Posen erfordern viel mehr Überlegung und Sorgfalt, damit eine glaubwürdige Darstellung mit überzeugenden Proportionen gelingt.

Beobachtung
Bei dieser Pose fällt sofort auf, dass Rumpf und Unterkörper perspektivisch verkürzt sind und ihre Formen sich verjüngen **(A)**. Auch die Verjüngung des vorderen Arms verstärkt die perspektivische Wirkung **(B)**. Für eine Pose mit so starker Perspektive sollte man möglichst viele Überschneidungen nutzen. Hier sind sie klar zu erkennen. Kopf und rechter Arm befinden sich vor dem Rumpf **(C)**, linker Arm und linke Schulter auf dem Rumpf **(D)**. Die Abschnitte des Rumpfs überlappen **(E)**. Die Beine bilden eine weitere Ebene, die genutzt werden kann **(F)**.

Teil 1: Haltung und Form
Die Bewegungslinie verläuft von den vorderen Fingerspitzen über den Rumpf bis zum linken Knie **(G)**. Die Beziehung zwischen Hand und Knie erzeugt eine Spannung und verdeutlicht die Proportionen **(H)**. Kopf und untere Kontur des Rumpfs einzeichnen **(I)**. Die Konturen der Beine vorzeichnen **(J)**. Haltung und Form der Arme ebenfalls einfügen **(K)**. Die Hände zu Dreiecken vereinfachen **(L)**.

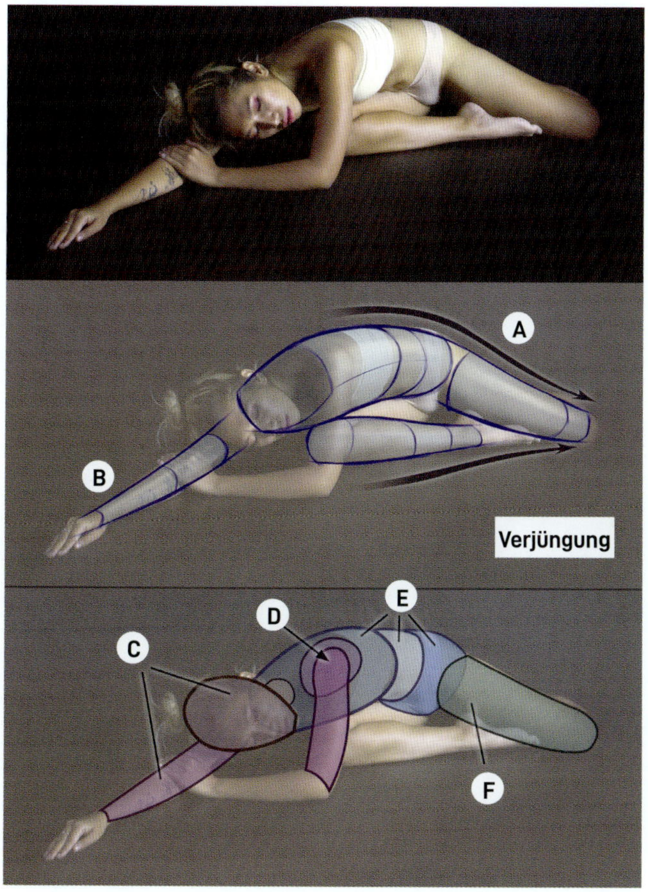

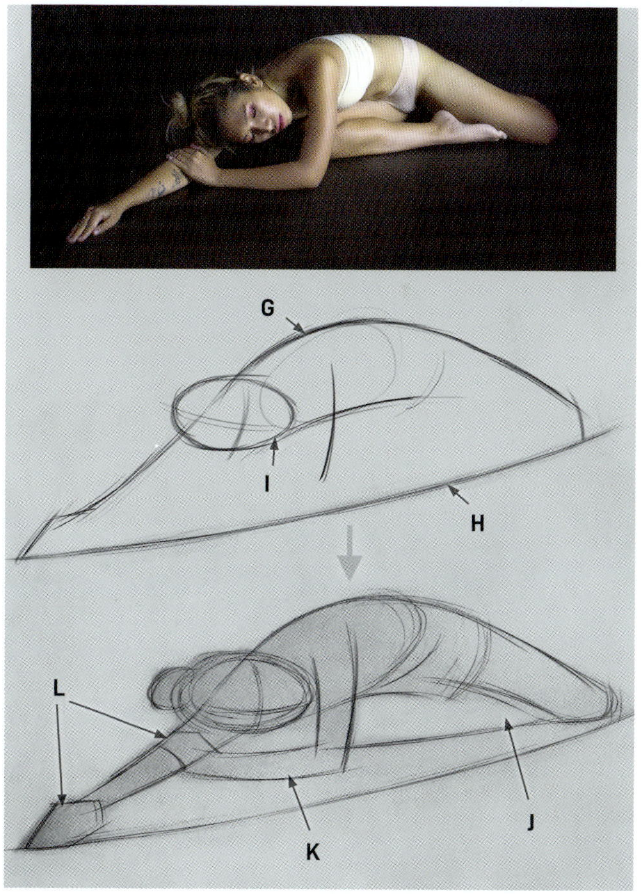

Teil 2: Erste Konstruktion
Die gestische Skizze vermittelt viel Bewegung und liefert 2D-Formen **(A)**. Um die Perspektive zu vermitteln, muss die Figur aber genauer konstruiert werden.

Zuerst die Gesichtszüge und einige Details des Kopfs andeuten **(B)**. Querschnitte in die Arme zeichnen, um ihr Volumen und ihre Position festzulegen **(C)**. Den Rumpf in Abschnitte gliedern **(D)**. Die Beine mit Querschnitten konstruieren und den Fuß hinzufügen **(E)**.

Teil 3: Weitere Konstruktion
Um die Haltungszeichnung zu vervollständigen, nun durch weitere anatomische Elemente die Perspektive zum Ausdruck bringen. Mit der Anatomie der Schulter beginnen **(F),** dann mit Unterarm und Hand fortfahren **(G)**. Die Brüste anfügen und die Überschneidungen und Falten am Bauch zeichnen **(H)**. Augenhöhlen und Details der Gesichtszüge ausarbeiten, um die Haltung des Kopfs zu verdeutlichen **(I).** Den Fuß deutlicher ausarbeiten **(J)**.

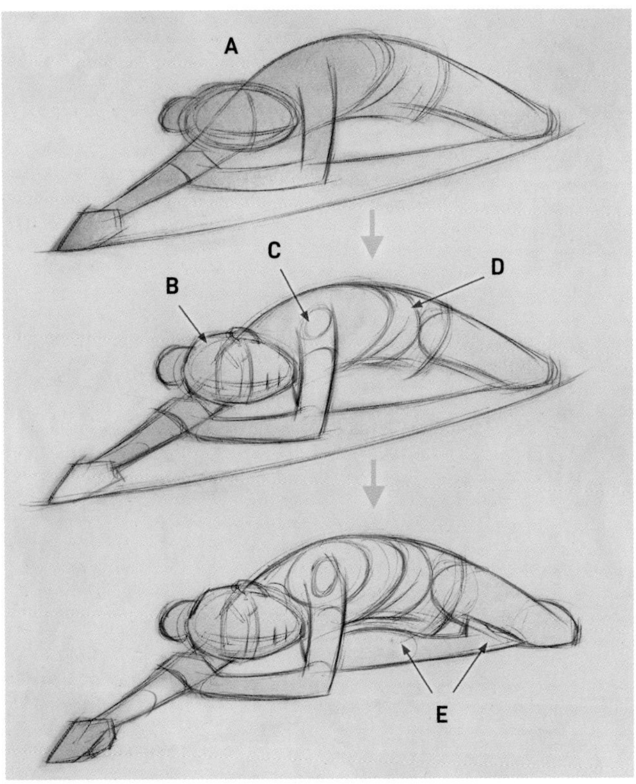

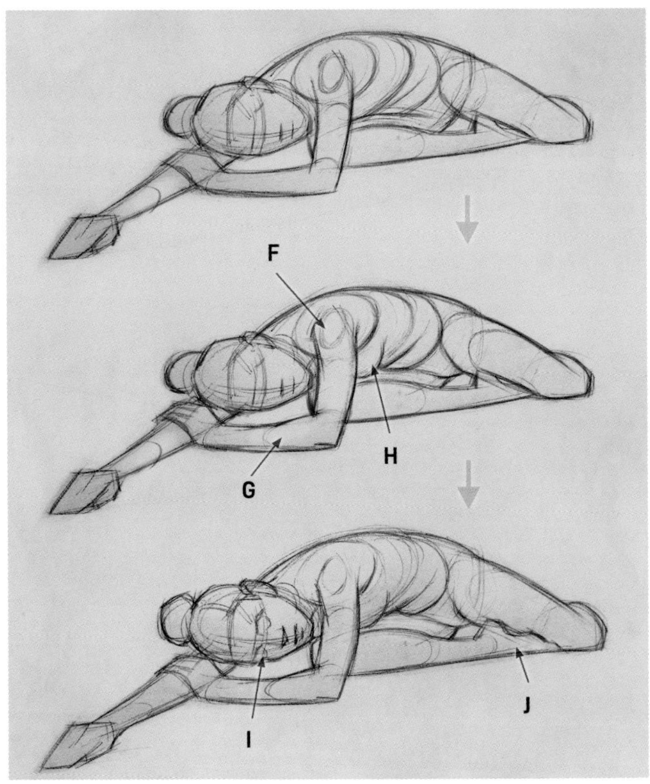

Teil 4: Überschneidungen und Akzente
Bei perspektivisch verkürzten Posen sollten Sie Überschneidungen übertreiben. Mit den Überschneidungen am Bauch und an der rechten Wade beginnen **(K)**. Den Arm verstärken, der vor Rumpf und Bein liegt **(L)**. Dunkle Akzente dort einzeichnen, wo Kopf und Hand auf dem gestreckten Arm liegen **(M)**. Um mehr Tiefe zu erzeugen, die Überschneidungen in der Kontur hervorheben, insbesondere dort, wo der Bauch an die Hüfte und die Hüfte an das Bein anschließt **(N)**. Die nächste Möglichkeit, um mehr Perspektive und Tiefe zu erzeugen, ist die Schattierung.

Teil 5: Schatten
Wenn Sie noch Zeit haben, fügen Sie Schatten im Bereich der Überschneidungen ein, vor allem an Bauch, Brust und rechtem Bein. Die linke Schulter und die nach unten gedrehte Gesichtshälfte schattieren **(O)**.

Die Schlagschatten abdunkeln, um den Kontrast zu erhöhen und die Figur zu erden **(P)**. Um der Figur noch mehr Volumen und Tiefe zu verleihen, können Sie an den Stellen, an denen die Formen der Lichtquelle zugewandt sind, Highlights hinzufügen **(Q)**.

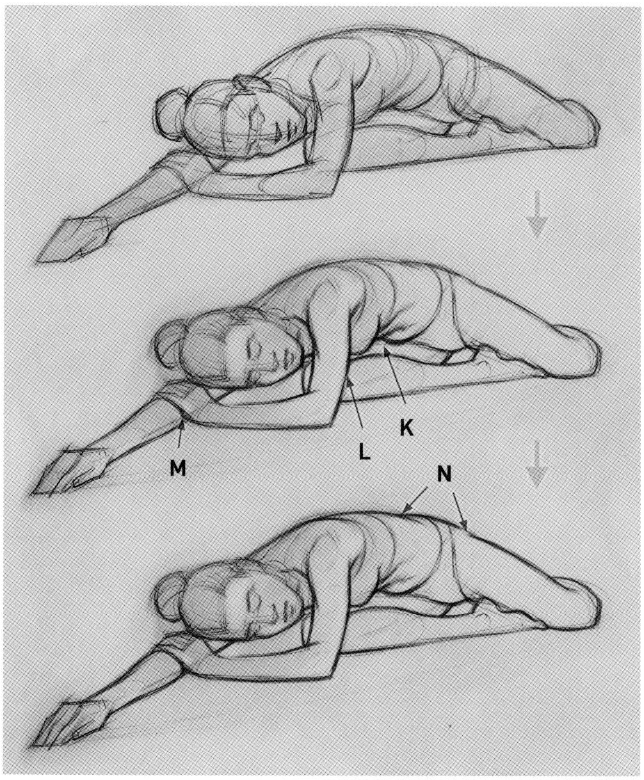

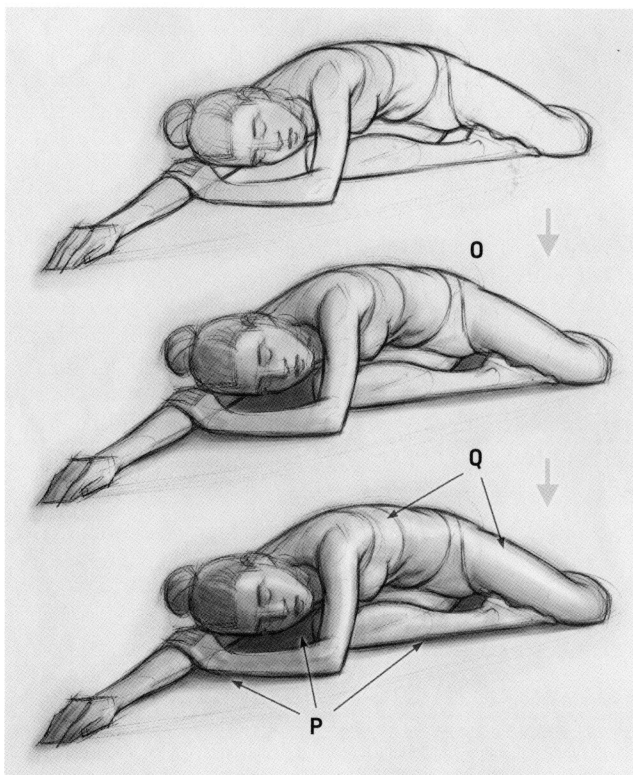

KAPITEL 5

ÜBUNGEN UND SELBSTSTUDIUM

Sinnvolle Übungen

Kürzlich sprach mich in einem meiner Workshops ein motivierter Teilnehmer an. Der junge Mann stellte mir eine der klügsten Fragen, die ich je von einem Schüler gehört habe: *Welche Übungen bringen mich weiter?*

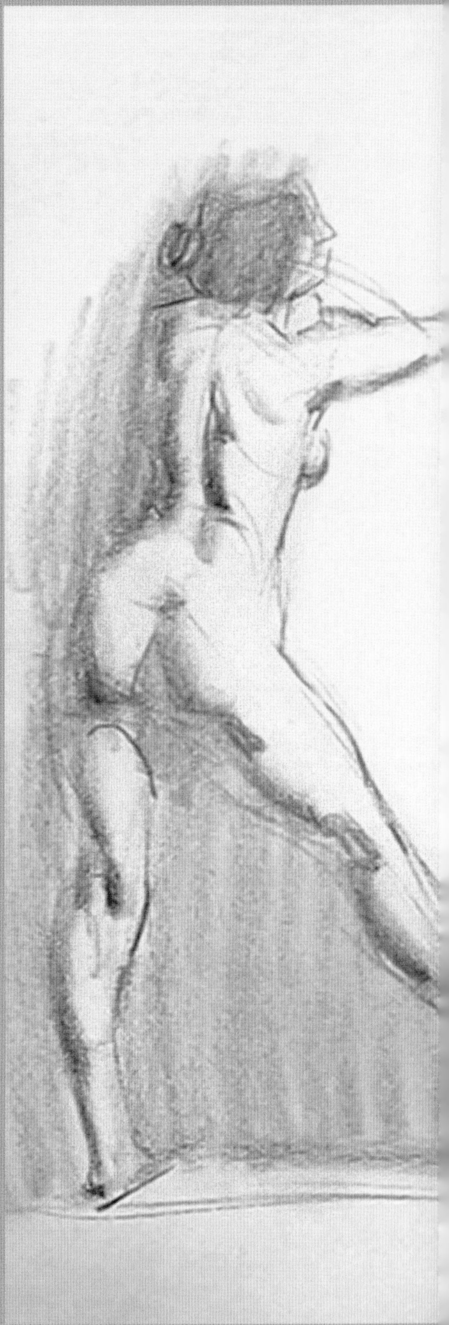

Ich war verblüfft über diese einfache Frage, aber dann wurde mir klar, dass ich selbst sie vor Jahren meinen Mentoren und Lehrern gestellt hatte, und auch mir selbst habe ich sie in meiner Anfangszeit gestellt. Nach all den Jahren, viel Berufserfahrung und Tausenden Unterrichtsstunden als Lehrer hatte ich vergessen, wie viel ich als Anfänger selbst geübt habe. Schon darum bin ich meinem Kursteilnehmer dankbar für die Frage und habe eine Auswahl an Übungen zusammengestellt.

Die Übungen im letzten Kapitel sind in drei Abschnitte unterteilt: Zeichnen lebender Menschen, technische Übungen und Studien alter Meister. Zu jedem Thema schlage ich mehrere Aufgaben vor. Die Aufgaben ergänzen sich gegenseitig und müssen nicht der Reihe nach bearbeitet werden. Wenn Sie aber das Aktzeichnen lernen möchten, liegt es nahe, mit dem Zeichnen lebender Personen zu beginnen.

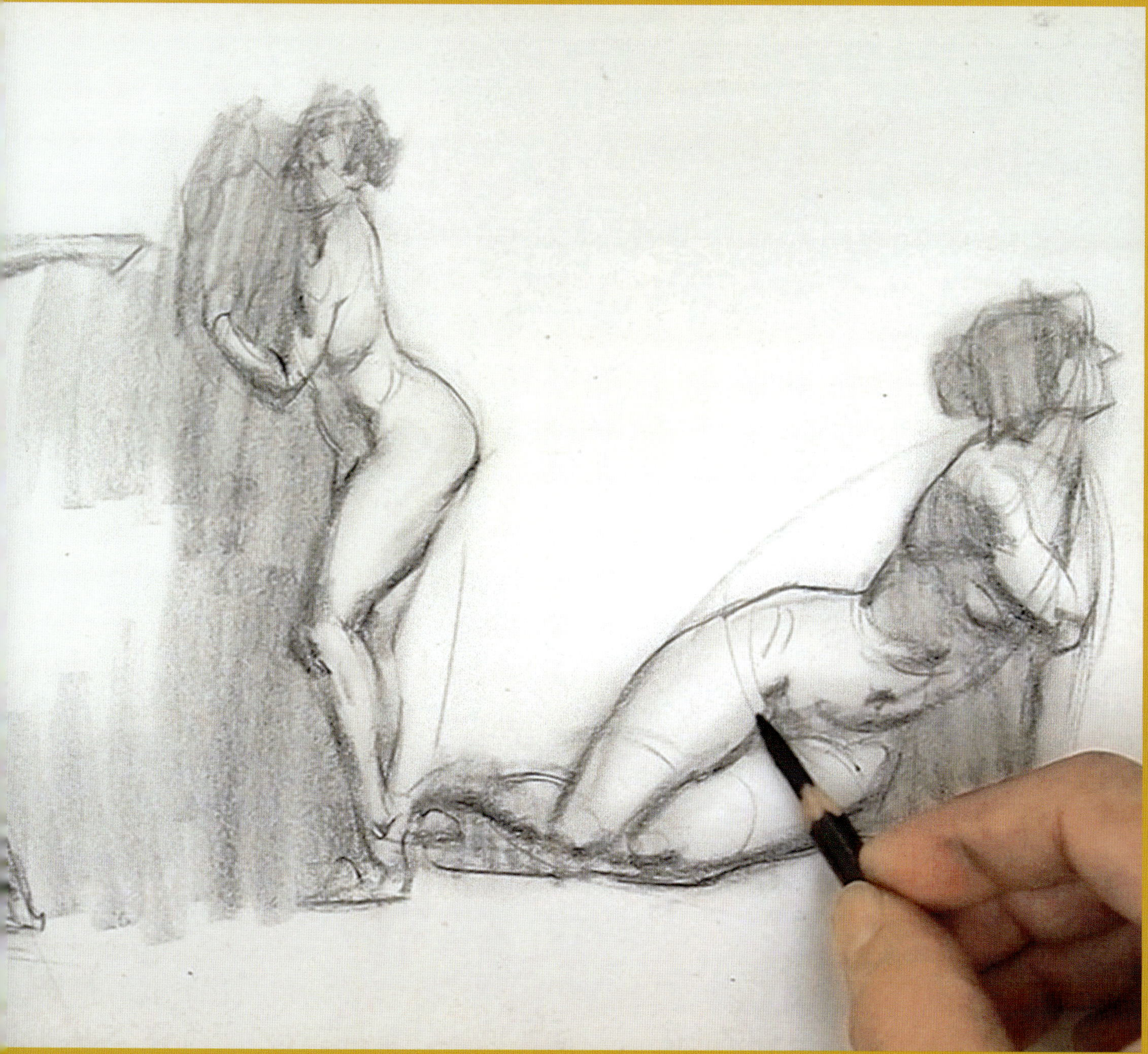

TEIL 1

Lebende Menschen zeichnen

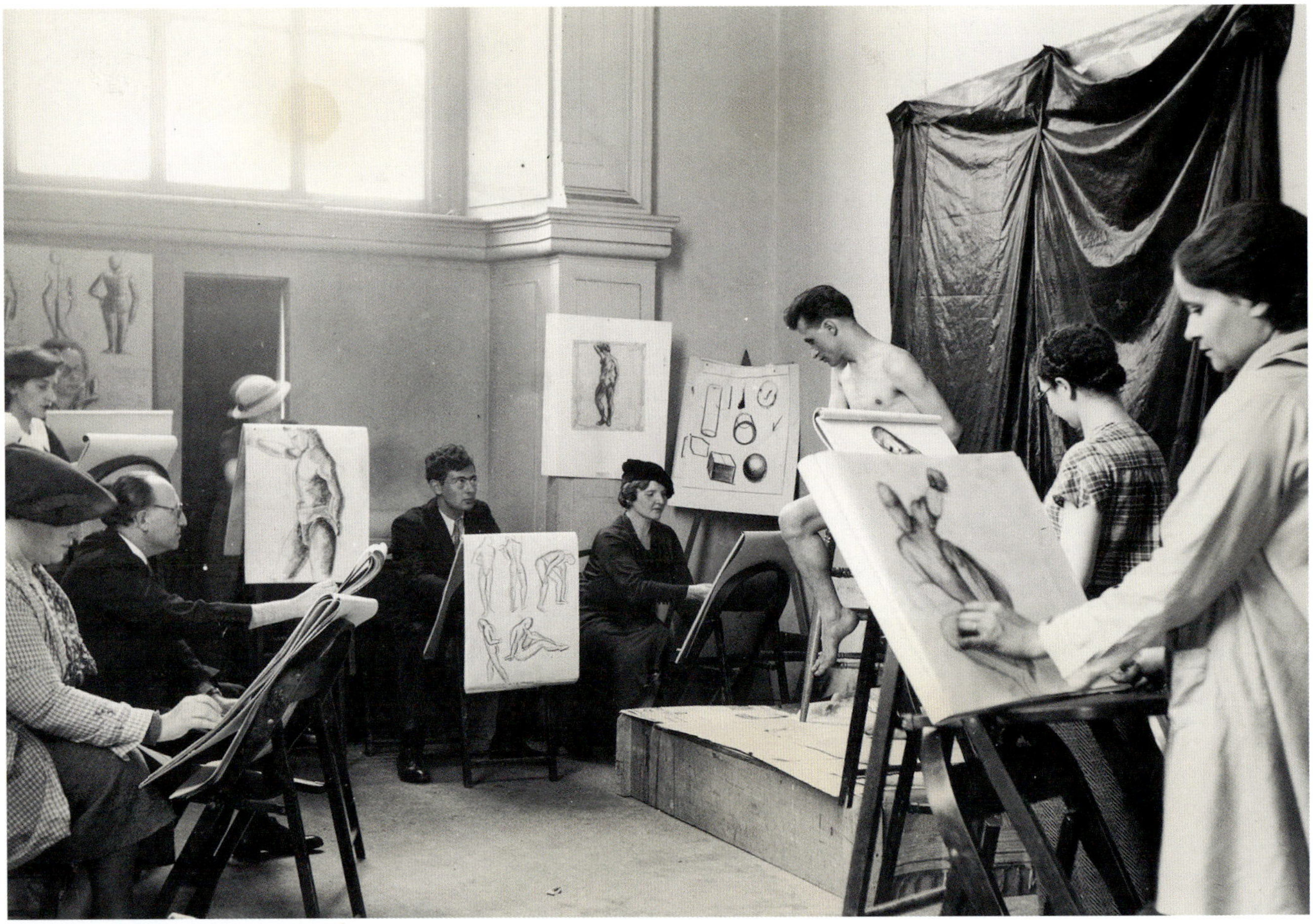

Zeichenkurs für Erwachsene am Brooklyn Museum, 1935. Federal Art Project. Archives of American Art.

Die wichtigste Übung besteht darin, möglichst viel zu zeichnen, und zwar nach dem lebenden Modell. »Möglichst viel« bedeutet meiner Meinung nach mindestens:

- eine Skizzenbuch-Seite pro Tag
- eine größere Zeichnung (46 x 61 cm) pro Tag

Wenn Sie nur 20 Prozent der Übungen in diesem Buch ausführen, können Sie dieses Ziel schon erreichen. Meiner Erfahrung nach ist es sinnvoller, regelmäßig täglich ein Blatt zu zeichnen als einmal in der Woche sieben Blätter. Regelmäßigkeit und Wiederholung sind das Geheimnis schneller Lernerfolge.

ÜBUNG 1: MENSCHEN ZEICHNEN

Nachdem Sie dieses Buch gelesen haben, sollten Sie einen Schritt weiter gehen. Ein guter Weg wäre beispielsweise, an Ihrem Wohnort einen Zeichenkurs zu besuchen.

Vorschlag 1: Einen Kurs finden

Glücklicherweise kann man fast überall Aktzeichenkurse finden, zumindest in der westlichen Welt. Wenn Sie in der Nähe einer größeren Stadt leben, sollte die Suche keine großen Schwierigkeiten bereiten. Ich nenne hier einige Anlaufpunkte, an die Sie sich wenden könnten. Dies sind auch die Stellen, an denen ich nachgefragt habe, wenn ich in eine neue Stadt gezogen oder auf Reisen war.

1. Kunsthochschulen

Die meisten Kunsthochschulen und auch Fachhochschulen für Gestaltung bieten Aktzeichenkurse an, allerdings muss man sich, um teilnehmen zu können, immatrikulieren. Manchmal organisieren auch die Studierenden Workshops, die nicht von einem Dozenten geleitet werden. Nähere Auskünfte erteilt normalerweise die Verwaltung des Instituts. Sie könnten auch einen Dozenten fragen oder Studierende direkt ansprechen. Sie sind leicht daran zu erkennen, dass sie Zeichenbretter oder Mappen bei sich tragen.

2. Online-Suche

Viele Zeichengruppen veröffentlichen ihre Veranstaltungstermine im Internet. Eine der besten Suchhilfen ist die internationale Plattform Meetup.com, auf der Veranstalter Informationen über ihre Events bekannt geben (www.meetup.com).

Außerdem empfehle ich Artmodelbook.com. Diese Website wird von einem ehemaligen Modell betrieben und bietet eine großartige Liste von Veranstaltungen in den USA und Kanada (*www.artmodel book.com/figure- drawing-directory.htm)*

3. Künstler-Fachhandel

Wenn Sie täglich zeichnen, werden Sie regelmäßig Geschäfte für Künstlerbedarf besuchen. Schauen Sie beim nächsten Einkauf einmal das Schwarze Brett genauer an. Oft werden dort Informationen zu Workshops und Kursen ausgehängt. Fragen Sie die Beschäftigten – auch sie malen oder zeichnen oft. Und wenn Sie einen Kunden sehen, der ein Zeichenbrett im Format 46 x 61 cm und Zeitungsdruckpapier kauft, sprechen Sie ihn einfach an.

Einige der großen Kunsthandlungen bieten sogar eigene Workshops und Kurse an. Halten Sie Ausschau nach Flyern und Plakaten, und fragen Sie die Beschäftigten nach Zeichenkursen.

4. Cafés und Buchläden

Auch Cafés und Buchläden haben oft ein Schwarzes Brett, an dem Veranstaltungen angezeigt werden. Manchmal treffen sich dort lokale Gruppen, und vielleicht gibt es auch Zeichen- oder Kunstgruppen. Fragen Sie einfach das Personal.

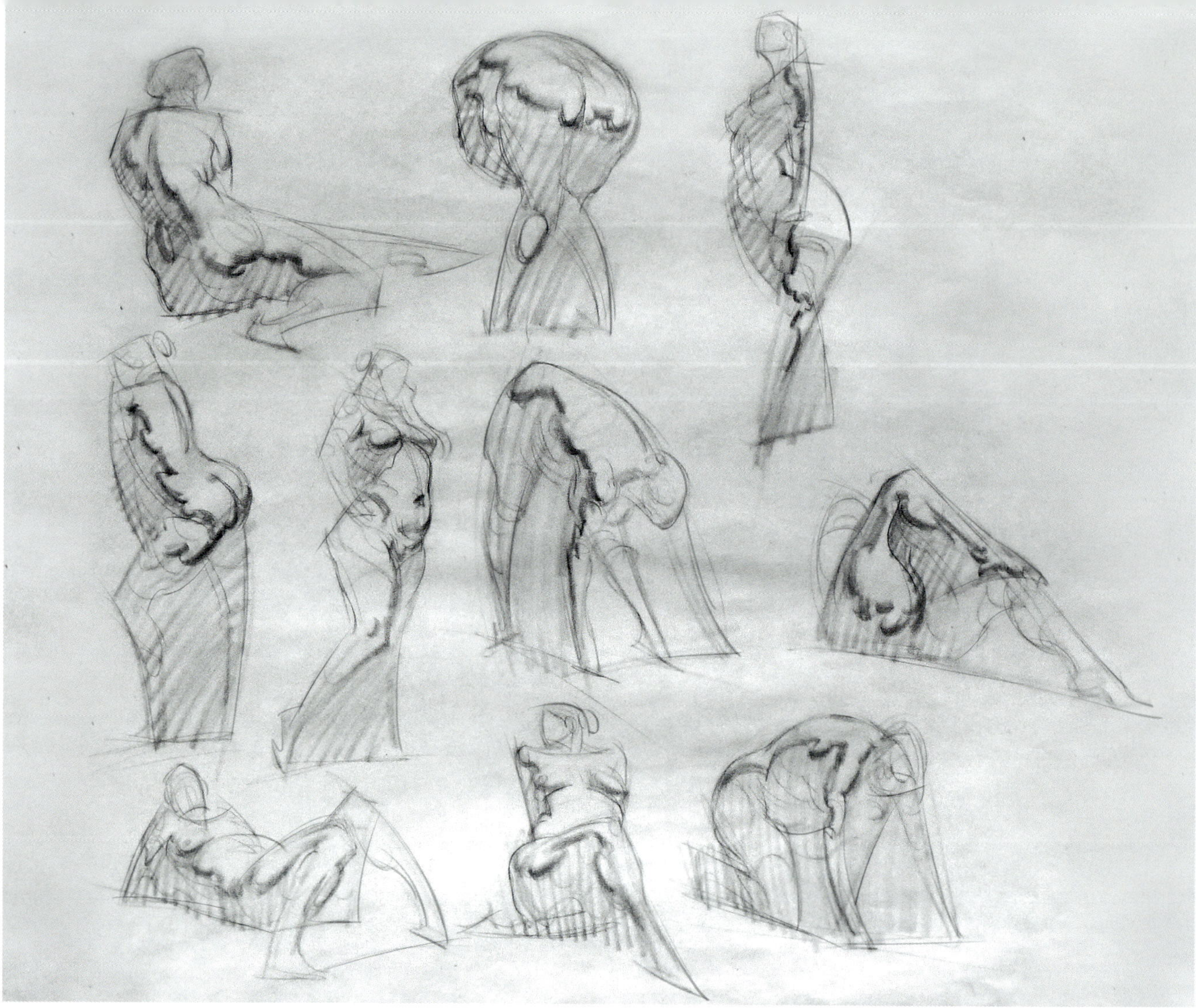

Vorschlag 2: Mindestens eine Life-Zeichensitzung pro Woche

Wenn Sie einen Zeichenkurs in Ihrer Nähe gefunden haben, sollten Sie möglichst oft hingehen. Selbst wenn Ihnen das Selbststudium Spaß macht, kann es nicht den Austausch mit anderen ersetzen. Als ich mit dem Aktzeichnen anfing, habe ich drei- bis fünfmal pro Woche eine Gruppe besucht.

Damals lebte ich in Los Angeles, wo es glücklicherweise viele Kurse und Workshops gab. So viel muss es aber gar nicht sein. Einmal pro Woche ist schon ein guter Anfang.

Alternativen zur Life-Zeichensitzung

Nicht jeder lebt in einer größeren Stadt der westlichen Welt. In manchen Ländern ist Nacktheit ein kulturelles Tabu, das Aktzeichnen mit einem lebenden Modell nicht üblich oder sogar verboten. Wer den Ehrgeiz hat, das Aktzeichnen zu lernen, muss sich davon nicht aufhalten lassen. Möglichkeiten zum Lernen und Üben lassen sich immer und fast überall finden. Sie brauchen dafür nur eine Internetverbindung und Ihr Material zum Zeichnen.

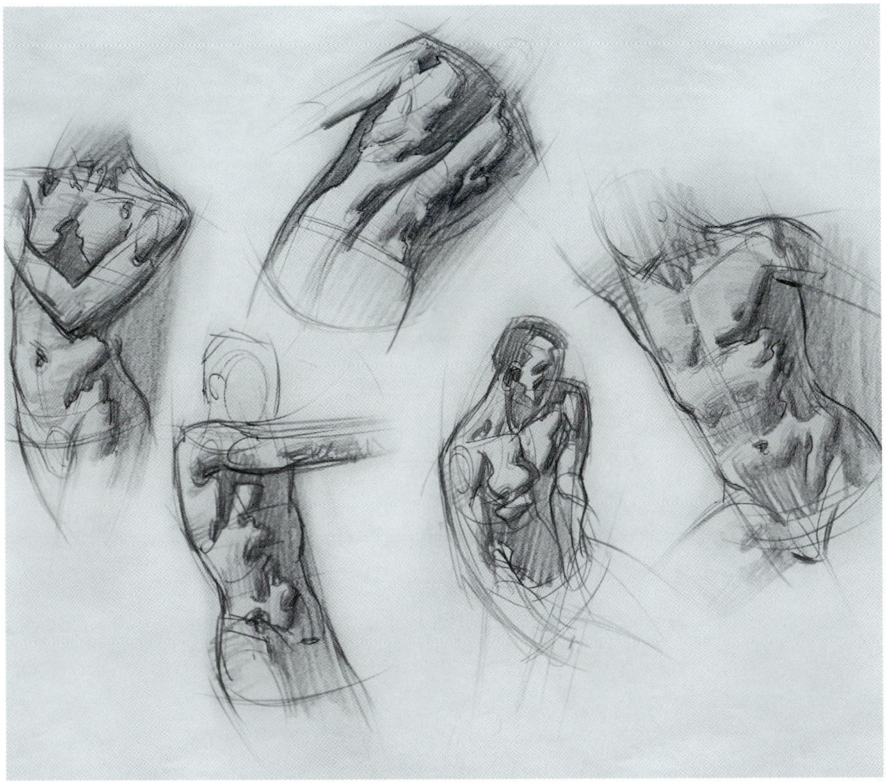

Vorschlag 3: Zwei Bögen mit gestischen Zeichnungen
Die Abbildung gegenüber zeigt einen Bogen mit Zwei-Minuten-Posen aus einer Zeichensitzung. Diese Sitzung war in Posen unterschiedlicher Länge – von einer Minute bis 20 Minuten – gegliedert. Die meisten Sitzungen beginnen mit einer Reihe von kurzen Posen zum Aufwärmen. Wenn man regelmäßig hingeht, ist es ein Leichtes, die Bögen des Zeichenblocks zu füllen.

Vorschlag 4: Ein Bogen mit Rumpf-Studien
Rumpf-Studien wie auf der Abbildung oben eignen sich ausgezeichnet, um das Aktzeichnen nach dem lebenden Modell zu üben. Am besten fertigen Sie jede Woche einige solcher Studien an. Wenn Sie regelmäßig an Zeichenkursen teilnehmen, sollten Sie eine Workshop-Sitzung oder zumindest die ersten zwei Stunden nur für Rumpf-Studien nutzen.

Zeichnen mit Videos

Video-Streams mit zeitlich begrenzten Posen sind auch online verfügbar. Ich bevorzuge und empfehle Drawthis. Der Anbieter arbeitet mit professionellen Modellen, und die Aufnahmen entstehen in einem professionellen Studio mit hochwertiger Beleuchtung. Die zeitlich festgelegten Posen eignen sich gut, um die Kenntnisse, die dieses Buch vermittelt, durch praktisches Üben zu vertiefen.
Sie finden die Videos unter www.drawthis.com. Alternativ können Sie bei YouTube nach »draw this« suchen.

Das Zeichnen nach Fotos empfehle ich nur erfahreneren Künstlern. Gestik, Struktur und Rhythmus lernt man am besten durch die Beobachtung eines lebenden, atmenden Modells. Deshalb schätze ich den Drawthis-Stream, der mit lebenden Modellen arbeitet.

Selbstverständlich können Sie auch andere Menschen zeichnen, die keine professionellen Modelle sind – im Café, in der Bibliothek oder überall, wo Menschen einen Augenblick still sitzen oder stehen.

ÜBUNG 2: ZEICHNEN IM CAFÉ

Wenn Sie keinen Zugang zu einem lebenden Modell haben, oder wenn Sie nicht aufhören können zu zeichnen, machen Sie die Welt zu Ihrem Atelier. Zeichnen Sie einfach in öffentlichen Räumen. Gut geeignet sind Cafés, wo die Menschen etwas länger sitzen bleiben und sich vielleicht bei einem Getränk unterhalten. Cafés sind fast überall zu finden, es gibt also keine Ausrede, nicht zu üben. Gute Alternativen sind

- Buchhandlungen
- Bus und Bahn
- Flughäfen
- Restaurants

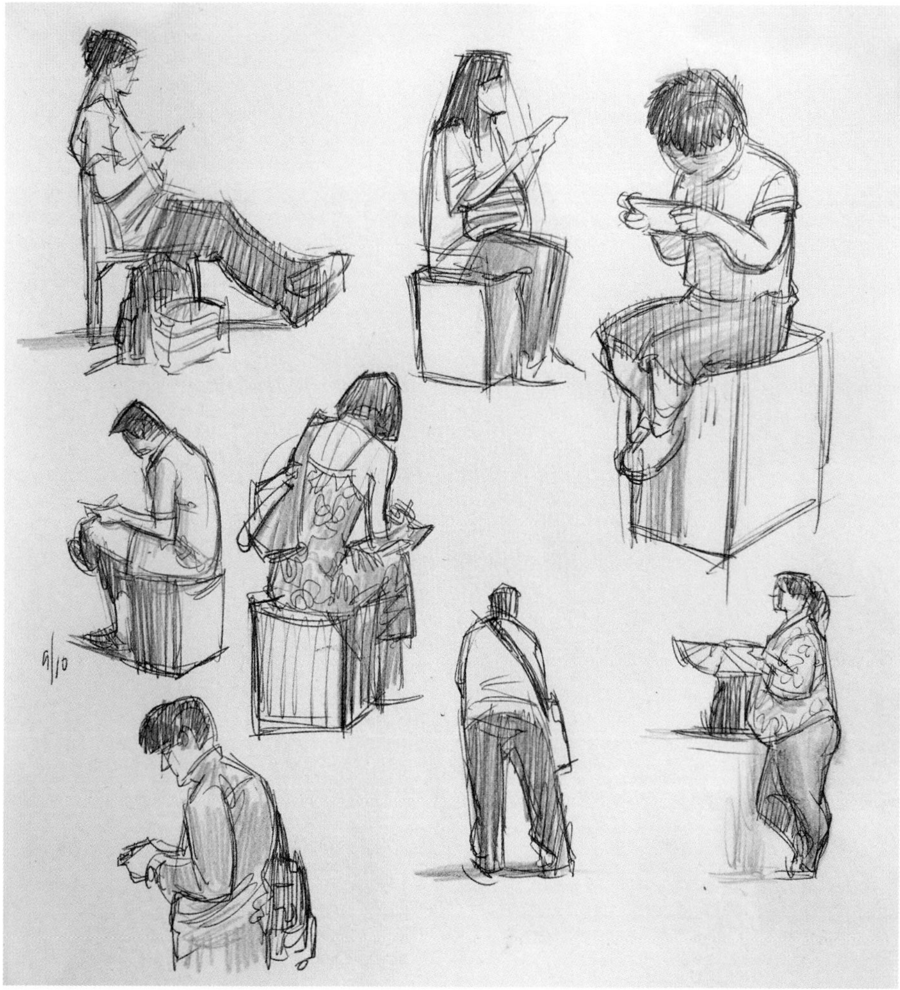

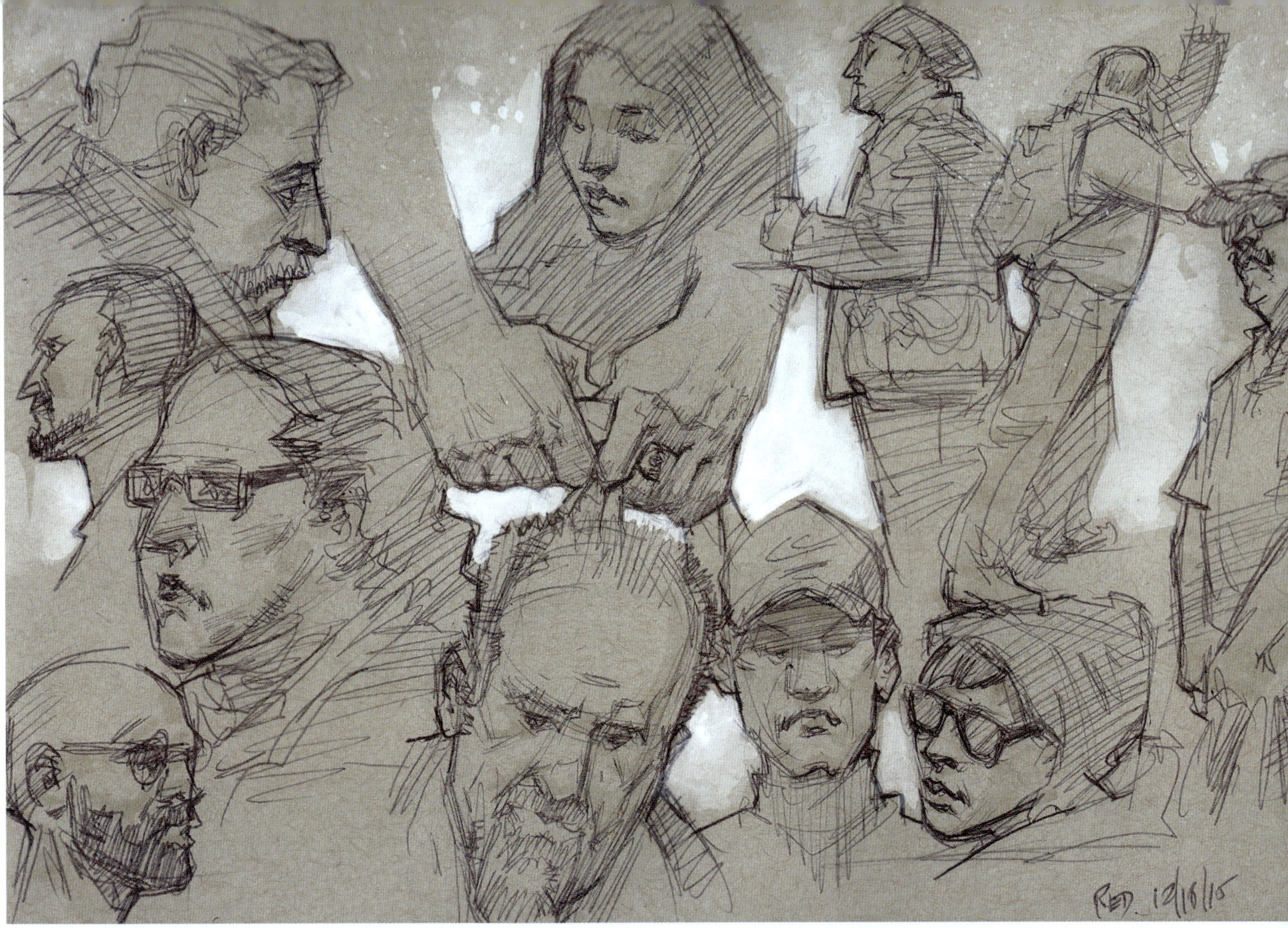

Im Grunde kann man überall zeichnen, wo sich Menschen aufhalten. Darum habe ich immer ein Skizzenbuch und Stifte bei mir.

Wenn Sie schon einmal versucht haben, im Café zu zeichnen, wissen Sie, dass es vor allem auf Geschwindigkeit ankommt. Die Menschen sind keine geübten Modelle, also halten sie nicht still. Sie haben vielleicht nur ein paar Sekunden Zeit, bevor sich Pose oder Blickwinkel verändern. Anfängern empfehle ich, vor allem Beobachtung und gestisches Zeichnen zu üben. Versuchen Sie, Bewegungslinie und Haltung einzufangen, bevor Sie sich der genaueren Form, der Silhouette, den Merkmalen und der Kleidung der Person zuwenden. Beobachten und zeichnen Sie weiter, bis sich die Person bewegt, und vervollständigen Sie die Skizze dann aus dem Gedächtnis. Das ist schwierig, aber wenn Sie dranbleiben, werden sich Ihre Beobachtungsfähigkeiten, Ihre Entscheidungsfindung und Ihr visuelles Gedächtnis verbessern.

Vorschlag 5: Ein Bogen voller Figuren

Die Skizzenbuchseite mit den Figuren (gegenüber) habe ich im Wartebereich in einer Behörde gefüllt. Es handelte sich um einen großen offenen Raum, sodass ich Dutzende von Menschen im Blickfeld hatte. Zum Glück gab es Sitzgelegenheiten, und ich konnte das Skizzieren an den sitzenden Personen üben, bevor ich mich den stehenden Personen zuwandte, die sich viel mehr bewegten.

Vorschlag 6: Ein Bogen voller Köpfe und Gesichter

Die obige Skizzenbuchseite stammt von einer langen U-Bahn-Fahrt durch Hollywood. Von meinem Platz aus konnte ich nur selten eine vollständige Figur sehen, also konzentrierte ich mich auf Köpfe und Gesichter. Wenn ich vor Ort zeichne, versuche ich, die Bewegung, die Form und die Anordnung der Gesichtszüge zu erfassen. Die Details und Schattierungen können aus dem Gedächtnis hinzugefügt werden.

TEIL 2

Technische Übungen

In diesem Abschnitt geht es um die zeichnerische Fingerfertigkeit mit dem Bleistift. Besonders wichtig sind die Übungen für alle, die mit dem Malergriff nicht vertraut sind. Es dauert ein Weilchen, sich diese motorische Fähigkeit anzueignen und mit ihr vertraut zu werden.

Als ich zum ersten Mal den Malergriff ausprobierte, fehlte mir jede Fingerfertigkeit. Meine Striche waren grob und ungleichmäßig, und auch meine Schraffuren sahen unbefriedigend aus. Da ich bereits Erfahrung im Zeichnen und ein gewisses Ego hatte, war mir das peinlich.

Die folgenden Übungen werden Ihnen helfen, schön sauber zu zeichnen. Ihre Strichführung wird sich spürbar verbessern, aber noch wichtiger ist es, das Erzeugen sauberer und gleichmäßiger Tonwerte zu trainieren.

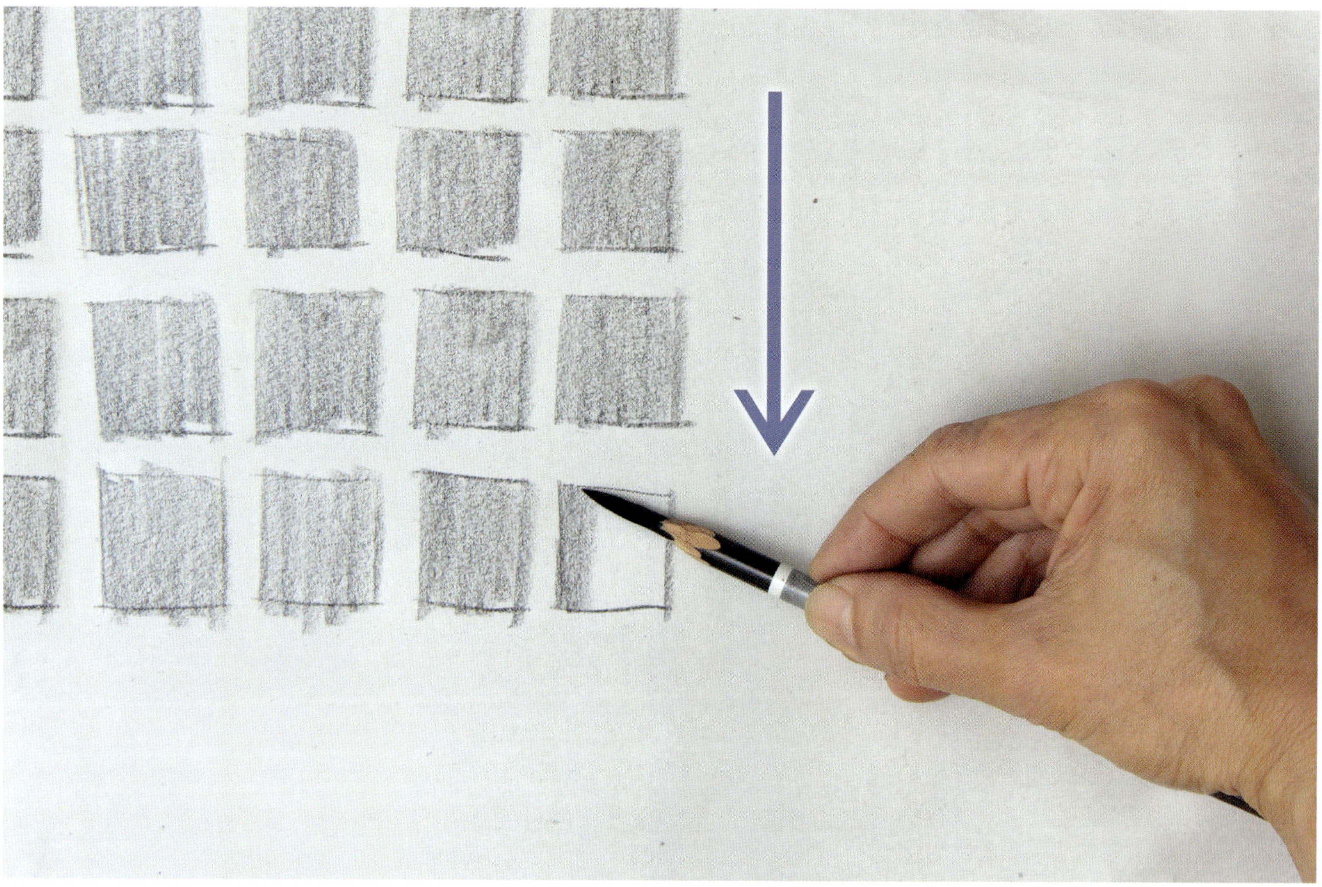

Vorschlag 7

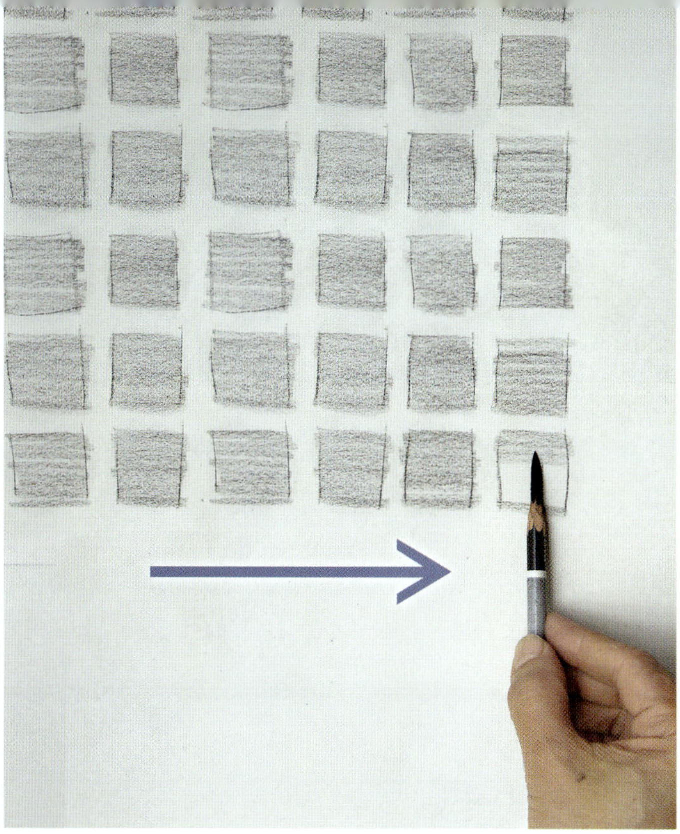

Vorschlag 8

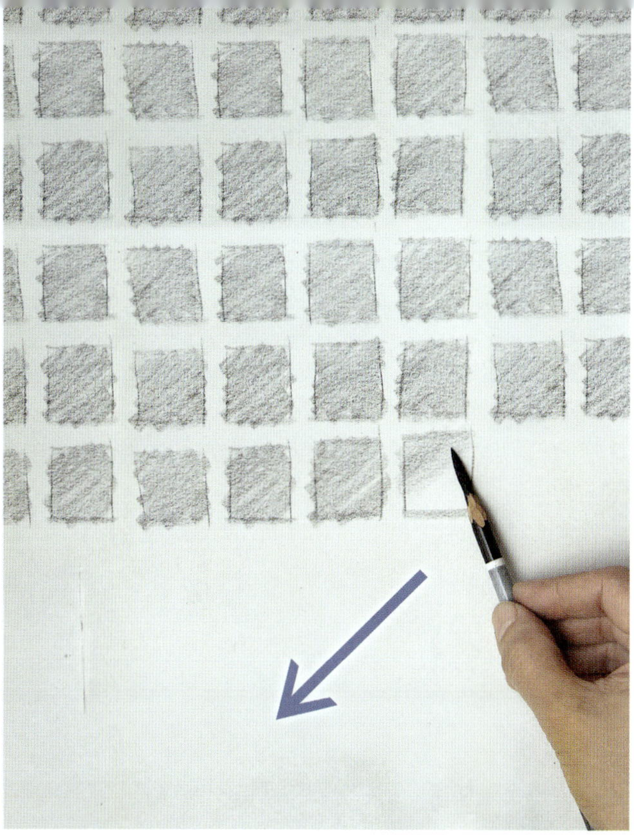

Vorschlag 9

ÜBUNG 3: TONWERT-KÄSTEN

Diese einfache Übung kann viel Spaß machen, und sie bewirkt, dass sich die allgemeine Geschicklichkeit deutlich verbessert. Zeichnen Sie einfach ein kleines Quadrat von etwa 2,5 x 2,5 cm Größe. Dieses füllen Sie mit dem flach aufgesetzten Bleistift mit einem Grauton aus. Der Grauton soll so gleichmäßig wie möglich ausfallen.

Füllen Sie einen ganzen Bogen Zeichenpapier (46 x 61 cm) mit solchen Kästchen. Diese Kästchen mit vertikalen Strichen schraffieren. Wenn die Seite voll ist, einen neuen Bogen vorbereiten und mit horizontalen Strichen schraffieren. Versuchen Sie es danach mit schrägen und schließlich mit gekrümmten Strichen. Wenn Sie diese Übung täglich ausführen, werden Sie staunen, wie schnell sich Ihre Geschicklichkeit verbessert. Solche Tonwert-Übungen können auch ein großartiges Aufwärmtraining vor einer Zeichensitzung sein oder genutzt werden, um die Zeit von Ruhepausen des Modells zu füllen.

Vorschlag 7: Ein Bogen Kästen, senkrecht schraffiert
Beginnen Sie mit vertikalen Schraffuren. Zur Abwechslung und als Herausforderung können Sie Ihren Strich umkehren und von unten nach oben arbeiten. Das ist unbequem, aber je mehr man unbequeme Bewegungen übt, desto größer ist der Trainingseffekt.

Vorschlag 8 und 9: Ein Bogen waagerecht, ein Bogen schräg
Nun die Kästen mit waagerechten Strichen von rechts nach links füllen, dabei von oben nach unten arbeiten. Zur Abwechslung die Striche von links nach rechts führen oder von unten nach oben arbeiten.

Für schräge Striche ist der bequemste Verlauf von rechts oben nach links unten. Zur Abwechslung die Strichrichtung ändern oder die Striche von unten nach oben führen.

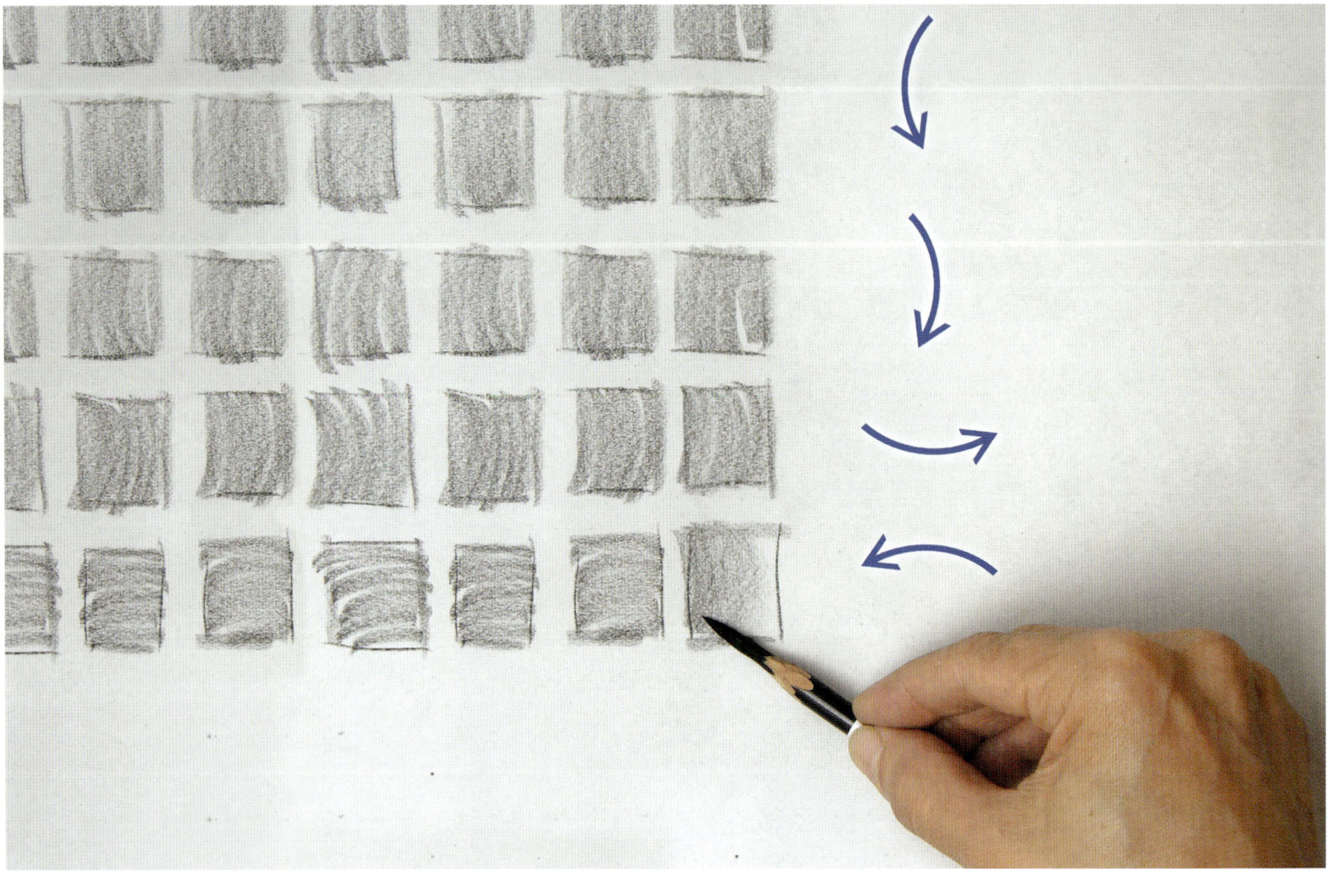

Vorschlag 10: Bögen in verschiedenen Richtungen
Besonders anspruchsvoll sind gekrümmte Schraffuren. Mir fallen senkrechte, nach rechts oder links gekrümmte Striche am leichtesten. Darum übe ich bewusst auch waagerechte Schraffuren, die nach oben oder unten gekrümmt sind. Füllen Sie eine oder mehrere Reihen mit demselben Strichtyp. Wenn Sie auf einen neuen Strichtyp wechseln wollen, fangen Sie eine neue Kästchenreihe an.

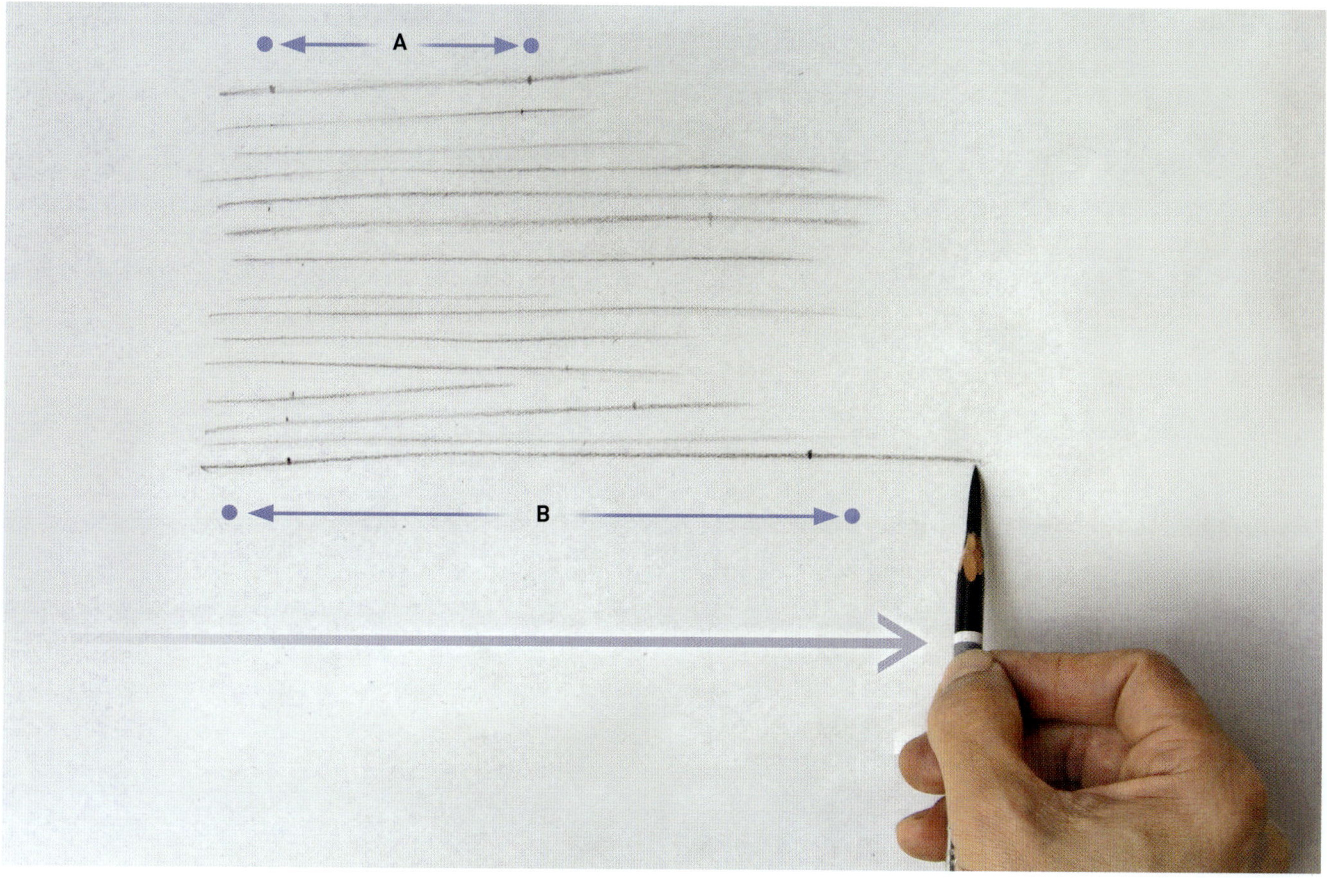

ÜBUNG 4: PUNKTE VERBINDEN

Ich kenne keine andere Übung, mit der sich die Strichqualität in so kurzer Zeit deutlich verbessern lässt: Einfach zwei Punkte zeichnen und diese mit einem einzigen Strich verbinden, dabei den Stift im Malergriff halten. Stellen Sie sich vor, die Bleistiftspitze sei ein Pfeil und der zweite Punkt ein Volltreffer. Versuchen Sie, den Punkt am Ende Ihres Strichs zu treffen.

Es macht nichts, wenn Sie anfangs den Punkt nicht treffen. Mit der Zeit werden Sie sich verbessern. Der Reiz dieser Übung liegt auch darin, dass das »Zielschießen« mit dem Stift spannend ist und großen Spaß macht.

Vorschlag 11: Ein Bogen voll gerader Striche
Beginnen Sie mit einem kleinen Abstand zwischen den Punkten **(A)**. Den Abstand allmählich immer weiter vergrößern **(B)**, bis er der ganzen Papierbreite entspricht. Wenn der Abstand größer wird, aus dem ganzen Arm zeichnen. Je mehr Sie Arm und Körper einsetzen, desto flüssiger wird der Strich, und desto besser sind die Chancen, einen Treffer zu landen.

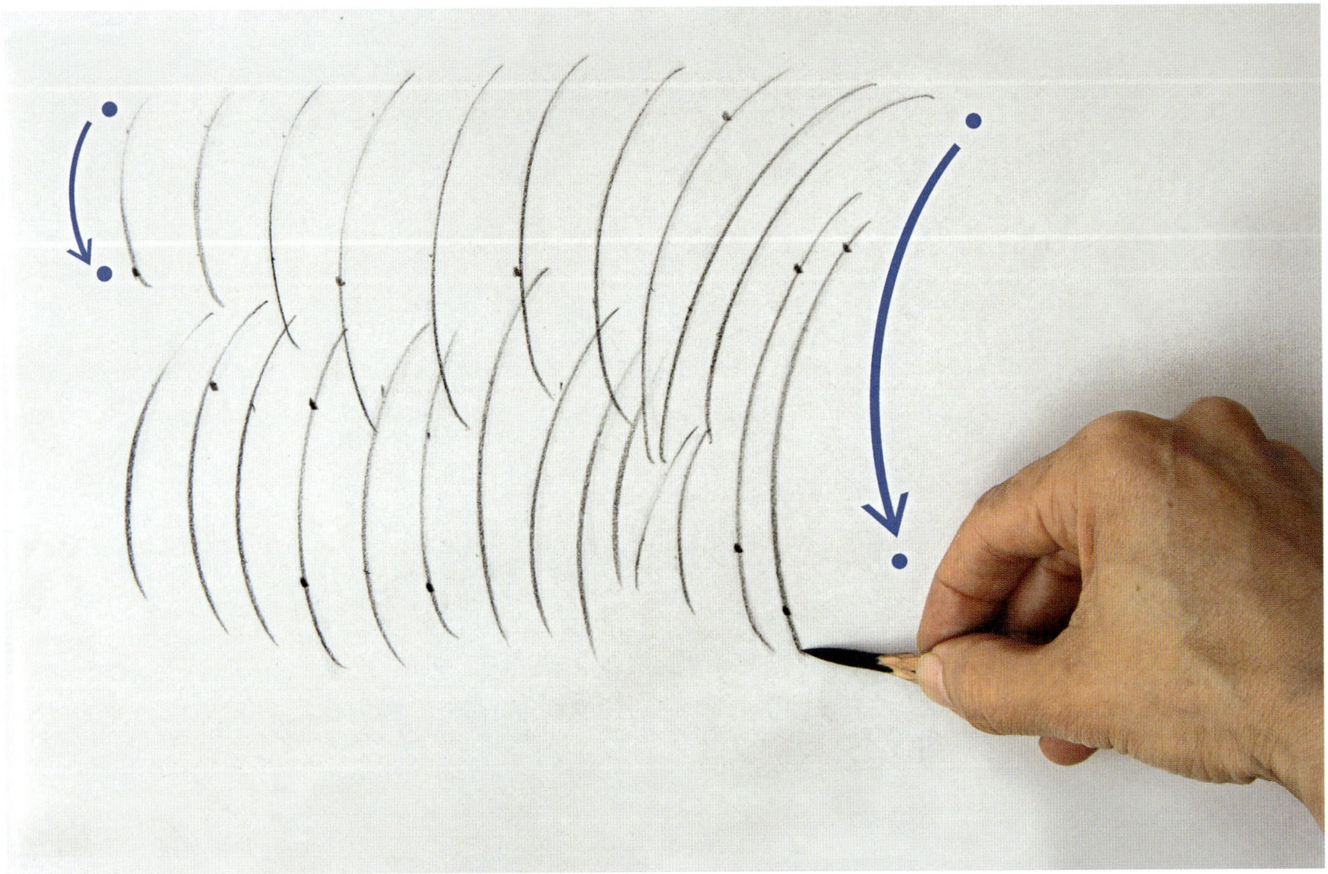

Vorschlag 12: Bögen
Verbinden Sie zwei Punkte mit Bögen. Ich beginne meist mit senkrechten Bögen und übe danach waagerechte.

ÜBUNG 5: SCHREIBEN IM MALERGRIFF

Diese Übung mag seltsam erscheinen, ist aber sehr wirkungsvoll. Als ich anfing, mich ernsthaft mit dem Aktzeichnen zu beschäftigen, beherrschte ich den Malergriff noch nicht sehr gut. Meine Striche und Schraffuren sahen hässlich aus.

Eines Tages skizzierte ich mit einem Brush Pen und wollte mir dazu Notizen machen. Mir fiel auf, dass ich den Stift noch immer im Malergriff hielt. Das Schreiben in dieser Haltung war anstrengend, darum beschloss ich, eine ganze Seite zu füllen. Als ich anschließend wieder zeichnete, hatte sich meine Strichqualität deutlich verbessert. Beim Schreiben muss sich die Hand in viele Richtungen, Winkel und Kurven bewegen, was dem Zeichnen selbstverständlich zugute kommt.

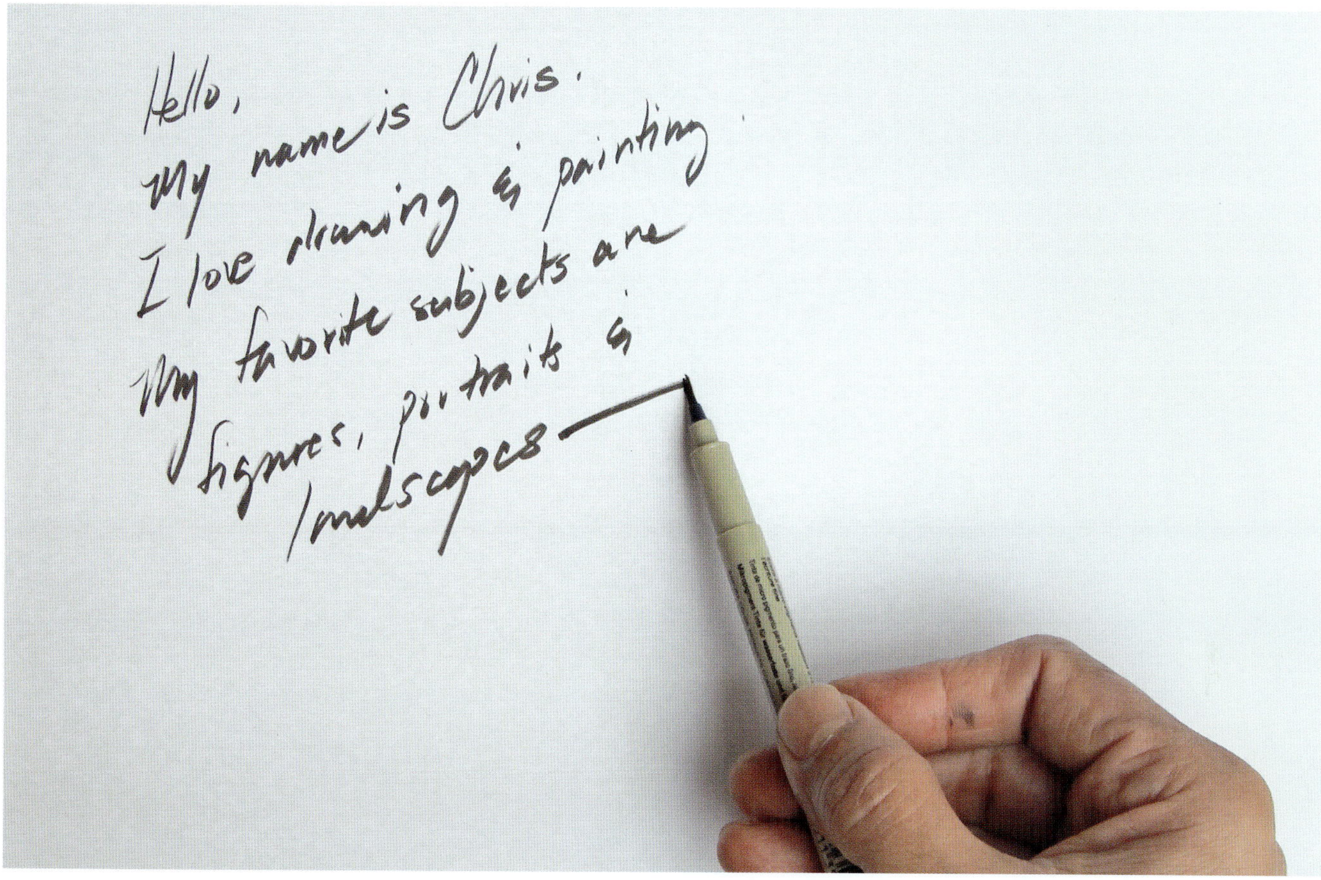

Vorschlag 13: Schreiben im Malergriff
Für diese Übung empfehle ich einen Brush Pen (siehe Abbildung) oder einen Bleistift mit langer Mine. Es spielt keine Rolle, was Sie schreiben. Ich notiere meistens Ideen für Zeichnungen.

Ebenso gut könnten Sie aber auch etwas aus einem Buch abschreiben oder den folgenden Satz stets wiederholen: »Ich will einmal wöchentlich zum Zeichenkurs gehen und jeden Tag zeichnen üben.«

TEIL 3

Alte Meister

Das Kopieren von Werken großer Künstler ist eine altehrwürdige Tradition. Jeder erfolgreiche professionelle Künstler, den ich kenne, und jeder großartige Zeichenlehrer, den ich in meinem Leben hatte, hat die Werke der alten Meister studiert und kopiert. Manche lieben berühmte Renaissancekünstler wie da Vinci oder Michelangelo, einer meiner Lehrer bewunderte und studierte Rembrandt. Ich habe festgestellt, dass diese Übungen mir zu sehr schnellen Lernerfolgen verholfen haben.

Das Kopieren alter Meister ist beinahe schon ein Geheimtipp für angehende Maler und Zeichner. Diese großen Künstler haben ihr Leben lang gemalt oder gezeichnet und es dabei zu großer Meisterschaft gebracht. In ihren Werken haben sie sich mit allen möglichen Zeichenproblemen auseinandergesetzt, sie überwunden und gelöst. Wenn wir heute ein Meisterwerk kopieren, können wir all die mühsamen Phasen überspringen und uns nur mit dem beschäftigen, was funktioniert und gut aussieht. In gewisser Weise ist es so, als ob man das Anfängerniveau überspringt und direkt zur Meisterschaft übergeht. Ziemlich cool, oder?

Ich bin immer wieder überrascht, wie schnell ich mich verbessere, wenn ich die alten Meister konsequent studiere. Probieren Sie es anhand der folgenden Beispiel aus, Sie werden staunen!

WER SIND DIE ALTEN MEISTER?

Was macht einen alten Meister aus? Wenn man an die großen Künstler der Geschichte denkt, kommen einem viele Namen in den Sinn. Für das Aktzeichnen empfehle ich, sich an historischen Künstlern zu orientieren, die für ihre Figuren und ihren Realismus anerkannt und geschätzt werden. Das sind beispielsweise

1. Peter Paul Rubens
2. William-Adolphe Bouguereau
3. Diego Velázquez
4. John Singer Sargent

Die Liste ist sehr kurz, aber diese Künstler sind allgemein als Meister anerkannt. Hinzu kommt, dass sie zahlreiche Werke mit Figuren oder Akten hinterlassen haben. Wenn Sie mehr Beispiele suchen, beginnen Sie mit den berühmtesten Epochen der westlichen Kunst: Renaissance, Hochrenaissance und Barock. Die meisten Gemälde aus diesen Epochen eignen sich sehr gut zum Studieren.

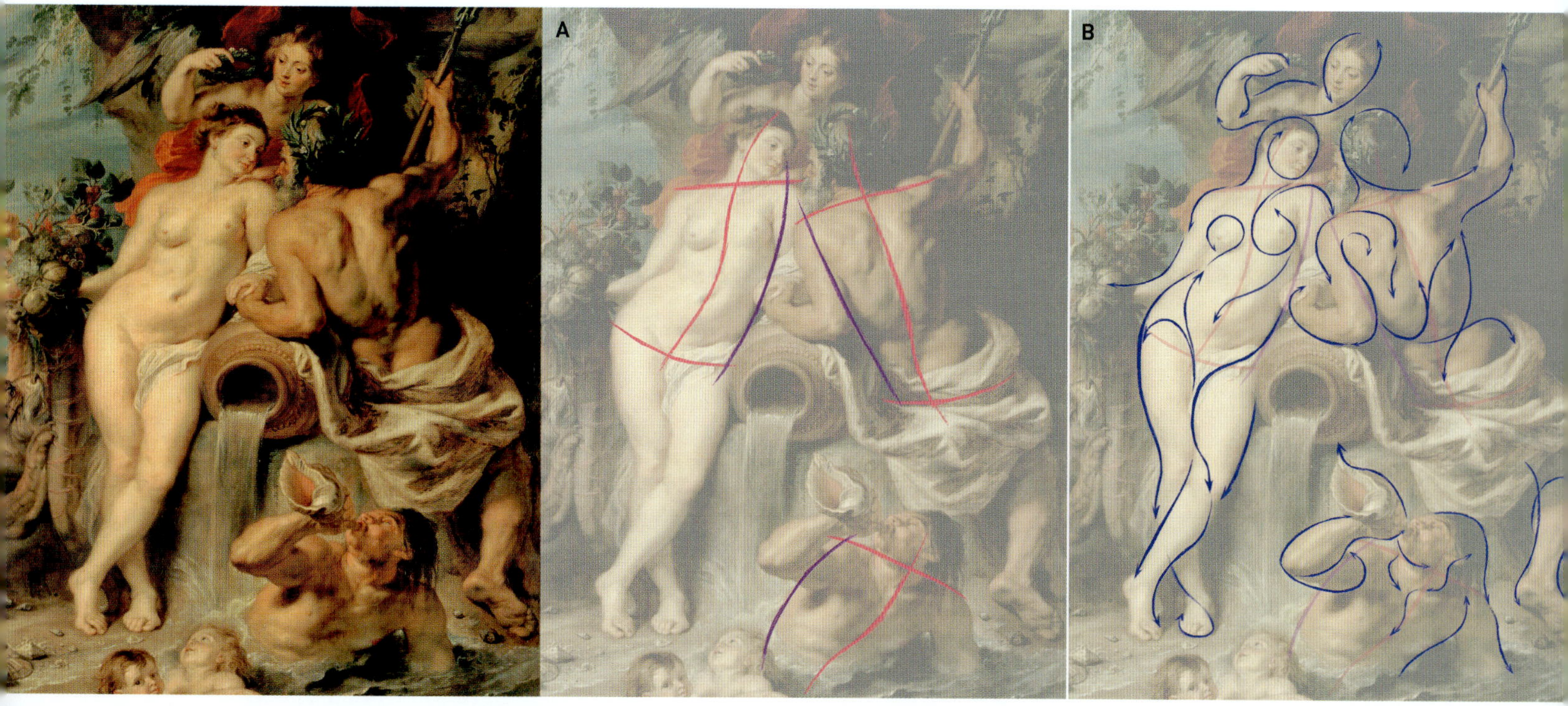

Gestische Studien des Werks *Der Bund von Erde und Wasser* (1618) von Peter Paul Rubens.

ÜBUNG 6: ALTE MEISTER STUDIEREN

Es kommt nicht nur auf den Meister an, sondern auch darauf, was Sie studieren. Von alten Meisterwerken kann man sehr viel lernen, und es gibt verschiedene Möglichkeiten, an das Studium heranzugehen. Zeichnern empfehle ich, sich auf die Grundlagen der Figurendarstellung und den Prozess zu konzentrieren.

Vorschlag 14: Haltung und Rhythmus
Das Abpausen oder Übermalen eines Meisterwerks ist eine tolle Übung. Verwenden Sie ein Stück Transparentpapier und Farbstifte oder ein digitales Zeichentablett.

Im obigen Beispiel einer Rubens-Studie habe ich zunächst die Haltungslinien des Oberkörpers nachgezeichnet, insbesondere die Bewegungslinie, die Mittellinie, die Schulterlinie und die Hüftlinie **(A)**. Auf einer weiteren Ebene habe ich die Rhythmen nachgezeichnet **(B)**. Wann immer ich eine Rhythmuslinie fand, habe ich versucht, sie zu erweitern, indem ich sie in eine andere Rhythmuslinie einfließen ließ. Ich glaube, so hätte es Rubens gewollt. Wie viele Rhythmen können Sie noch erkennen?

Vorschlag 15: Struktur und Konstruktion
In dieser Studie zu einem Gemälde von Bouguereau habe ich Konstruktionsformen des Rumpfs **(A)** eingezeichnet. Die Figur habe ich aus Kästen, Kugeln, Zylindern und zusammengesetzten Formen aufgebaut. Nachdem ich den Rumpf analysiert hatte, habe ich die Konstruktion der Gliedmaßen mit Hilfe von Zylindern, Kästen und zusammengesetzten Formen untersucht **(B)** und dabei auch versucht, einen Teil der von Stoff verdeckten Körperteile aus der Fantasie zu konstruieren.

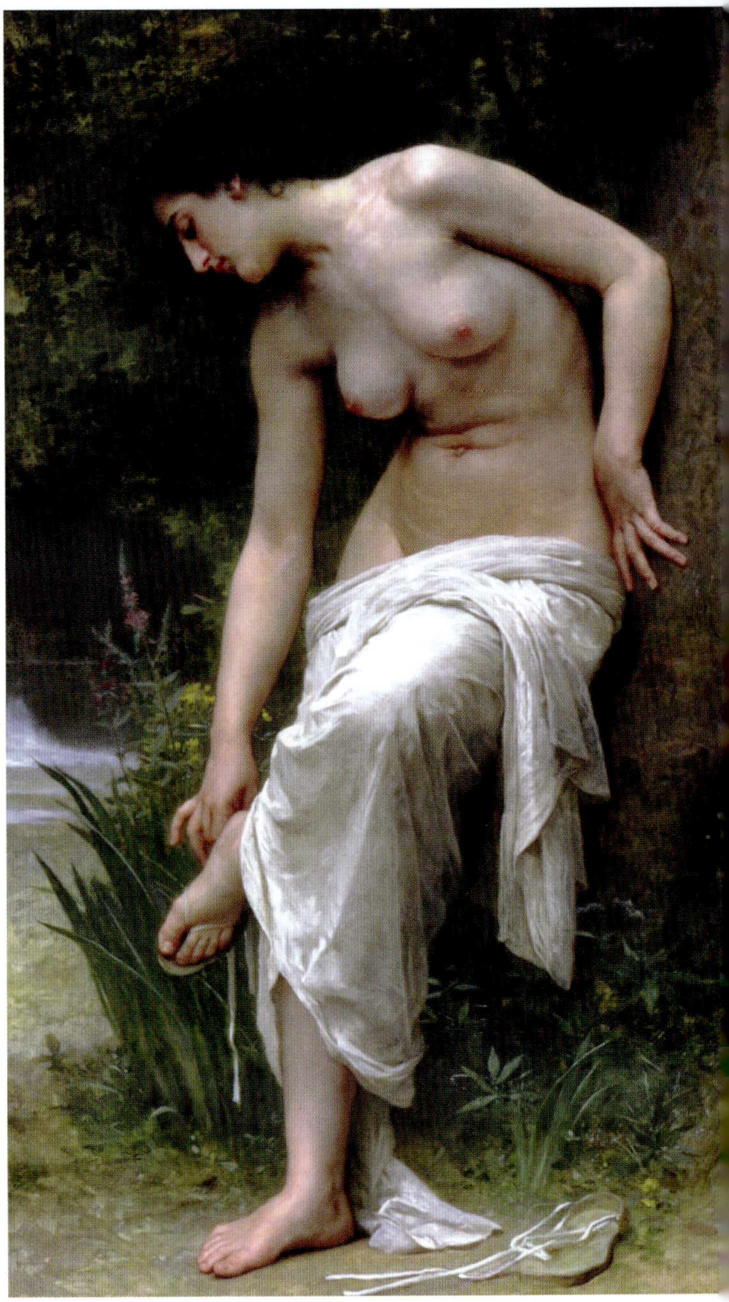

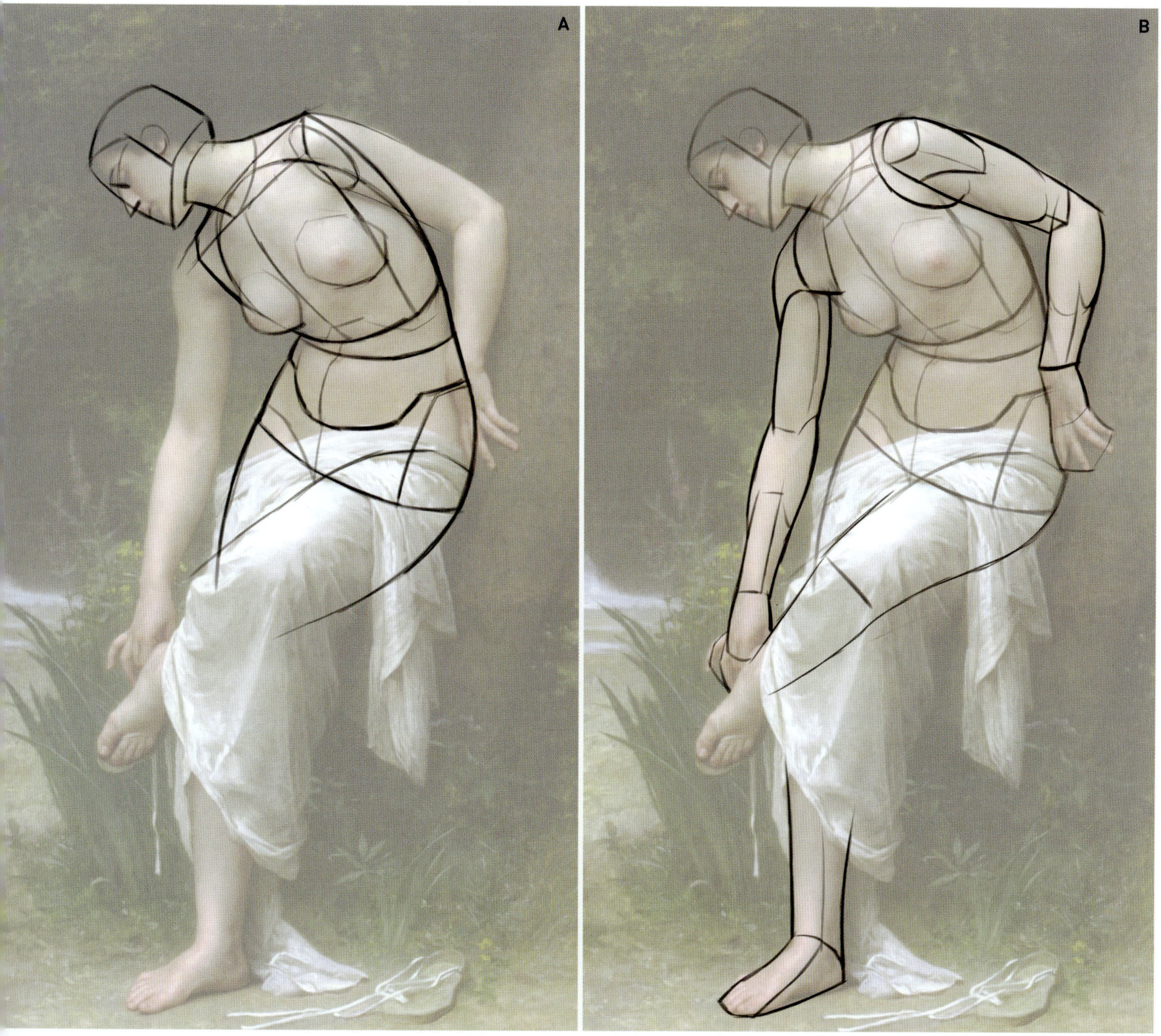

Konstruktionsstudie des Werks *Nach dem Bad* (1894) von William-Adolphe Bouguereau.

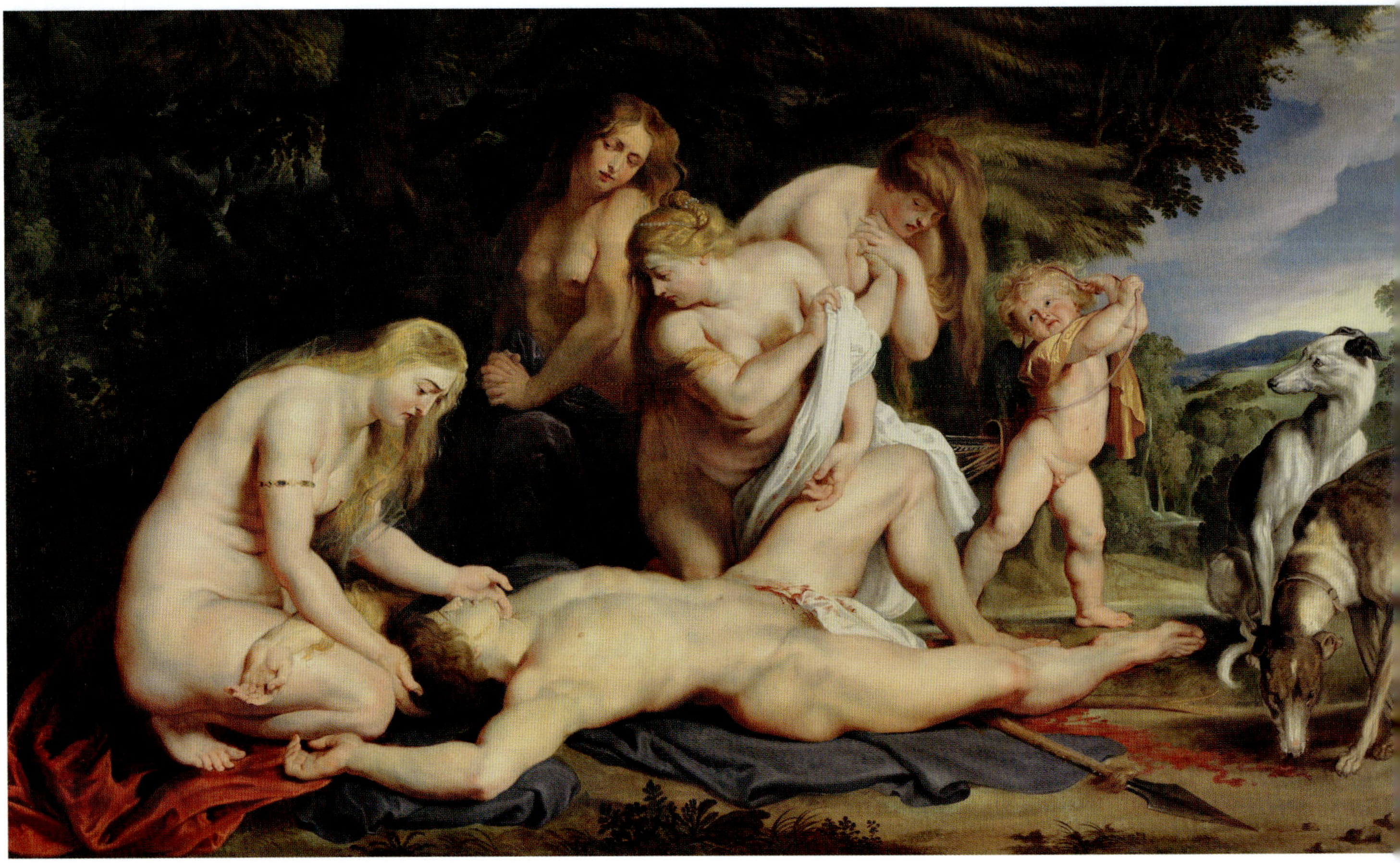

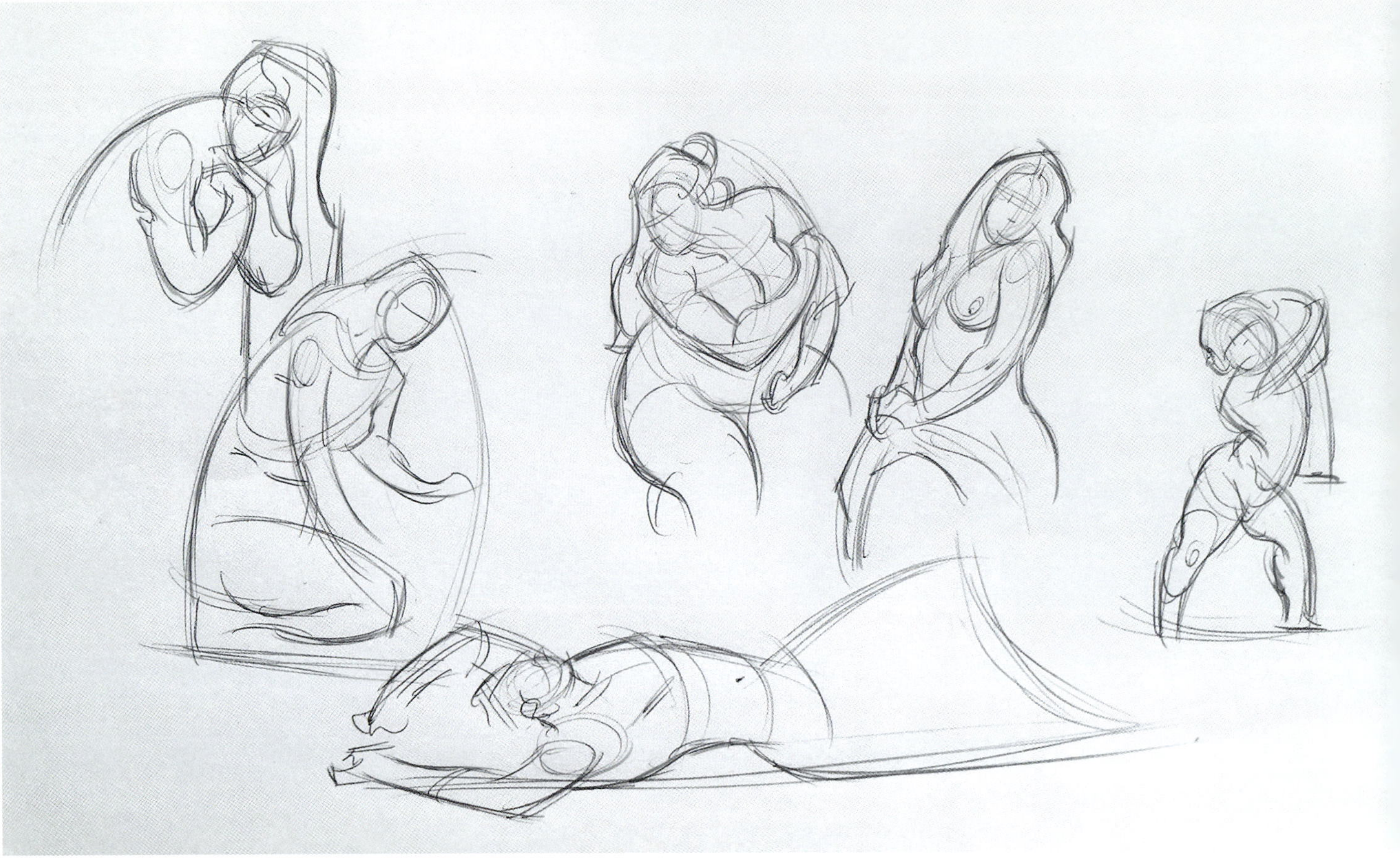

Vorschlag 16: Ein Bogen mit gestischen Skizzen

Eine weitere Möglichkeit besteht darin, die Figuren eines Meisterwerks abzuzeichnen. Ich stelle mir gerne vor, dass die Figuren in den Gemälden Modelle sind, und ich versuche, sie so zu zeichnen, als ob sie vor mir posieren würden. Genau wie beim Zeichnen nach dem lebenden Modell verwende ich einen Timer, um mir ein Zeitlimit zu setzen. Beginnen Sie mit ein- und zweiminütigen Skizzen und verlängern Sie dann auf fünf und zehn Minuten.

Wenn Sie an Selbstvertrauen und Erfahrung gewinnen, können Sie längere Zeiteinheiten ausprobieren.

Dieses Beispiel von Rubens ist mit seinen sechs Figuren ein großartiges Studienobjekt. Um eine Zeichensitzung zu imitieren, habe ich einen Timer auf eine Minute eingestellt und jede Figur als neue Pose behandelt.

Einminütige gestische Skizzen zum Werk *Der Tod des Adonis* (ca. 1614) von Peter Paul Rubens.

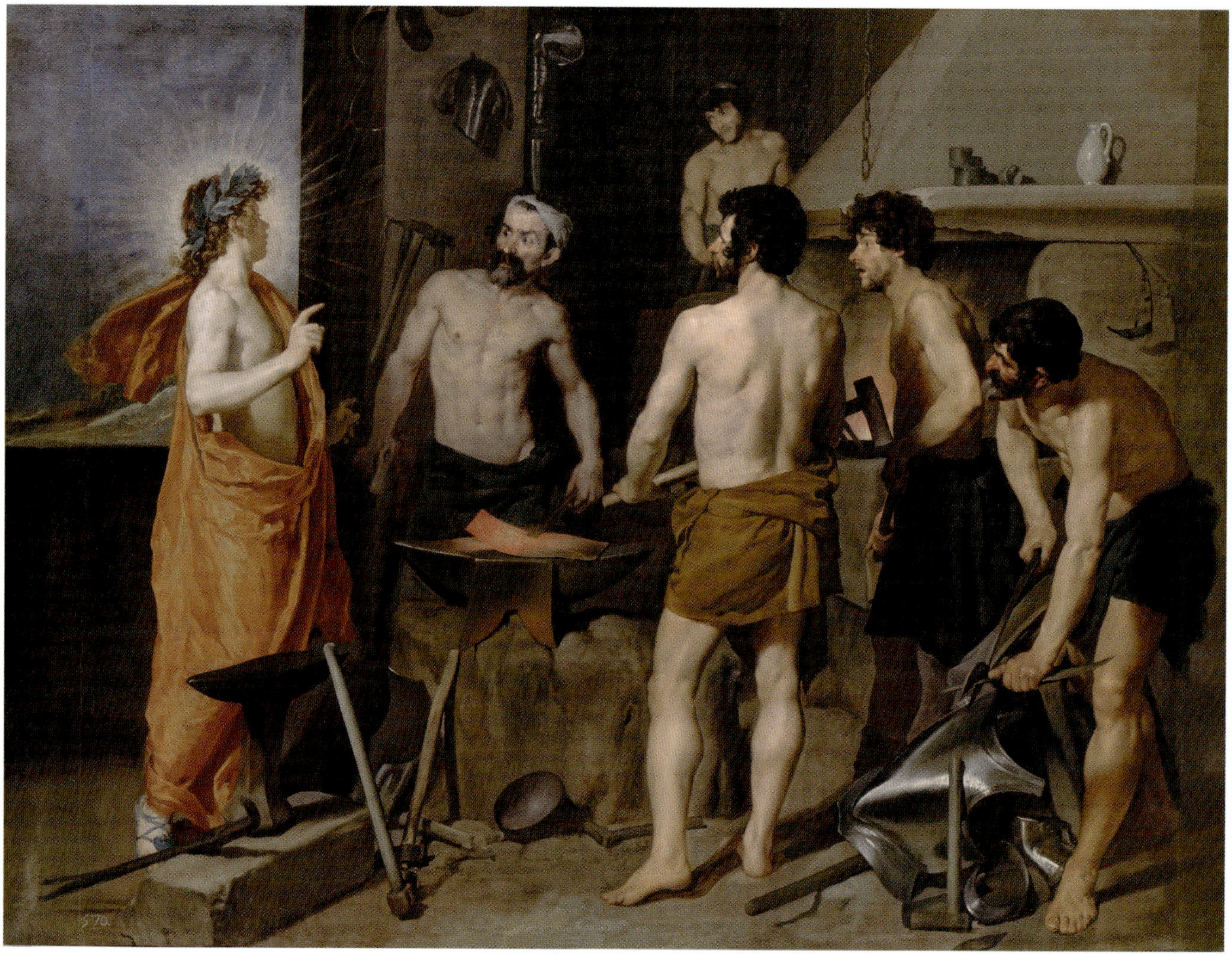

Apollo in der Schmiede des Vulcan von Diego Velázquez, 1630.

Vorschlag 17: Ein Bogen mit Fünf- und Zehn-Minuten-Zeichnungen

Auch dieses Meisterwerk von Diego Velázquez bietet sich für Figurenstudien an, denn die Personen sind teilweise nackt, und durch die Lichtverhältnisse entstehen sehr klare Schatten und Formen. Ein Gemälde dieses Typs eignet sich gut als Grundlage für Fünf- und Zehn-Minuten-Zeichenübungen oder sogar längere Übungssequenzen.

Für diese Übung habe ich den Timer auf fünf Minuten gestellt und mit der mittleren Figur begonnen **(A)**. Ich habe versucht, Haltung, Proportionen und Anatomie des Originals zu übernehmen. In den letzten paar Minuten konnte ich mit der Schattierung beginnen. Da die Licht- und Schattenformen so klar sind, konnte ich mich darauf konzentrieren, Tonwerte und Übergänge zu üben.

Für die zweite Zeichnung habe ich die Figur rechts gewählt **(B)**. Velázquez muss sich der Haltung sehr bewusst gewesen sein. Die geschwungene Bewegungslinie fließt vom Kopf über den Rücken bis zum Fuß. Ich habe an dieser Übung auch gelernt, wie man den Kopf aus diesem schwierigen Winkel konstruiert. Natürlich waren auch Schattierung und Anatomie des Arms reizvolle Aufgaben. Hätte ich mehr Zeit gehabt, hätte ich mir die Anatomie und die Details genauer angeschaut, studiert und kopiert.

Als der Timer klingelte, wollte ich noch gar nicht aufhören. Es hat mir viel Spaß gemacht, alle Details zu kopieren, vor allem Anatomie und Schatten. Man kann von solchen Meisterwerken so viel lernen, dass fünf Minuten einfach nicht ausreichen. Ein so großartiges Werk verdient mehrere Studien.

WIE GEHT ES WEITER?

Sie haben nun 17 Übungen kennengelernt. Wenn Sie bei Zeichensitzungen ins Stocken geraten, können Sie das entsprechende Kapitel in diesem Buch noch einmal aufschlagen, um Ihrem Gedächtnis auf die Sprünge zu helfen. Freie Momente können Sie für kurze technische Übungen nutzen. Selbst wenn Sie keinem dieser Vorschläge folgen, sondern nur die Beispiele in diesem Buch kopieren, werden Sie sich solide Kenntnisse und Fertigkeiten im Aktzeichnen aneignen.

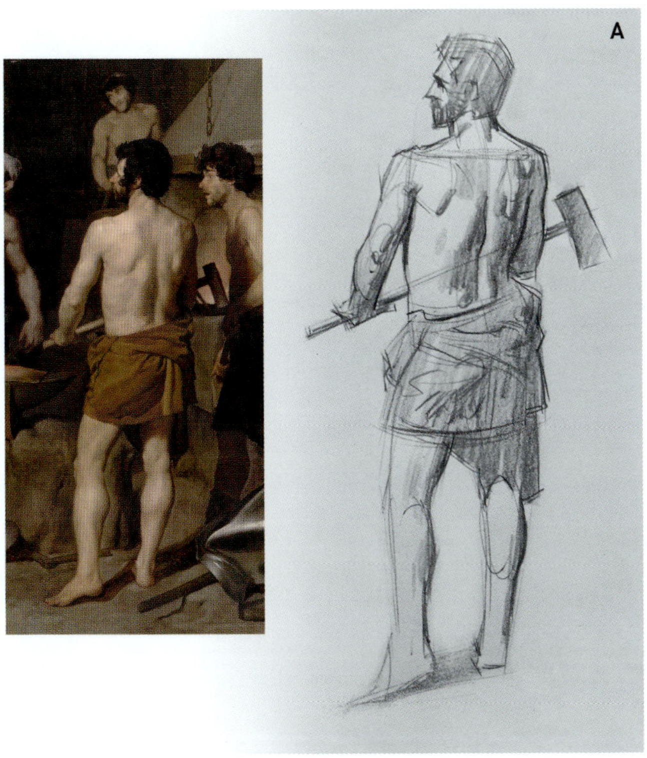

A

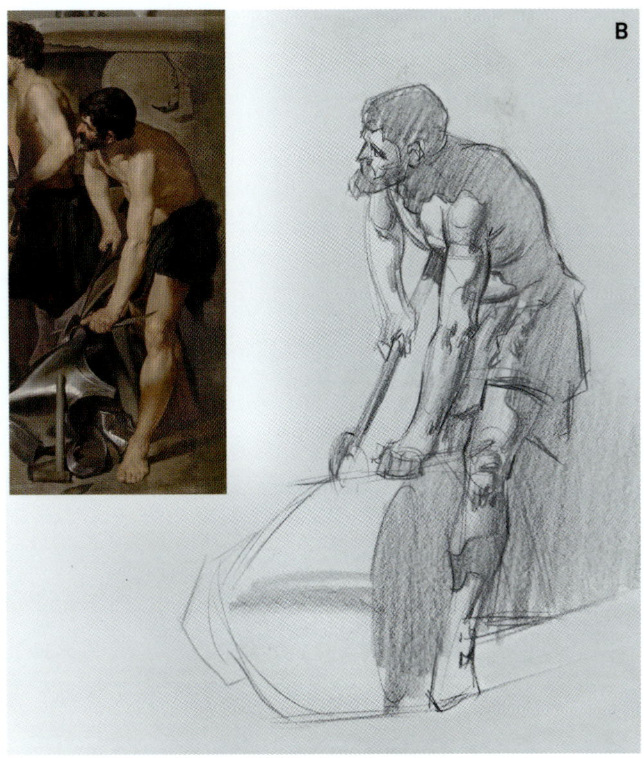

B

Dank

An meine großartigen Mentoren Steve Huston und den verstorbenen Mark Westermoe: Danke für eure harte Arbeit und Großzügigkeit und dafür, dass ihr mir und euren zahllosen anderen Schülern gezeigt habt, dass das Zeichnen schöner Figuren mit den richtigen Informationen und der richtigen Anleitung möglich ist. Dieses Buch ist eine Hommage an Sie und all das, was ich von Ihnen gelernt habe.

Ich möchte auch all den großartigen Lehrern, die dazu beigetragen haben, die amerikanische Tradition des realistischen Figurenzeichnens zu begründen, in aller Bescheidenheit meine Anerkennung und meinen Dank aussprechen. Ihre Bücher und Lehren haben es einem jungen Künstler wie mir ermöglicht, zu hoffen, zu träumen und Karriere als Künstler zu machen. Besonders dankbar bin ich für die Arbeit meiner beiden Lieblingslehrer, Mr. Frank Reilly und Andrew Loomis.

An all die großartigen Lehrer in Südkalifornien: Ich bin stolz und fühle mich geehrt, die gleiche Geographie mit Ihnen zu teilen. Danke, dass Sie ein Umfeld geschaffen haben, in dem das Figurenzeichnen gedeiht. An Herrn Fred Fixler: Danke, dass Sie den Weg geebnet haben und ein Mentor für so viele Größen waren.

Kevin Chen: Danke für deine Großzügigkeit und für deine herausragende Fähigkeit, das komplexeste Thema, das die kreative Welt kennt, zu vereinfachen und zu lehren.

Ich danke meinen Studenten und den Lesern meiner Arbeit für ihre kontinuierliche Unterstützung. Dieses Buch hat lange auf sich warten lassen, und ich hoffe, dass es Ihnen in Ihren langen Stunden der Mühsal und Plackerei dienen wird.

An die Redakteure und Mitarbeiter der Quarto Group: Ich danke Ihnen für Ihre Anleitung, Geduld und ständige Unterstützung.

An alle Studierenden, die sich auf dem Weg zum Figurenzeichnen befinden: Ich danke Ihnen. Sie sind nicht allein. Möge dieses Buch Ihnen in aller Bescheidenheit das Wissen und die Zuversicht geben, durch die Höhen und Tiefen zu gehen und Ihnen zu persönlichen Durchbrüchen zu verhelfen. Vor allem aber danke ich Ihnen dafür, dass Sie das Handwerk und unsere gemeinsame Liebe zur Figur in dieser modernen Zeit lebendig halten.

Der Autor

Chris Legaspi hat sich mit seinen dynamischen Zeichnungen und Gemälden sowie als Illustrator in der Unterhaltungsbranche einen Namen gemacht. Zudem hat er Artikel und Tutorials in renommierten Kunstpublikationen wie *ImagineFX Magazine*, *3dtotal* und *Expose* veröffentlicht.

Sein Wissen und seine Erfahrung gibt er mit Leidenschaft weiter. Chris hat an einigen der besten Kunstschulen in den Vereinigten Staaten unterrichtet, darunter die Gnomon School of Visual Effects in Hollywood und die New Masters Academy. Seine Design- und Zeichenkurse erfreuen sich außerordentlicher Beliebtheit. Daneben hat er Workshops und Vorlesungen am weltberühmten ArtCenter College of Design und der Concept Design Academy, beide in Pasadena, Kalifornien, sowie bei LucasArts Singapur gehalten. Das breite Publikum kennt seine Illustrationen, Zeichnungen und Konzeptdesigns aus Kinofilmen, Fernsehsendungen und Videospielen. Zu seinen bekanntesten Kunden und Projekten gehören Warner Bros. Pictures, Disney, Marvel, *The Simpsons*, Netflix und Bandai Namco Entertainment.

Durch die seltene Kombination aus Berufserfahrung und pädagogischem Geschick ist Chris heute ein international beliebter und bewunderter Dozent im Bereich der realistischen Kunst und Illustration. Er hat an verschiedenen Büchern mitgewirkt, Artikel geschrieben, Online-Kurse entwickelt und unterrichtet Live-Workshops in ganz Südostasien.

Weitere Informationen unter:
www.drawwithchris.com
www.instagram.com/chrislegaspi_art/
www.youtube.com/user/CGArtSuccess

Register

T

U

V

W